KB177365

environmental

social

governance

E
S
G

environmental

social

governance

코드

서욱 지음 이콘

존경과 사랑의 마음을 담아 아버지 서연석님께

포춘 500대 기업의 90% 이상 기업이 협력사를 선정할 때 지속
가능성을 고려한다. 지속가능한 비즈니스 트렌드 중 하나로 공급망
의 투명성을 꼽는다. "당신의 회사는 지속가능한가요?" 글로벌 비
즈니스 무대에서 세계 시장을 리딩하고 있는 다국적 기업들이 묻
는다. 다국적 기업의 1차 협력사들과 2차 협력사들도 다시 그들의
협력사들에게 되묻고 있다.

"Made in the world"

— 　　　　　　　　　파스칼 라미[Pascal Lamy], WTO 전 사무총장

공급망 기업들의 지속가능경영을 자문하기 시작하자, 제품에
붙어있는 Made in 라벨이 무심해졌다. 표시되어 있는 국가명은 완
제품을 생산한 최종 국가일 뿐, 제품이 사용자에게 오기까지 세계

전역의 자원과 손길이 촘촘히 엮인 그물망을 통과할 수밖에 없기 때문이다. 임직원이 10명 남짓한 기업부터 매출 1조 원 이상의 중견 기업과 대기업들까지. 다양한 규모의 기업들이 글로벌 다국적 기업들의 협력사로서 공급망 생태계를 이룬다.

기업에 요구하는 지속가능경영의 분야에는 노동 및 인권, 환경, 반부패, 지속가능한 구매가 있다. 각 영역에 대해 질문에 답변하고 증빙 자료를 증빙하는 과정이 온라인으로 구조화되어 빅데이터로 쌓이고 있다. 정보에 접근하는 이해관계자들이 점점 늘어나고 있다. 지속가능성으로 연결된 비즈니스 생태계. 이제 글로벌 무대에서 지속가능경영은 기업 규모에 따라 도입할지 말지 여부를 논의할 문제가 아니다. 연결된 이상 지속가능경영 성과를 투명하게 답할 수밖에 없는 비즈니스 환경에 대한 압력이 가속화되고 있다.

한국도 주요국 ESG 공시일정 등을 고려해 2025년부터 ESG 정보를 의무적으로 공시할 예정이었다가, 구체적인 의무화 시점에 대한 논의가 지속되면서 지속가능경영 전략수립, 성과관리 시스템 구축, 평가 대응, 보고서발간 등 규모가 있는 기업을 중심으로 ESG에 대한 관심이 폭발하고 있다.

이 책은 지속가능경영의 사각지대에 놓여 있는 중견 중소기업을 위해 작성되었다. 이러한 중견 중소기업들과 협력하는 기업의 구매팀, ESG팀, 전략팀들도 꼭 보았으면 한다. 비딩을 위해, 신규 계약을 체결하고 거래를 유지하기 위해 평가결과를 요구 받고 있지만 인프라가 없는 기업들에게 도움이 되는 핵심 사항을 제시했다. 억 단위를 투자해 자문을 받고 부서별 임직원이 TFT가 되어 지속가능경영 보고서를 발간하고, 전문 인력을 양성할 수 있는 기업과는 다르게 접근해야 한다.

질문에서 시작해야 한다. 질문은 산업 위험이나 기업의 규모, 글로벌 스탠다드를 기반으로 하고 있으며 지속가능경영 영역 별로 정책, 활동, 성과에 대해 묻는다. 질문에 답변하기 위한 전략과 활동들이 우선시 해야 할 핵심 과제이며 활동에 대한 성과를 지속해서 향상하기 위해 필요한 요소들의 합이 지속가능경영 시스템 구축의 시작이다.

그동안 비즈니스 현장에서 중견, 중소기업의 경영진과 실무 책임자와 함께 실효성 있는 지속가능경영 체계를 구축해왔다. "지속가능경영? 기업의 사회적 책임? 어떻게 대답해야 할지 모르겠어요. 시스템으로 평가 받고 결과 제출하라는데… 꼭 해야 하는 거 맞아요? 대응할 인력이 없어요." 등 이런 걱정과 두려움에는 경험과 인사이트로 화답했다.

기업의 지속가능경영 수준이 비즈니스의 필요조건이 되고, 파트너쉽을 유지하는 충분조건이 된 시대. 지속가능성이 새로운 기준이 된 시대이다.

목차

들어가며: 지속가능성이라는 코드   5

1장

착한 기업의 개념과 가치, 그 너머

착한 기업의 역사   14

SDG: 우리가 해결하고자 하는 목표들   20

글로벌 통상 환경 변화와 ESG   25

ESG 경영을 대하는 인문학적 태도   32

모두가 주류일 필요는 없다   35

ESG를 택하는 기업의 가치   41

2장

뉴노멀 시대의 기업이 가져야 할 책임감

ESG 경쟁력은 중소기업으로부터   50

책임의 재발견, 과정의 영향력   58

설명할 책임   64

이해관계자들의 ESG 감수성 높이기   70

사회적 약자에 대한 책임   76

윤리 = 반부패 + 정보보호   82

3장

의식 있는 주주들의 ESG 혁명

투자자들에게 매력적인 기업으로 보이는 방법   92

투자자들이 주목하는 기업   97

4장

공급망 ESG 경영 접근방법

ESG 경영, 이제는 스피드   150

고객사의 ESG 공급망 정책부터 이해해야 한다   158

요람에서 무덤까지   166

접근방법에 대한 접근이 중요한 이유   173

조달, 소싱 과정의 지속가능성   181

중요한 것에 힘을   188

5장

다국적 기업의 공급망 ESG 정책

ESG 정책을 파악하는 가장 쉬운 시작   202

글로벌 공급망 속 한국 기업의 ESG 경영 전략 변화   210

에코바디스 & CDP   218

ESG 평가는 디지털 명함과 같다   228

6장

공급망 ESG 경영의 불편한 진실

ESG 평가 점수를 얼마나 올릴 수 있을까요?   234

그린워싱부터 ESG 워싱까지   241

ISO 시스템은 ESG 경영의 접근 방법일 뿐   249

결국, 제품과 서비스의 지속가능성   256

제조사도 아닌데 ESG 경영 필요한가요? (대학 편)   262

제조사도 아닌데 ESG 경영 필요한가요? (비제조 편)   272

7장

공급망 ESG 추진전략

ESG 경영의 궁극적 목적, 어디까지 생각하세요?   282

ESG 정보, 믿을 수 있을까?   290

거버넌스의 시작과 끝은 ESG TFT   296

ESG 스토리는 ESG 경영의 강력한 무기가 된다   304

ESG의 완성은 담당자로부터, ESG 담당자는 임직원 모두   315

부록: 에코바디스 아시아 퍼시픽 - 일본 지역 부회장 리처드 본과의 인터뷰   322

"기업의 지속가능성은 수만 가지 것들이
상호의존하는 복잡한 세계에서
성공적인 비즈니스를 영위하기 위한
과학이라고 할 수 있다.
한 마디로 넓은 의미에서의 지속가능성은
다양한 형태의 상호의존성이다."

- 앤드류 사비츠, 칼 위버, 『지속가능경영의 3대 축』

1

착한 기업의
개념과 가치, 그 너머

착한 기업의 역사

SDG: 우리가 해결하고자 하는 목표들

글로벌 통상 환경 변화와 ESG

ESG 경영을 대하는 인문학적 태도

모두가 주류일 필요는 없다

ESG를 택하는 기업의 가치

착한 기업의 역사

    "착한" 기업, "착한" 제품, "착한" 소비. 이런 단어들을 보았을 때 '도대체 어떤 점이 착하다는 것인지'라는 의문이 드는 사람들도 있을 것이다. 지금은 일명 '착한' 것들이 갈수록 주목받고 있는 시대지만 착하다는 수식어가 갖는 정확한 의미는 무엇일까? 단지 성격이나 품질이 좋다는 것일까? 이 책을 읽는 당신도 한번쯤은 이 수식어에 의구심을 품었을 수도 있다. 그렇다면 가령 당신이 기업에 일하는 직원 또는 한 명의 소비자라고 가정하고 다음의 질문에 대답해보자.

"당신이 속한 조직은 착한 기업인가요?"

"당신이 속한 기업이 만드는 제품은 착한 제품인가요?"
"당신은 착한 소비를 하고 있나요?"

여기서 착한 기업이란 일하기 좋은 기업일까, 아니면 선한 영향력을 보여주는 기업일까? '착한 제품'은 품질이 좋은 제품일까? 아니면 친환경적인 제품일까? '착한 소비'는 사회적으로 의미 있는 제품을 구매하는 것일까? 아니면 최대한 할인을 잘 이용해서 저렴하게 제품을 사는 것일까?

대답을 주저하게 된다면 잠깐 기업, 제품, 소비에 붙을 수 있는 용어를 생각해보자. 익숙한 단어가 떠오를 것이다. 바로 '지속가능성'이다.

지속가능성

'지속가능성'이라는 용어를 찬찬히 뜯어볼 때가 왔다. 앞의 질문에 대해 기업의 구성원으로서, 또는 소비자로서 쉽게 대답할 수 없는 이유는 '지속가능성'에 대한 명확한 정의가 없어서이다.

'착함'이란 말로 포장된 '지속가능성' 제대로 이해하기 위해서는 우선 몇 가지 단어를 짚고 넘어가야 한다. 첫 번째 단어는 기업의 사회적 책임Corporate Social Responsibility, CSR이다. 글로벌 공급망 평가 플랫폼인 에코바디스Ecovadis는 기업의 사회적 책임을 기업이 자신, 이해 관계자 및 대중에 대해 환경적, 사회적 책임을 지도록 돕는 자율 규제 비즈니스 모델이라고 설명한다. 기업의 사회적 책임에 대한 몇 가지 정의들이 있지만 가장 본질에 가까운 정의가 아닐까. 기업의 사회적 책임은 지역사회에 공헌활동보다 훨씬 넓은 범위다. 협소하게 이해하지 않아야 한다.

두 번째 단어는 ESG^{Environmental, Social and Governance}, 즉 환경과 사회 그리고 거버넌스를 의미하는 단어다. 한국에서는 기업의 사회적 책임과 ESG 경영, 지속가능경영을 혼재에서 사용하고 있는데 모두 지속가능성을 표현하는 단어들이다. 두 단어 모두 1987년 UN에서 만든 지속가능한 개발 개념을 설명할 때 사용되기도 했다. 어떤 단어로 표현하든, 지속가능한 개발이란 미래 세대가 자신의 필요를 충족할 수 있는 능력을 손상시키지 않으면서 현재의 필요를 충족시키는 개발이란 의미다.

이처럼, '착함'이란 수식어는 기업의 사회적 책임, ESG, 지속가능한 개발 의미를 포괄한다. 환경과 사회에 이로움을 준다는 의미를 전달하기 위해 사용되고 있다. 그렇다면 이번에는 다른 질문을 스스로에게 던져보자.

"나는 착한 직원이자 파트너인가?
"나는 착한 소비를 하고 있는가?"

이 질문을 듣고 자신 있게 대답할 수 있는 사람이 얼마나 될까. 단번에 판단을 내리지 못하더라도 우리는 꾸준히 노력해왔다. 그동안 전 세계적으로 지구의 지속가능성에 의문을 제기하고 우리의 행동을 점검하는 각성과 반성의 움직임이 있었다. 그리고 시간이 지날수록 환경과 사회에 미치는 우리의 부정적인 영향력을 줄이고 이로운 행동을 촉구하는 담론과 함의가 더욱 깊게 이어지고 있다.

그렇다면 우리가 지속가능한 미래를 만들어 갈 수 있는 방법을 생각해보기 전에, 우선 국제 사회가 언제부터 지속가능성을 생각해왔는지 살펴보자. 국제 사회는 언제부터 지속가능성을 생각해왔을까?

20세기로 돌아가보자. 그동안 천연 자원에 의존해 부를 많이 쌓은 기업들이 자원을 사용하는데 스튜어드쉽 원칙[1]들을 도입하기 시작했다. 불우한 이웃을 도와 행복한 사회를 만들려는 기부 및 자선 활동에 대한 생각을 하기 시작한 것이다. 이후 시간이 지나 1970년 대에는 세계에서 가장 큰 환경 비영리 단체 중 하나인 그린피스[Green Peace]가 설립되었고, 환경보호에 대한 전 세계적인 움직임으로서 '지구의 날'이 제정되었다. 또한 기업이 환경과 사회에 미치는 영향을 책임져야 한다는 오늘날의 기업의 사회적 책임이 시작되었다.

1992년에는 브라질 리우데자네이루에서 환경과 개발에 관한

---

1   스튜어드십 원칙은 투자자들이 자신이 투자한 기업의 장기적 가치를 증대시키기 위해 적극적으로 참여하고 관리해야 한다는 원칙, 특히 기관 투자자들이 자신의 의결권을 행사하고, 기업의 경영진과 대화하며, 기업의 환경, 사회, 거버넌스(ESG) 이슈에 대한 책임을 다하도록 촉구하는 역할을 강조

첫 번째 지구정상회의가 열렸고, 1997년에는 지구온난화가 인위적이라는 과학적 합의를 바탕으로 온실가스 배출을 저감하기 위한 국제조약인 교토의정서를 서명했다.

2000년대에도 지구 온난화가 인간에 의한 것이라는 과학적 증거를 지속 발견해왔다. 기업들의 지속 가능한 활동에 대한 생각이 변화되었다. 이러한 활동들이 기업의 부정적인 영향을 방지할 뿐만 아니라 이해관계자 기대에 부응하면서 기업의 혁신 활동으로서 의미를 부여하게 된 것이다. 근래에는 기업들이 지속가능경영의 3대 기반인 TBL^{The triple bottom line}, 즉 경제, 환경, 사회로 구성된 프레임워크를 채택하고 있다. 이는 이익 동기와 사회 및 환경적 관심사의 균형을 유지하는데 중요한 수단이 된다.

이제는 모두가 함께 행동할 때

우리는 100년 전부터 지속가능성이라는 화두를 시대에 따라 다양한 모습으로 만들어왔다. 그리고 글로벌 시민 사회에는 정부, 일반 시민, NGO, 학계 등 다양한 구성원이 더 나은 미래를 위해 노력할 준비가 되어있다. 지금은 행동할 때다. 우리가 지속가능성의 역사와 흐름을 이해하는 것은 필요하다. 그러나 중요한 것은 그렇다면 우리는 지속가능성을 위해 무엇을 하고 있느냐다. 이해와 실행은 다른 차원의 접근이다.

시민사회의 구성원들이 경제, 환경, 사회에 미치는 영향력을 생각해보자. 그 중심에는 글로벌 시민으로서 다국적 기업과 그들의 공급망이 있다.

다시 강조하지만 이해와 실행은 다른 차원의 접근이다. 기업들이 지속가능성을 이해하는 것과 실제 착한 기업이 되어 착한 제품과 서비스를 제공하는 것 사이의 간격은 엄청나다. 지속가능성의 역사와 착한 기업의 역사가 흐름을 같이 할 수 없는 이유다.

환경기업인 파타고니아는 대중들이 환경과 사회이슈에 관심을 갖을 때, 다른 기업이 행동하지 않았던 1970년대부터 환경보호를 목표로 만들어진 기업이었다. 당시 뉴욕의 패션모델이 파타고니아 폴리스 조끼를 입으면서 빅히트를 쳤는데 뉴욕이 열광했던 이유는 파타고니아의 철학에 있었다. 원래 파타고니아 조끼는 가격도 비쌌고 금융사들이 조끼를 구매해 나눠줄 만큼 월스트리트의 상징이었다고 한다. 그러나 파타고니아는 환경에 도움이 되는 일을 하고 있다는 것을 증명하기 위해 제품 공급을 중단했고 현재는 의식 있는 소비자와 MZ 세대들이 열광하는 브랜드로 자리 잡았다.

착한 조직의 역사는 지속가능한 목표와 방식을 채택할 때 시작된다. 당신이 속한 기업의 지속가능성은 글로벌 흐름과 함께하는지, 어디쯤 와 있는지 반문해 보길 바란다. 다음 장에서는 환경과 사회에 이로운 영향을 미치는 진짜 "착한" 기업이 추구해야 할 방향성과 목표에 대해 생각해 보자.

SDGs - 우리가 해결하고자 하는 목표들

　진정한 착한 기업이 기업이 되려면 비즈니스를 하면서 동시에 환경, 사회 이슈를 해결해야 한다. 과연 가능할까? 대답은 "Yes"다. 이미 많은 기업들이 공유가치를 창출하고 있는데, 그럼 여기서 어떤 사회적 가치에 주목해야 할까? 무엇을 해야 할지 몰라 시간을 낭비하는 사람들도 많다. 다행히도 마음만 먹으면 어떤 이슈를 해결해야 하는지 정리된 글로벌 가이드라인에 접속할 수 있다. 그것이 바로 지속가능한 발전 목표, SDGs^{Sustainability Development Goals}다.

　UN SDGs는 2016년부터 2030년까지 전 지구가 지속가능하기 위해 수립된 유엔과 국제사회의 공동 목표다. 2000년부터 2015년까지 시행된 밀레니엄개발목표^{Millennial Development Goals, MDGs}가 종료되고 새롭게 시작된 목표로 빈곤, 질병, 교육, 성 평등, 난민, 분쟁 등의 인류의 보편적 문제와 기후변화 에너지, 환경, 물, 생물다양성 등과 같은 사회문제 그리고 기술, 주고, 노사, 고용, 생산소비, 사회구조 등 경제 사회문제를 해결하기 위한 17개의 주요한 목표와 169개의 세부목표로 구성된다. ESG 경영을 추진하는 기업이라면 UN SDGs의 배경과 목표를 이해하고 있어야 한다. 다른 조직들이 SDGs를 자신의 비즈니스와 연계해 무엇을 실행하고 있는지 목표 달성에 얼마나 가까워졌는지 살펴보는데 노력을 기울여야 한다. SDGs 목표 달성에 진심인 기업들은 경영 활동과 SDGs가 대부분 연결되어 있다는 사실을 알고 있다. 그러나 조금 더 연결하고 초점을 뚜렷하게 맞출 필요가 있다. ESG 경영을 시작하는 기업이 가장 먼저 이해했으면 하는 가이드라인이다.

17대 SDGs 목표[2]

Goal 1. 모든 국가에서 모든 형태의 빈곤 종식

Goal 2. 기아의 종식, 식량안보 확보, 영양상태 개선 및 지속가능농업 증진

Goal 3. 모든 사람의 건강한 삶을 보장하고 웰빙well-being을 증진

Goal 4. 모든 사람을 위한 포용적이고 형평성 있는 양질의 교육 보장 및 평생교육 기회 증진

Goal 5. 성평등 달성 및 여성·여아의 역량 강화

Goal 6. 모두를 위한 식수와 위생시설 접근성 및 지속가능한 관리 확립

Goal 7. 모두에게 지속가능한 에너지 보장

Goal 8. 지속적·포괄적·지속가능한 경제성장 및 생산적 완전고용과 양질의 일자리 증진

---

2   169개의 세부목표는 다음 웹사이트에서 확인할 수 있다. https://airtable.com/app8LrsKdRKvNrMbO/shr5VFIWRte2uFuka/tblK3ZOhkKnOlsrEb

Goal 9. 건실한 인프라 구축, 포용적이고 지속가능한 산업화 진흥 및 혁신

Goal 10. 국가내·국가간 불평등 완화

Goal 11. 포용적인·안전한·회복력 있는·지속가능한 도시와 거주지 조성

Goal 12. 지속가능한 소비 및 생산 패턴 확립

Goal 13. 기후변화와 그 영향을 대처하는 긴급 조치 시행

Goal 14. 지속가능발전을 위한 해양·바다·해양자원 보존과 지속가능한 사용

Goal 15. 육지생태계 보호와 복구 및 지속가능한 수준에서의 사용 증진 및 산림의 지속가능한 관리, 사막화 대처, 토지황폐화 중단 및 회복 및 생물다양성 손실 중단

Goal 16. 지속가능발전을 위한 평화적이고 포괄적인 사회 증진과 모두가 접근할 수 있는 사법제도, 모든 수준에서 효과적·책무성 있는·포용적인 제도 구축

Goal 17. 이행수단 강화 및 지속가능발전을 위한 글로벌 파트너십 재활성화

사람은 큰물에서 놀아야 성장할 수 있다. 기업도 마찬가지다. 국제사회의 목표를 정확히 이해하고, 그 흐름에 비즈니스를 연결할 때 기업의 큰 그림과 방향이 정해진다. 지속가능한 조직으로 성장할 수 있다.

SDGs가 발표된 후 기업의 지속가능경영 보고서를 보면 형형색색의 SDGs 아이콘을 찾을 수 있다. SDGs와 기업이 경영전략과 활동이 어떻게 연결되어 있는지, 성과는 얼마나 목표에 부합하는지를 보고하는 기업들이 늘었기 때문이다.

우리나라 기업인들은 ESG에 대해 얼마나 알고 있을까? 2011년, 국내외에서 공유가치창출Creating Shared Value, CSV이 트렌드로 자리 잡기 시작했던 때였다. 모 대기업의 지속가능경영 보고서에 CSV 활동 사례를 포함하자는 의견이 나왔다. 당시에는 공유가치창출 활동을 지속가능경영 전면에 보고하는 기업이 많지 않았던 때다. 벤치마킹할 사례도 없었던 시절. 컨설턴트들과 기업 담당 팀장님이 모였다. 기업에 관해 노출된 최근 3년 동안의 기사들을 수집하여 사회적 가치와 비즈니스적 가치를 동시에 창출하는 기사를 정리하는 것이 첫 과정이었다.

우선 중복되는 기사를 삭제하고 기사를 리스트업했다. 칠판에 기사들 하나하나를 칠판에 적어 내려간 후 비즈니스 가치와 사회적 가치를 이슈별로 정리했다. 단순한 사회공헌 활동이라 여겨지던 이슈들이 경제적으로 가치를 창출한다는 것을 발견하기도 했고, 비즈니스만을 위한 일이라 생각했던 이슈를 되짚어보니 경제적 가치뿐 아니라 사회적 가치를 창출한다는 것도 알게 되었다. '미디어 분석' 정도로 끝맺을 수 있는 업무가 가치를 발견하는 장으로 변화되어 있었다.

ESG 경영을 시작하는 기업 담당자들은 스스로 하는 업무가

SDGs와 어떤 연계성이 있는지 찾아서 정리해봐야 한다. 지속가능경영 보고서 담당자나 외부 컨설턴트가 정리한 결과물로만 일의 가치와 의미를 체감하기 힘들다. 그때 상당량의 미디어 내용을 하나하나 논의하고 정리하는 경험을 열어준 기업 팀장님께 CSV이슈나 SDGs 이슈를 다룰 때마다 감사한 마음이 든다. 나 또한 기업 스스로 가치를 발견할 수 있도록 도움을 주는 역할을 할 수 있는 컨설턴트라는 직업을 더욱 좋아하게 되었기 때문이다.

자문을 받는 중소중견 기업들 대부분은 SDGs를 들어보지도 못했을 것이다. 보통 그렇다. SDGs 교육을 진행한 후 SDGs와 우리 조직의 활동을 정리해오면 놀라운 결과를 마주한다. SDGs가 추구하는 가치에서 동떨어져 있는 조직은 없기 때문이다. SDGs 목표별로 활동내용이 빽빽하기까지 하다. 우리는 지속가능해왔고, 앞으로도 지속가능해야한다. 우리 기업이 SDGs 목표에 더 많이 기여하려고 하면 할수록 지속가능하다고 믿는다.

업무를 대하는 우리의 태도나 마음가짐도 바뀔 수 있다. 조금만 다르게 생각해봐도 우리가 하는 일의 가치와 의미를 찾을 수 있고, 나는 이 지점에서 사람들이 감동하긴 바란다. 내가 하는 일의 가치와 의미를 찾아 나 자신과 조직의 지속가능성으로 확장되는 단단한 배경이 만들어지는 지점이기 때문이다.

글로벌 통상 환경 변화와 ESG

미중 무역전쟁, 코로나 팬데믹, 러시아와 우크라이나 전쟁과 같은 복합적인 위기로 인해, 국제질서는 현저한 변화의 전환기에 진입했다. 서울대학교 국제대학원의 유명희 교수는 산업통상자원부 및 KOTRA 주관으로 개최된 2023 글로벌 신통상포럼에서 이러한 변화는 국제 경제와 무역 분야에서 큰 영향을 미치며, 새로운 통상 패러다임의 필요성이 대두되었다고 언급했다.

이러한 전환은 새로운 통상 패러다임으로 이어지며, 규범 중심에서 안보 지향의 무역질서로의 이동, 환경, 노동, 인권과 같은 가치와 관련된 통상 정책의 확산, 그리고 디지털 세계화로의 교역 방식의 변화를 강조했다.

새로운 통상 패러다임

국제무역 및 국제정치의 중요한 흐름은 환경/노동/인권 등 가치 연계 통상의 중요 사안을 알 수 있다.[3] 첫째, 그린 통상협상이다.

---

3   환경노동인권 등 가치 연계 통상정책, 한국 산업통상자원부, KOTRA 주최, 2023 글로벌 신통상포럼 자료집기반 재정리

환경 문제는 점점 더 중요한 국제무역 이슈로 부상하고 있다. EU의 탄소국경조정제도와 미국의 지속가능한 철강/알루미늄 글로벌 협정은 그린 통상의 본격화를 나타내며, 환경에 대한 고려가 무역 협상에 큰 영향을 미치고 있다.

둘째, 노동자 중심 통상정책이다. 미국의 위구르 강제노동방지법과 EU의 강제노동 생산품 수입금지 규정은 노동자의 권리와 안전을 강화하는데 기여하고 있다. 이러한 정책은 국제 무역에서 노동 관련 이슈가 더욱 주목받을 것이다.

셋째, 기업의 공급망 ESG 실사다. 기업의 지속가능성과 환경, 사회, 지배구조 측면에 대한 감사 및 평가는 무역 및 글로벌 공급망에 큰 영향을 미친다. EU 및 일부 국가의 지속가능한 공급망 실사 지침은 기업들에게 ESG 경영을 강화하도록 압력을 가하고 있다.

마지막으로 신형 보호주의의 확산이다. 환경 및 노동 관련 가치와 무역 정책을 결합한 신형 보호주의는 글로벌 무역에 대한 새로운 접근 방식을 나타내며, 국가들은 자국의 가치와 이익을 더욱 강조할 것이다.

나는 수출 주도형 기업들과 ESG 경영 시스템을 구축하며, 글로벌 통상 이슈를 ESG 업무 현장에서 자연스럽게 경험해왔다. 기민하고 발전적인 글로벌 다국적 기업의 공급망인 기업들이 처한 환경과 미래가 글로벌 통상 환경과 맥을 함께하고 있다. 글로벌 공급망의 변화는 전 인류의 지속가능성을 지향하고 있다. 거대 담론이 아닌 재직하는 회사와 개인의 직업과 삶을 크게 변화시키는 현안으로서 통상 이슈와 ESG를 인식해야 한다.

환경도 하나의 비즈니스가 될 수 있다

나는 수출 주도형 부품 대기업의 품질경영팀에서 사회생활을 시작했다. 품질경영팀에서는 생산품의 품질 요소로서 제품의 환경 영향 기준을 충족시켰다. 유럽연합이 전기/전자 장비 위험 물질 사용 제한했고, 수출 기업 공급망들은 유해물질 제한지침^{Restricted Hazardous Substances, RoHS}을 따르기 위해 전자제품 공급망 기업들의 대응이 필요했다.

제조 사업장에서는 ISO 14001[4]이라는 국제 환경경영 시스템을 구축하면서 환경도 경영 가능한 분야라는 것으로 새롭게 인식하게 되었다. 대학교의 환경공학과에서 배웠던 수질, 대기, 폐기물, 토양이라는 4대 영역의 오염물질 관리 차원을 넘어서는 관점이었다.

이후 나는 환경 전문 컨설팅사로 옮겨갔고, 거기서 해외 신재

---

4   국제표준화기구(ISO) 기술위원회(TC 207)에서 제정한 환경경영체제에 관한 국제표준, 기업이 ISO 14001 인증을 받는다는 것은 그 조직이 ISO 14001 규격의 요건에 근거하여, 환경경영을 기업경영의 방침으로 삼고 구체적인 목표와 세부목표를 정한 뒤 이를 달성하기 위하여 조직, 절차 등을 규정하고 인적, 물적자원을 효율적으로 배분하여 조직적으로 관리하는 체제를 갖추고 지속적인 환경개선을 이루어 나가고 있다는 것을 의미한다.

생에너지를 비롯한 청정개발체제^{Clean Development Mechanism, CDM 5}사업과 환경사업을 개발하면서 '글로벌 시장에서 환경 분야가 비즈니스가 될 수 있구나'를 체감했다.

일하면서도 틈틈이 기후변화 정책을 공부하며 국내외 정책에 따라 비즈니스를 시장을 얼마나 빠르게 변화시킬 수 있는지도 실감했다. 덕분에 비주류로 여겨졌던 환경 전공자이지만 국책 은행의 전문직이나 글로벌 회계법인에서 근무하는 기회가 생겼다.

한국의 이명박 정권 시기(2008~2013년)에는 '저탄소 녹색성장'이라는 기조가 중요한 정책 목표로 제시된 덕분이었다. 이 정책 기조는 환경 보호, 경제 성장, 에너지 효율성을 향상시키는 중요한 방침의 일환으로 녹색 분야의 일자리를 창출했다. 한국이 국외에서 그린으로 주목을 받은 시기이기도 하다.

정책 기조와 맞물려 글로벌 회계법인에서는 평창동계올림픽의 지속가능경영 전략 수립, 공사 및 대기업 등 한국 유수의 조직의 지속가능성 프로젝트를 하며, ESG 경영을 선도적으로 실행해 나가는 글로벌 기업들의 행보를 탐색하고 제안하면서 국내외 ESG 생태계를 인식했다.

커리어를 거쳐오며 환경 분야가 제조업에서 규제대응을 주로

---

5   기후변화협약 총회에서 채택된 교토의정서 제12조 규정에 따라 지구온난화 현상 완화를 위해 선진국과 개발도상 이 공동으로 추진하는 온실가스 감축사업 제도를 말한다.

하는 부서이며 비용을 소진하는 역할을 한다는 인식이 10여 년에 걸쳐 변화했다. 환경 분야 자문 컨설턴트에서 사회, 거버넌스 분야를 다루며 총체적으로 지속가능성에 접근하는 ESG 경영을 자문하며 현장에서 지속가능성을 추구하는 것이야 말로 변화하는 시대의 흐름을 앞서가는 것이라 확신한지 벌써 10년이 되었다.

앞으로 10년 동안 비즈니스의 경쟁력은 글로벌 통상 이슈에 원팀으로 대응하는 정부와 기업으로부터 나온다. 특히 한국처럼 90% 이상이 중소기업이면서 수출 주도형 기업인 경우는 더욱 그렇다. 글로벌 경제 환경에서 기업의 경쟁력을 확보하고 지속 가능한 성장을 이룩하기 위해서는 정부와 기업 간의 긴밀한 협력과 전략적 파트너십이 필수적이다. 이를 통해 국제 무역 및 무역 정책에 대한 정보와 지원, 정부의 기술 지원, 규제 혁신은 기업이 새로운 기술과 비즈니스 모델을 개발하여 경쟁력을 향상시켜야 한다. 긴밀한 소통을 통해 무역 정책을 개선하고 글로벌 공급망을 조정할 수도 있다.

중소기업 중심의 경제 구조를 갖는 한국에서는 혁신과 변화가 더욱 중요하며 그 중심에 ESG가 있다. 공급망 모두를 포함한 변화와 혁신이 이루어지지 않는다면 산업 전반의 지속가능성을 확보하기 어렵다.

작은 것이 아름답다

"Small is Beautiful"

독일 출신 영국 경제학자인 에른스트 프리드리히 슈마허의 첫 수필집 제목이다. 작은 단위를 이루는 것이 인류 공동체에 보다 더 이롭다는 의미로 쓰인다. 즉, 크기가 작을수록 인간친화적이고 자연친화적이라는 의미다. 변화하고 혁신하기 좋은 규모의 중소중견 기업들의 ESG 경영에도 적용되는 문장이 아닐까.

예를 들어 인조 속눈썹을 제조하며 로레알, 시세이도 등 뷰티 분야의 다국적 기업의 협력사를 생각해보자. 기업의 사회적 책임과 관련한 국제표준인 SA8000^{Social Accountability 8000 International Standard} 6 시스템이 수립되어 있었고 에코바디스 평가를 받고 있으며 유럽에서 인정하는 친환경 라벨링을 추진하고 제품의 환경 영향을 줄이기 위한 고민을 하고 있다.

필립모리스인터네셔널에 포장재를 납품하는 공급망 기업이

---

6   인증은 강제 및 아동노동, 직장 내 건강 및 안전, 집회의 자유 및 단체 협상, 차별, 징계관행, 업무시간, 상여 및 경영시스템 등 전반적인 문제를 다루고 전세계적으로는 국제 노동 기구, 유엔아동권리 협약, 세계인권선언이 제정한 노동환경보호와 조건, 노동권리 등 국제 협정을 포괄하고 있는 인증, 1997년 미국에 본부를 둔 사회적 책임 국제기구(SAI)는 공급자가 공급하는 제품이 사회적 책임 기준에 부합하도록 하자는 취지로 글로벌기업과 기타 조직을 통합해 세계 최초로 SA8000 사회적 책임 국제표준을 제정했다. SA8000표준은 세계 각 지역, 모든 산업과 다양한 규모의 기업에 적용된다.

있다. 수출 주도형 기업이라면 규모와 상관없이 ESG 경영에 대한 압력이 증가하면서 피로감을 호소하거나 ESG 이슈 자체를 회피 혹은 최소한으로 대응하려는 기업들이 대부분이던 시절이었다.

ESG 경영이 화두가 되기 이전인 2018년, 2세 경영인이었던 기업의 대표는 사업장의 온실가스 배출량을 산정하고, 기업의 사회적 책임에 대한 국제 표준인 ISO 26000[7] 시스템을 구축하고, 고객 ESG Audit에 되려 선제적으로 대응하는 투자 의사결정을 했다. 이후 ESG 경영 성과물을 다른 다국적 기업과의 거래뿐만 아니라 동남아 시장 개척에 어떻게 활용할지를 고민하고 있다.

> "다국적 고객사로부터 ESG평가결과를 제출하라는 매일이 몇 년 전부터 오고 있습니다. 언제까지 미룰 수 있을까요?"
> "대표이사님은 이슈를 잘 모르시는데 어디서부터 설명해야 할까요?"
> "해외 진출을 위한 ESG 정부 지원 사업이 없는 것 같아요."
> "결국 ESG 경영을 하지 않으면 수출이 어려워지는 거 맞지요?"

---

7   민간기업 뿐만 아니라 공공 및 비영리 조직의 사회적 책임에 관한 핵심 주제에 대해 조직이 대처할 수 있는 가이드와 사회적 책임을 준수할 수 있도록 하는 지침을 제공한다. 또한 조직 거버넌스, 인권, 노동관행, 공정 운영 관행, 소비자 이슈 등 7가지 핵심 주제를 다룬다.

이러한 일은 수출 주도형 기업 중견중소 기업 경영진들로부터 자주 들리는 이야기다. 통상 환경의 변화를 예의주시하며 국제질서 전환기의 경쟁력으로서 ESG 경영을 실체적 기회로 활용해야 한다. 중심엔 공급망 ESG 경쟁력 확보가 있다. ESG는 더 이상 규제만의 이슈도, 세계적으로 이름이 알려진 조직의 이슈가 아니다. 글로벌 통상환경과 맥락을 함께하는 비즈니스의 새로운 기준이다.

ESG 경영을 대하는 인문학적 태도

"어디 사세요?" 20대 사회생활을 하면서 처음 누군가를 만났을 때 받는 질문이었다. 사는 동네가 그렇게 중요한 걸까? 어떤 대학을 졸업했는지, 부모님은 직업은 무엇인지, 연봉은 어느 정도인지 꼬리에 꼬리를 무는 질문들은 대놓고 물어보지 않아도 결국 스펙으로 사람을 판단하는 문화의 시선이다. 부유하고 좋은 학교에 나오고 집안이 좋으면 우월한 사람이라는 저변의 판단이 깔려있다. 나는 지속가능경영 컨설턴트로 일하며 이러한 관점과 접근이 얼마나 위험한 접근과 발상이었는지 더욱 확신이 생겼다.

기업도 마찬가지다. 지속가능경영은 기업의 경제적 성과와 더불어 환경 및 사회적 영향력을 주로 다룬다. 기업의 재무제표나 ROI로 드러나지 않는 비재무 성과를 글로벌 가이드라인에 맞춰서 생각해 나가는 과정을 지속하다보니 '경제 성과가 다가 아니구나, 이런 면이 있었네'라는 시선으로 조직을 뜯어보게 된다.

컨설팅을 마치고 난 후 그 조직에 대한 이미지가 다르게 보이거나 완전히 뒤바뀔 때도 있다. "빙산의 일각"이라는 말처럼, 대부분이 숨겨져 있고 외부에서 보이는 것은 극히 일부분에 지나지 않는다는 느낌을 자주 받았다. 지속가능경영은 바로 조직의 전체를 보는 일이며, 스펙보다 인성과 매력이 있는 사람에 끌리는 것처럼 조직도 마찬가지라는 생각을 하게 된다. 사람도 조직도 보이지 않는 부분의 가치와 위험을 어떻게 관리하느냐가 관건이다.

기업도 사람이다.

LG계열 회사에서 사회생활을 시작해서 17년 동안 기업의 ESG 담당자로서, 자문 기관의 컨설턴트로서 수천 명의 기업 사람들과 소통해왔다. 모 그룹사의 지주사외 10개 이상의 계열사를 지속가능경영 현황을 진단하고 자문하는 500명 이상의 그룹 사람들을 만났다. 프로젝트가 끝나면 놀라운 경험을 하는데 그룹 차원의 공통된 분위기, 계열사 각각의 특징들이 자연스럽게 떠오른다.

컨설팅이 끝나고 기업에 대한 기억이 아득해질수록 컨설팅 했던 기업이 당시 매출액이 얼마였는지, 주가가 얼마였는지는 생각이 잘 나지 않는다. 정작 오래도록 남는 기억은 경영진을 생각하는 임직원의 태도, 회사의 처우를 어떻게 생각하는지에 대한 직원의 생각. 서로 정답게 일하는 분위기, 자신이 하는 일에 대해 자부심을 느끼는 임직원의 어떤 말, 어딘지 전반적으로 모르게 경직되어 있는 느낌, 아버지 연세 또래이신데 방문객을 따듯하게 맞아주시는 경비분들의 모습 등 장면과 분위기다.

지속가능경영 업무의 특징 중 하나가 조직의 전 부서들과 소통해야 한다는 점이다. 경제, 사회, 환경 이슈 전체를 아우르는 컨텐츠와 업무를 다루기 때문이다. 조직의 협력사나 고객들과 인터뷰도 하게 되는데 조직 밖에서 조직을 어떻게 바라보는지도 가늠할 수 있는 기회들이 많다. 전 방위적으로 다양한 사람을 만나야 하는 업무 특성에다 제조사, 금융권, 컨설팅회사에서 일하고 대표 컨설턴트로 지속가능경영과 기후변화 업무를 해오면서 정부, 지자체, 대기업, 중소중견 기업 조직의 고객이나 파트너쉽을 경험하면서 정말 다양한 군상의 사람들을 경험했다. 이 가운데 사회에서 부러워할만한 '스펙'을 가진 사람들이 정말 많았다.

나는 환경, 기후변화분야에서 지속가능경영으로 업의 영역을 넓혔고, 지속가능경영을 직업으로 삼게 된 것을 인생의 행운이라 여긴다. 이유는 스펙 좋은 사람들을 많이 만나고 그들과 네트워크로 연결되어서가 아니다. 타인에게 보여줄 수 있는 '스펙'이 한 사람의 일면일 뿐이라는 것을 확신하게 되었기 때문이다. 보여지는 것보다 보이지 않는 부분이 더 크다는 관점. 도덕성과 스펙이 별개의 이슈라는 신념이 생겨서다. 책을 보는 사람인지, 그렇다면 어떤 책을 주로 보는지, 사회 문제에 대해서 관심이 있고 해결하거나 일조하고 하는 사람인지, 봉사 활동이나 기부를 하는 사람인지, 주변 사람들과 관계가 어떤지가 궁금하다. 스펙 좋은 사람이 윤리적 이슈에 연루되는 경우에는 더욱 실망스럽고 당혹스럽고 참참한 마음이 오래간다. 나한테 늘 친절했던 분이 회사 자금을 횡령한 사람으로 밝혀지고, 성희롱 사건의 가해자라는 소식을 들을 때 좋지 않은 마음이 오래 간다.

결국 곁에 두고 싶은 사람은 인성 좋고 따뜻한 사람이다. 함께 일할 때 상대의 의견에 귀기울여주고 배려하려고 노력하는 사람. 서툴러도 정직해서 믿음이 가는 사람. 이러한 사람들과 서로 도움을 주고받을 때 관계가 지속되는 건 두말할 것도 없다. 조직도 사람처럼 생각해보자. 글로벌 기업들의 지속가능경영 보고서를 보다 보면 시티즌십Citizenship이라는 용어가 자주 등장하는데, 이는 법인의 사전적 의미는 법의 테두리 안에 있는 사람에게 적용된다. 법인도 공통의 목적을 가진 사람들로 구성된 하나의 인격체라는 것이니, 다음 질문에 대해서도 고민해야 할 것이다.

'내가 속한 조직은 어떤 사람처럼 행동할까? 내가 궁금한 조직을 어떻게 바라봐야 할까?'

모두가 주류일 필요는 없다

"지속가능경영이 주류가 될 수 있다고 생각하세요?"

에코나인 창업 초기에 인턴 면접에서 받은 질문이다. 어디서부터 어떻게 설명해야 할지 막막했지만 나는 질문으로 답했다.

"꼭 주류가 되어야 하나요?"

나는 1999년 환경공학과에 입학하면서 우리나라의 환경 분야의 위상과 분위기에 대해 알게 되었다. 토목 환경 공학부였는데 공부 못하면 환경공학에 간다는 이야기가 들려왔다. 대부분의 남자 선배들은 토목공학과 때문에 이 학부에 입학한다고 했다. 학부에 들어가기 위한 면접자리에서 선배로 보이는 분이 말을 걸어왔다.

"점수가 좀 아까운데, 여기 올 꺼니? 혹시 딴 곳도 붙었어?"
"교대는 후보군에 있긴 해요."

"10년 동안 전망만 좋은 학과야. 교대 붙으면 교대로 가"

나는 이 말을 듣고 속으로 생각했다. '아니 무슨 저런 선배가 다

있어?' 고등학교를 갓 졸업한 나는 상황판단도 어려웠고, 여러 가지 사정에 의해 환경공학과에 입학했다. 비주류 학문과 직업의 세계로 입문했다. 재학 중에도 졸업 후 사회생활을 하면서도 환경이라는 분야에 대한 내적 갈등이 많았다. 환경공학을 전공하고 할 수 있는 일이 제한적이라고 생각해서 약대 편입과 재수를 두고 늘 고민했다.

무엇이 비주류일까

인턴이 던진 "비주류"라는 단어에 쉽게 답변할 수 없었다. 그 질문이 어디까지 확대될 수 있고, 얼마나 많은 것들을 내포하는지 속속들이 알았기 때문이다.

나는 비주류 학과를 졸업했으며 비주류 부서에서 일하게 되었다. 사회에서 주류가 아닌 여성이라는 성 정체성으로. 졸업 후에는 환경 인력을 뽑는 대기업과 공공기관에 지원했는데 수요가 있는 조직에서도 법규 대응에 필요한 최소한의 인력만 뽑았다. 첫 사회생활을 시작한 대기업 사업장에서 '대기기사'를 가진 인력이 필요했으나, 당시 나는 '수질기사'를 가지고 있었고, 환경부서를 지원했으나 품질경영 엔지니어로 첫 업무를 시작했다.

2004년 9월, 50명의 신입사원 중 여성은 6명뿐이었고 배정받은 사업장에서 대졸 여성 사원은 단 2명, 나는 이중 한명이었다. 품질경영은 제품을 기준으로 다양한 부서와 연관이 있고 프로세스 맵핑을 주로 하다 보니 환경부서가 하는 일을 유심히 보게 되었는데 사업장의 규제 대응 업무가 주를 이뤘다.

반면 나는 주로 다국적 기업들과 거래하기 위해 필요한 선진화된 품질 경영시스템을 수립하고 관리하면서 국내보다 환경규제가 까다로운 유럽에 납품하는 제품의 환경성을 담보해야 하는 업무를 했다. 제품과 연관된 환경규제 설명회를 따라다니고, 해외 바이어들이 요구하는 제품 수준을 공부하게 되었다. 사업장이 아닌 제품의 환경성을 다루면서 직업인으로서의 환경인의 가능성에 대해 다시 생각해 보게 되었다. 나는 이 가능성을 확인하고자 주변의 만류를 뿌리치고 대기업에서 중소 환경 전문 컨설팅 회사로 이직했다. 회사의 배려로 기후변화정책 석사도 공부하는 행운을 누렸다. 그때부터 생각했다. '비주류여도 괜찮아'라고. 내게 의미 있으면서 모두에게 가치를 주는 분야에서 일한다는 자긍심이면 충분하다고.

인식이 바뀐 것과 별개로 이상과 현실의 차이는 컸다. 환경 컨설팅 회사 밖 현실 세계에서 "환경 전문가"라는 호칭은 모두에게 낯설었고 처우도 모호했다. 전문가들만 아는 영역같았다. 이명박 정권 시절 녹색성장이 국가 목표가 되면서 환성전문가로 금융원으로 이직을 했을 때도 "녹색"이라는 개념이 금융권에 어떻게 접목될 수 있을지 궁금했다. 배운 것을 실전에 펼쳐 보이고 싶어서 선택한 길이었는데 성숙하지 못했고 부침이 많았던 시절이었다.

전문가들에겐 너무나 긴박하고 중요한 이슈인데 현업에서는 부가적 업무며 정권이 끝나면 사라질 이슈라는 생각들. 나는 비주류라도 괜찮아졌는데 현업에서 "환경, 기후변화" 이슈는 여전히 비주류였다. 소수만 긴박하는 상황에서 실무를 추진하면서 많이 외로웠다. 그게 가장 힘들었다.

세상은 빨리 바뀔 것 같지 않았다. '도대체 무엇을 할 수 있을까? 무엇을 해야하나?' 그날부터 나는 구글링을 시작했다. 그때 발견해낸 단체가 미국의 45대 부통령 알 고어가 설립한 TCRP^{The Climate Reality Project}다. 나는 단체는 기후변화에 대한 인식 개선을 목표로 한 이곳에서 국제 환경교육 NGO 활동을 시작했다.

일단 나는 한국지부 가이드에 따라 동행할 친구들과 함께 인도네시아 자카르타로 갔다. 기후변화에 대한 '불편한 진실'을 알 고어가 직접 프리젠테이션을 통해 사람들에게 알리는 활동을 보니 왜 교육자료를 만들어서 기후리더를 양성하고 다시 교육을 하게 했는지 헤아릴 수 있게 되었다.

학문과 직업으로 혹은 어떤 계기로 이슈를 공감할 기회가 없었는데 행동할 수 있는 사람이 있다면 그 경우가 특별한 것이다. 기후변화에 대한 심각성을 공감하는 사람을 만나면 반갑고 고맙다.

더 넓게 보면 주류와 비주류는 중요하지 않다

"어느 회사 다니세요? 직업이 뭐예요?"
"글로벌 펌에서 지속가능경영 컨설팅해요"

"회계사가 아닌가봐요? 회계법인에서 그런 일도 해요?"

"연봉은 얼마나 받아요?"

10년 전쯤인 2012년에 나를 지속가능경영 컨설턴트로 소개할 때면 이런 질문들을 많이 받았다. 그동안 사회책임투자 관점의 'ESG'라는 용어와 함께 지속가능경영이 화자되면서, ESG 인력들을 찾는 회사들이 넘쳐나고 ESG 전문가들이 억대 연봉을 받는다는 뉴스가 쏟아졌다. 세상이 이렇게도 바뀌다니, 내 입장에서도 천지가 개벽했다. 내게 질문을 던지던 그 인턴은 지속가능경영이 주류가 되었다고 생각하고 있을까?

이러한 변화는 인문학적 시선을 가진 비주류의 생각과 가치를 주류로 끌어올리는데 도움이 된다. 인문학은 인간과 관련된 본질적인 마음과 생각의 이슈를 주로 다루기 때문이다. 한 사람의 스펙이 그 사람의 본질이 아닌 것을 우리는 알고 있다. 인문학적 시선을 조직 경영에 접목하자. 그동안 경제적 성장에 집중되어 있던 시선을 수면아래 환경과 사회 분야로 돌리고 먼저 그 가치에 공감하자. 그래야 지켜나가야 할 진정한 위험과 책임을 고려 할 수 있다.

인문학적 시각을 통해 조직의 가치와 목표를 깊게 고찰하고, 직원들과 이해관계자들 간의 상호 이해와 공감을 촉진할 수 있다. 이는 지속가능한 비즈니스 모델을 개발하고 유지하는데 도움이 될 것이다.

인문학적으로, 조직을 인격체라고 생각하고 그 조직이 지속가능할 수 있도록 돕는 사람들. 직업인으로서 지속가능경영인의 자세라고 생각한다. 주류와 비주류로 구분하기보다는 세상과 사람에게 필요한 일이라는 관점에서 접근해야 하기 때문이다.

ESG를 택하는 기업의 가치

물건을 사다 보면 특정 브랜드의 상품이 하나둘 늘어간다. 파타고니아라는 브랜드는 다들 한번쯤은 들어봤을 뿐이다. 나는 그런 파타고니아의 상품들을 어느새 하나둘씩 사 모으기 시작했다. 된다. 옷, 모자, 가방 그리고 노트북에 붙일 파타고니아 스티커까지. 스티커가 사고 싶어질 줄이야.

파타고니아의 제품은 친환경적일 뿐만 아니라 실용적이다. 화려하지는 않지만 그렇다고 해서 못생기지는 않았다. 그러나 단순히 취향의 문제를 넘어, 나는 왜 파타고니아의 제품을 지속적으로 구매하게 되었을까?

이런저런 다양한 기업들, 그리고 그런 기업들의 임원들과도 얘기를 많이 나눈 나였지만 파타고니아의 창립자인 이본 쉬나드가 쓴『파도가 칠 때 서핑을』읽고 나서, '이런 회사가 있다고?'라고 생각할 만큼 놀랐다. 파타고니아는 지구를 살리는 것을 목적으로 삼은 기업이었고, 사업은 오히려 부가적인 기업이었다. 지구상에 이런 기업 경영인이 있다는 데 놀라지 않을 수 없었다. 더욱 더 놀라운 점은, 파타고니아의 설립년도가 1973년이라는 것이다.

파타고니아에 대한 고집, 파타고니아의 고집

사실 친환경 제품을 내세우는 것은 파타고니아뿐만이 아니다. 특히 최근 소비자들의 친환경 제품에 대한 수요가 증가하면서 리사이클링 제품, 유기농 제품, 업 싸이클링 제품들이 많아졌다. 샤넬, 버버리 등 명품 브랜드들도 앞 다투어 친환경 소재를 활용한 제품을 출시하고 있다. 그런데 유독 내가 파타고니아를 고집하게 되는 이유는 무엇일까?

파타고니아 직원들은 파도가 치면 서핑을 나간다. 정확히는, 서핑을 나갈 수 있는 환경에서 근무한다. 빌딩숲에서 근무하는 이들이 대다수인 한국에서는 도저히 상상할 수 없는 광경이다. 나는 등산과 서핑을 즐겨하는 스포츠맨의 삶과 어우러지는 파타고니아의 스토리에 충격을 받았고, 따라하고 싶은 마음까지 들었다.

나는 이본 슈나드의 철학과 삶의 방식, 그리고 파타고니아 임직원들의 라이프 스타일에 완전히 매료되었다. 생각대로 경영하고, 그렇게 또 사는 방식은 내게 엄청나게 매력적으로 보였다. 나는 그들과 같은 길을 가고 싶었다.

또한 파타고니아는 비주류의 그늘에서 환경담당자로 사회공헌 담당자로 외롭게 고군분투했던 사람들에게 희망을 주는 기업이

기도 하다. 핏대를 높여 "보세요. 환경을 보전을 넘어 이렇게 성장하는 회사도 있잖아요."라고 말할 수 있는 근거가 되어주었다. 소비자로서도 파타고니아의 제품을 사용하는 것을 자랑스럽게 여길 수 있게 해준 고마운 회사이기도 해서 내겐 더 특별하다. 선하게 사는데 그걸 독보이게 해주거나 자랑스럽게 여기게 해주는 회사, 그 브랜드의 제품을 사용하면 나도 멋진 뜻에 동참하고 있는 일원이 된 것 같다.

ESG가 만들어내는 기업의 가치

모 식품 회사 지속가능경영 보고서를 하면서 컨설팅 전과 후 기업 제품에 대한 생각이 완전히 바뀐 적이 있다. 가끔 마트에서 두부를 사는데 비슷한 가격대의 두부들 사이에서 두 배 이상의 값인 모 회사의 상품을 보며 '도대체 왜 이리 비싼 거야?' 라는 생각을 종종 했었다.

지속가능경영 보고서 기획 중에, 이해관계자들 인터뷰 대상자를 논의하면서 이 식품 회사의 대표 상품인 두부가 왜 비싼지 알아보고 싶어졌다. 기업에서는 유기농 두부야 말로 공유가치창출^{CSV,} _{Creative Sharing Value} 사례라고 이야기 했다. 이 상품과 연관된 콩 재배하는 사람, 관리하는 사람들과 인터뷰를 계획했다. '어떤 질문을 하면 좋을까?'를 떠올리면서 질문 리스트를 만들고 인터뷰를 했다.

"평소 이 회사를 어떻게 생각하세요?"

"아 그 회사 우리한테 정말 고마운 회사예요." 여기는 할 게 별로 없는데 회사 덕택에 콩 재배하는 기술도 배우고 생산한 제품도 다시 사가니 판로 걱정 안 해도 되고요." 종자도 좋은 것만 써요. 회사 박사님들이 알려준 대로 하는지 매번 와서 점검도 해주고 가세요."

"혹시 바라는 점이나 원하는 점이 있지 않으세요?"

"이 단가로 계속 사주시면 좋겠어요. 그리고 지금은 우리 동네만 경작하는데 다른 지역에서도 이런 사업을 하게 되면 더 좋겠어요."

회사는 지리적 위치 때문에 일자리가 부족한 지역에 일거리도 만들어주고 질 좋은 원재료를 납품 받는다. 박사급 콩 재배 전문가를 파견했고 지역주민을 교육시켰다. 나는 여전히 직접 만든 두부를 선호하지만 마트에서는 주저 없이 그 회사 제품을 산다. 그리고 가격대가 비슷한 제품들이 어떤 경로를 통해 만들어지는지 궁금해진다.

"안녕하세요 대표님. 저희는 다국적 화장품 기업의 온라인 시스템을 구축해주는 IT 회사예요. 온라인으로라도 문의드리고 싶은 사항이 있는데 그 전에 정말 궁금한 사항이 있어요."

"네 말씀하세요."

다급한 목소리에 먼저 이야기하시라고 이야기를 드렸다.

"IT 회사까지 ESG 해야 되나요? 평가를 받으라고 하긴 하는데 의사결정을 어떻게 해야 할지 모르겠어요. 컨설팅을 받을지 받지 않을지 고민을 하기보다 ESG를 회사 경영에 도입해야 할지 말지에 대해 대표님이 아직도 고심하고 계세요."

ESG 도입 여부를 고민하던 회사는 한달 반이 지나고 컨설팅을 받고 싶다고 연락이 왔다. 교육을 하는 날엔 대표이사와 임원이 모두 참석해서 ESG 동향과 현황과 앞으로 나아가야 할 방향에 대해 논의했다.

"ESG에 앞장서고 있는 기업들은 어떤 조직이 있나요? 페이스북, 구글 모두 IT 회사인데, 자신들이 사용하는 에너지를 모두 신재생 에너지로 상쇄시키는 노력을 해오고 있잖아요" 나는 물었다. "IT 회사로서 ESG 측면의 어떤 노력들을 하고 계시죠?" 미팅룸에 잠시 정적이 흘렀다.

나는 질문을 이어갔다. "IT 기기들은요? 컴퓨터, 프린터기 고효율 장비를 사용하시는 정책을 쓰시나요? 사용을 다한 기기들은 어떻게 처리하세요?" 한 임원이 대답했다. "컴퓨터를 자주 교체하지는 않는데 기부해오고 있어요." 나는 되물었다. "몇 대나 기부하셨나요?" "세어본 적은 없는 것 같은데" 대표님이 대답을 이어갔다. "언제 몇 대를 어느 곳에 기부하셨는데 정리하실 수 있겠어요?"

경영지원팀 담당자가 대답했다. "시간은 걸리겠지만 조사할 수 있어요."

"폐기물은 어떻게 관리하세요?" IT기기 이외에의 폐기물 발생이나 처리에 대해 물었다. "회사에서 나오는 폐기물이라고 해봤자 사무실에서 나오는 쓰레기가 전부예요" "그럼 위탁처리 하시는 거예요? 전문 청소업체나 폐기물 업체에 맡기는 방식이요" "아니요. 구청에서 폐기물을 일괄 처리해요." "결국 우리 회사에서 나오는 폐기물의 양이 얼마나 되는지 정확히는 모르신다는 말씀이네요" "네 앞으로는 측정할 수 있는 방법을 찾아봐야 겠어요" 다음은 직원들의 인식 개선을 위해 하는 활동에 대해 질문했다. "환경 캠페인은요? 에너지 절약 운동 같은 활동이 있나요. 제조업에서는 에너지가 원가절감과 이어지기 때문에 추진하시는 사례가 많죠."

회의가 끝나고 업무용으로 사양이 낮아진 노트북, 모니터, 데스크탑을 코로나로 인한 원격 수업이나 재택근무 시 활용 할 수 있도록 임직원들에게 6대를 기부했다는 사실을 알았다. 쓰레기 양은 직접 무게를 측정하는 것은 힘들지만 월마다 폐기물 봉투 용량을 카운팅해서 쓰레기량을 추정해보기로 했다. 일하는 방식과 기업 문화가 담긴 포켓북이 있는데 환경 섹션을 추가해서 개정했다. 주요 내용은 IT 기업으로서 일상 속에서 환경보호를 실천할 수 있는 구체적인 행동요령들이었다.

ESG를 선택하는 기업이 추구해야 할 가치는 무엇일까? 나는 '혁신'을 그 답으로 꼽고 싶다. 단순히 그동안 해왔던 방식이 아니

라, ESG 이슈에 대해 주체적으로 문제 의식을 가지고 해결하고자
하는 기업은 조직과 기술, 문화를 변화시키며 산업 생태계를 혁신
하는 주인공이 될 것이다.

기업의 선한 영향력은 다른 사람들, 다른 기업들, 지역사회 나
아가 전 지구를 변화시키는 힘에 있다. 그리고 무엇보다 이런 방향
을 가진 회사에 근무하는 것을 좋아하는 직원들이 늘어나고, 직원
들이 자신의 일을 진정으로 사랑하고 사회적 영향력을 제대로 인
식하게 되는 것이 아닐까?

"지속가능성은 선택이 아니라 필수입니다.
그것은 우리 비즈니스의 핵심이며,
우리가 하는 모든 일의 중심에 있습니다."

- 전 유니레버(Unilever) CEO, 폴 폴먼(Paul Polman)

2

뉴노멀 시대의 기업이
가져야 할 책임감

ESG 경쟁력은 중소기업으로부터

책임의 재발견, 과정의 영향력

설명할 책임

이해관계자들의 ESG 감수성 높이기

사회적 약자에 대한 책임

윤리 = 반부패 + 정보보호

ESG 경쟁력은 중소기업으로부터

나는 2018년부터 에코나인에서 ESG 경영에 대해 자문해왔다. 수출 주도형 기업들의 ESG 경영을 자문하면서 대, 중, 소 다양한 규모의 기업 뿐 아니라 다국적 기업의 한국 지부 기업과도 소통하는 일이 잦다.

기업들에게는 ESG 경영 진단, 평가 대응, 전략 수립 등 직접적인 ESG 경영 솔루션을 제공하고, 다국적 기업의 한국 지부들과 그들의 협력사들에게 본사의 글로벌 ESG 경영 정책을 이해시키거나 대응할 수 있는 방안을 설명하는 교육을 제공하고 있다.

'어떤 이슈로 강의를 시작해야 할까?' 에코나인 홈페이지 설립 후 첫 고객사였던 다국적 자동차 부분팜의 한국 지부에서 교육 의

뢰가 들어왔다. 구매팀 직원이었고 협력하고 있는 40여 개 기업의 CEO들을 대상으로 ESG 교육을 추진하고 싶다고 하셨다. ESG 개념에 대한 이해가 없는 CEO들이 대다수일 것으로 생각되니 쉽게 강의해 달라고 당부하셨다. 특히 중요하게 다뤄졌으면 하는 건 개념이나 트렌드 설명 이후 중소기업들이 무엇을 준비해야 하는지 사례를 기반으로 이야기 해주라고 하신다.

"강의 대상 협력 회사 규모가 어느 정도 될까요?"
"매출액이나 임직원 수를 알려드리면 될까요?"
"어떤 부품을 납품하는지도 함께요"
"공유가능하신 선에서 정보를 공유해 주시면 교육 준비에 도움이 될 것 같습니다."
"네, 중소기업 대표님들을 위한 맞춤형 강의를 부탁드립니다!"

구매팀에서 보내주신 협력업체 정보를 열어 보았다. 강의에 참여하는 기업들의 임직원수는 8명부터 250명 수준이었고, 매출액은 20억 원부터 1,050억 원까지 분포되어 있었다. 2009년에서 몇 년 동안 나는 중소기업들의 녹색경영시스템을 구축하는 일을 했었다. '녹색 전문가'로 은행에서 변호사, 세무사, 경영지도사 등 전문가그룹의 일원으로서 거래하는 중소기업들에게 자문을 제공하는 컨설턴트였다.

지속가능성에 대한 국내 기업들의 아쉬운 대응

2020년, 1경 원이 넘는 거대 자본 운용사인 블랙록의 CEO인 래리 핑크가 공개서한을 통해 기후변화와 지속가능성을 투자 포트폴리오의 최우선으로 삼겠다고 발표했다. 이후 각종 매체에서 'ESG'와 '기후변화' 이슈가 쏟아져 나오고 있지만 2020년 이전의 분위기는 지금과는 180도 달랐다. 사업장에서 온실가스가 얼마나 배출되는지 혹은 제품이나 서비스를 제공하는데 발생하는 온실가스 배출량을 저감한다거나 탄소배출권이나 CDM사업 같이 적극적인 환경경영 활동을 고려하거나 추진하며 투자하는 조직은 대기업이나 규모있는 공기업 정도였다.

이러한 상황에서 국내에서는 선제적으로 중소기업들의 탄소경영체제 구축 자문하기 위해 산업공단부터 전국에 위치한 제조 사업장을 방문할 기회들이 생겼다. 해외 우수사례를 벤치마크해서 선제적으로 기후변화 이슈에 대응하는 조직들과 일해 오다가 새롭게 경험한 업무 환경이었다. 소규모, 열악한 현장, 공단 지역, 지방 사업장에 위치한 기업들이었다.

"우리 회사가 이런 활동이 필요한지 모르겠는데 거래 은행에서 권하는 사항이라, 혹시나 불이익 있을까봐 신청했습니다."

현실은 패널티가 있지는 않을까 염려하거나 ISO 인증처럼 향후 회사의 스펙이 될 수도 있다는 생각에 자문을 신청한 기업들도 있었다. 물론 현안은 아니지만 앞으로 이 이슈를 관심있게 지켜보고 온실가스 배출량을 관리하겠다고 하시는 기업들도 있었다. 기후변화 대응이 ESG 경영의 큰 축으로 포함되면서 중소기업에게도 생존의 이슈가 되었다는 것을 현장에서 실감한다.

하지만 그 열의와 다르게 실제로 중소기업에서 지속가능성에 대해 잘 접근하는 경우는 드물다. 익숙하지 않은 개념이라 처음부터 모든 것을 살펴봐주길 원하는 경우도 많다.

ESG를 위험 관리 차원에서 접근해야 하는 이유

"대표님, 이런 정보까지 공개해도 괜찮으신가요?"

특수한 자동차 부품 제조 기업으로부터 의뢰를 받은 적이 있었다. 그런데 대표님이 갑자기 자신의 개인정보까지 제공하셨다. 나는 대표님에게 염려의 말씀을 드렸다. '컨설팅하며 이런 개인 정보까지 받은 적이 없는데' 나는 걱정이 앞섰다. 글로벌 공급망 평가를 요청받는데, 영문읽기도 원활하지 않으시고 요구사항 자체에 전문용어가 많아서 요구사항부터 확인해주시길 바라시다 보니 평소 받지 않는 정보들을 받게 되는 상황에 이르렀다. 온라인 플랫폼 사용에 익숙하지 않으시기도 했다. 대표님은 신규거래를 하려면 이 방법 밖에 없다며 잘 부탁한다는 이야기를 되풀이했다.

거래를 시작하려는 기업이 글로벌 자동차 부품회사인데 이 회사는 40% 이상의 지분을 다국적 자동차 제조사가 보유하고 있었다. 거래 기업의 요구사항은 곧 점점 고객사의 지분을 보유한 투자 기업의 요청 사항이었다. 다국적 자동차 제조사에서 글로벌 자동차 부품회사로, 글로벌 자동차 부품회사에서 글로벌 차동차 부품회사 한국지부로, 그리고 글로벌 자동차 부품회사의 한국지부가 납품하는 중소기업으로 연결된다. 7명 남짓한 제조 기업에게도 열외 없는 ESG 공급망 정책의 지침이 주어졌다. 거래를 성사시키기 위해서는 글로벌 공급망 평가 시스템에 접속해서 평가를 받고 결과를 연결된 공급망에게 공개할 것을 요구 받았다.

컨설턴트로서 수집해야 하는 데이터와 자료를 어떻게 어디서부터 찾아야 할지 설명을 했는데 진전이 없었다. 서로 답답한 상황에서 대표님의 급기야 이메일과 비밀번호를 알려주시겠다고 했다. 평가를 받아야 하는 사이트에 접속해서 기업의 정보를 넣는 것부터 평가 결과를 제출하고 평가 비용을 제출하는 것까지. 모든 과정을 영문으로 진행해야 하는 데 영어를 전혀 모르셨다. ESG에 정책도 영문으로 받다 보니 내용 파악 자체에 언어의 장벽이 있는데다 회사 내 업무 역량을 가진 인력이 없는 게 현실이었다. 그나마 다른 기업에 비해서 "평가를 요청한 기업과 거래하려면 어차피 해야 할 일"이라는 판단이 빠르셔서 자문 결정은 쉽게 하셨던 것이다.

상황이 너무 열악하다보니 업무에 대한 규칙이나 규정이 전무했고 취업규칙조차 없는 기업이었다. 무에서 유를 창조해야 하는 가장 어려운 자문 대상 유형의 기업이었다. 자문이 끝나면 꼭 비밀번호를 변경하시라는 당부를 반복해야 했다.

문득, 내가 사회생활을 시작했던 제조업 회사가 떠올랐다. PCB 회로 기판에 전류가 흐르는 역할을 하는 마이크로 단위의 얇은 구리판인 동박을 만드는 사업장이었다. PCB가 사용되는 전자제품부터 자동차 제조에 사용되는 고가의 원자재를 생산하는 곳에서 품질경영을 담당했다. 어느 날 S사가 만든 노트북이 폭발하는 사고가 발생했는데 당시 S사는 내가 재직 중이던 회사의 주요 해외 고객사 중 한 곳이었다. 미디어에 사건이 노출되자마자 사업장은 난리가 났었다. 전 직원이 우리 회사에서 만든 동박이 사고가 발생한 노트북에 사용 유무를 파악하기 위해 관련 인원 모두 촉각이 곤두섰다. 확인 결과 우리가 납품한 동박이 사용된 노트북은 아니었지만 관리자분들이며 경영진분들의 긴급회의 분위기, 만약 우리 제품이 사용된 노트북이었을 경우 우리 사업장이 감당해야 할 손실 비용 등을 생각하며 긴장감이 고조되었던 기억이 난다.

노트북의 주요 부품은 14개 이상이며, 자동차를 제조하기 위해서는 약 2만 개의 부품들이 사용된다고 한다. 아마, S사와 거래하는 협력사 모두 초긴장 상태가 아니었을까?

품질과 더불어 안전이 연결된 이슈였다. ESG 영역으로 확장해 본다면 제품 안전의 이슈이다. ESG 이슈와 위험은 제품과 서비스의 품질 이슈와 동일하게 다뤄져야 한다. 중소기업들이 ESG를 생존의 이슈로 다뤄야 하며 위험 관리 차원에서 접근해야 하는 절대적 이유다.

ESG는 모두의 생존과 연관되어 있다

제조업을 포함해, 우리나라에는 다양한 중소기업들이 있다. 이 기업들의 성격은 조금씩 다를 수 있으나, 수출 주도형 기업들은 규모와 산업 상관없이 ESG 경영을 요구받고 있다. 모두가 지속가능성에 대해 길을 찾아야 하는 상태인 것은 마찬가지다. 다양한 규모와 산업의 기업들이 문의를 해오지만, 이름만 들으면 아는 글로벌 자동차가 문의를 해온 적이 있었다.

"저희는 정말 영세하거든요. 기업의 사회적 책임이 무엇인지도 모르는데 필요한가요?"

"혹시 성과를 요구하는 고객사가 어디세요?

"L사요."

"IT회사인데 ESG 평가를 받고 그 결과를 제출하라고 합니다. 진짜 해야 하는 것 맞나요?"

"혹시 성과를 요구하는 고객사가 어디세요?"

"국내에 있는 해외 기업 에이전시요"

"그럼 그 에이전시는 왜 요청하게 되셨는지 아세요?

"에이전시는 글로벌 화장품 제조사에서 요청받았는데 평가 결과가 거래 필수 조건이라고 합니다."

ESG 경영을 시작하는 데 있어 중요하게 고려해야 할 사항은 기업의 규모가 아니다. 비즈니스로 연결된 파트너사들 요구하는 ESG 경영 수준이며, 이해관계자들이 기대 수준이다. 특히, 다국적 기업과 연결되어 있는 조직이라면 ESG 경영은 필수조건이자 충분조건이 되었다.

"Small is Beautiful"

ESG 공급망 글로벌 평가 기관 홈페이지에서 발견한 의외의 문장이었다. 왜 작은 것이 아름다울까. 20명 미만 중소기업 대표님들의 인터뷰 서두에 들어 있던 메시지. 지속가능성을 추구하는 일이 규모가 크거나 글로벌한 기업들만의 이슈가 아님을 상기시켜준다.

ESG 경영을 내재화 하면서 본질적으로 기업 체질을 변화시키고자 할 때 규모가 작은 점은 되려 장점이 될 수 있다. ESG 경영을 화두로 글로벌 무대를 향해 기민하게 혁신하고 변화를 꾀하는 중소기업들을 자문하며 확신했다. ESG 경쟁력은 중소기업으로부터 시작된다.

책임의 재발견, 과정의 영향력

기업의 규모, 산업과 무관하게 ESG 경영이 중요한 것은 당연하고, 임직원의 직급 및 직무에 상관없이 ESG 경영에 참여해야 한다.

"ESG 평가 점수에 연연해하는 건 ESG 경영의 진정성을 해치는 일이지! 평가는 주관부서가 신경 쓰면 되는 일이고 현업에 있는 나는 요청하는 자료에 잘 대응하면 되는 거 아닌가?"

ESG 평가 제도나 이에 대응하는 업무에 회의적으로 생각하는 사람들이 많고, 자신이 일이 아닌 주관부서의 일이라고 생각하는 사람도 있을 것이다. 그러나 이 질문에 대답해보자.

"당신이 하고 있는 업무는 ESG에 속하나요?"
"아니요."라고 단호하게 대답하는 사람도 있을 것이다. 잠깐 다시 생각해보자. 정말로 아무런 관련이 없을까?

ESG, 모든 직무와 유관한 일
전략, 인사, 총무, 감사, 연구개발 등 당신이 어떤 직무를 맡고 있든 당신이 하는 일은 ESG의 영향권에서 벗어나기 힘들다. ESG 경영의 본질은 당신의 직무와 상관없으면서도 모든 직무와 상관이 있다. 간단히 말하면 단순히 모두가 맡은 직무를 하며 사회적 책임을 다하면 되는 것이다. 지금 하는 일의 의사결정 구조를 투명하게 만들고 의사결정 기준의 균형을 맞추고, 업무 추진 과정의 환경성을 높이고 사회적 영향력을 넓히면 된다.

그렇다면 모두가 같은 의사결정 기준을 공유한다는 것은 어떻게 가능할까? 작은 기업이든 큰 기업이든 전 임직원에게 해당하는 규정이 있다. 바로 취업규칙이다. 그 취업규칙은 인사 부서가 안을 만들고 경영진의 승인을 거쳐 전사의 규범이 된다. 나는 ESG 관련 커리어를 쌓으면서 다양한 섹터에서 몇 번을 이직을 했는데 부끄럽게도 취업규칙을 제대로 읽어본 적이 없다. 읽어볼 생각도 못 했다.

오히려 조직을 떠나 다른 조직을 자문하면서 고객사의 취업규칙을 모두 읽어보고 있다. 그것도 샅샅이. 사회책임 관점에서 어떤 이슈와 연결되는지 검토한다. 취업규칙이야 말로 작은 기업들에게 유일한 행동규범이 되기도 한다.

규모가 있는 기업들이나 경영진의 의지가 있는 기업들의 경우 윤리강령을 제정해두기도 하는데 취업규칙에서 미처 언급하지 못했던 세세한 행동규범들이 있다.[1] 삼성전자는 인권기본원칙을 제정해 삼성전자 임직원과 임시직 근로자를 포함해 협력회사 직원, 고객과 지역사회 구성원을 포함하는 모든 이해관계자들에게 적용하고 있다. 이 원칙에는 제품에 대한 책임 및 인공지능[AI] 윤리, 책임 있는 광물 소싱 및 강제 근로 및 아동 근로 금지 원칙 등 일반적이지 않은 기업 원칙들도 포함된다

이 글을 읽고 있는 당신도 나와 다르지 않을 것이라는 사실을 안다. 당신도 취업규칙이나 윤리강령을 정독해보지 않았을 것이다. 그 안에는 의사결정 구조, 인권, 반부패, 자원절약, 환경보호 등 ESG에 관련된 내용이 다 들어있으니 꼭 읽어보길 권한다.

리스크가 발생한 후 살펴보면 늦다. 내가 속한 조직의 행동규범이 무언인지 아는 것이 ESG 경영의 시작이자 임직원이 가진 최소한의 책임감이다. ESG 경영은 특별한 것이 아니다. 담당자만의 이슈도 아니다. 우리 모두의 일이며, 책임에 관한 이야기다. 당신이 이해하지 못한다고 혹은 관심이 없다고 또는 내 일이 아니라고 생각한다고 해서 달라질 건 없다.

우리는 ESG 용어가 새롭게 느껴질 뿐 ESG 경영을 해왔다. 비재무적 가치를 글로벌 규범에 가깝게 우리 조직의 언어로 정의하고, 이를 얼마나 조직원들에게 깊숙하게 각인시키고 숨 쉬는 일처

---

[1]   https://www.samsung.com/sec/sustainability/main/, 삼성전자 인권기본원칙 2023.2

럼 만들기 위해 얼마나 많은 자원을 투입하는지와 영향력을 관리하는 수준이 달랐을 뿐이다.

조직이 가진 책임에 대해 구체적으로 알고 싶다면 ISO 26000 사회적 책임에 관한 국제 표준을 읽어보길 바란다. ESG 경영의 글로벌 행동규범, 평가 및 보고기준 등 대부분의 기준이나 프래임이 ISO 26000 규격을 기반으로 하고 있다.

바꿔 말하면 우리 조직의 행동규범이나 지침에 가까울수록 국제 사회에서 지향하는 혹은 권고하는 조직으로서 져야 할 책임을 지향한다고 말할 수 있다. ESG 경영 시대에 어떤 책보다 유용한 책이다. 정독하고 반복해서 읽어보길 바란다.

모두가 평소에도 책임감을 갖고 살아가지는 않는다. 바쁜 현대 사회를 살아가며 눈에 보이지 않는 책임보다 눈앞의 목표가 더 중요하게 느껴지기 때문이다.

이제는 모두가 책임에 민감해야 하는 시대

2020년 봄이었다. 지금 살고 있는 동네로 이사 온 지 얼마 되지 않았던. 바쁜 일과를 끝내고 자전거로 한강 라이딩을 하고 집으로 돌아가는 길이었다. 밤 풍경을 감상하며 콧노래마저 나올 것 같은 기분 좋은 날 나는 무서운 사건을 겪었다.

주차장과 흡사한 자전거 도로 위에서 언제쯤 자동차 없는 자전거 도로에서 시원하게 라이딩을 할 수 있을까를 생각하며 주차된 자동차들을 피해 천천히 가고 있었다. 그런데 반대편에서 오토바이 한대가 역주행을 하며 다가오고 있고 "빵"하는 클락션 소리와 함께 무서운 눈빛으로 알 수 없는 욕설을 하며 지나갔다.

'이러다 죽을 수 있겠구나'

내 인생 통틀어 처음 있는 일이었다. 벌렁거리는 심장을 가다듬고 오토바이 운전기사를 실컷 원망했다. 며칠 동안 도로위에서 자전거 타기가 무서워서 타지 않다가 같은 길을 걸어서 가다가 한 가지 사실을 알게 되었다. 역주행은 내가 했었다는 진실. 천천히 걷다보니 신호체계가 정확히 보였다. 이렇게 인지하기까지 3일이 걸렸다. 나는 피해를 준 사람임에도 불구하고 피해를 입은 사람처럼 3일을 지내온 것이다. 내가 강심장인 사람이었다면 클락션을 누룬 오토바이 운전자와 시비를 가리려 했을지도 모를 일이다. 생각만 해도 얼굴이 화끈거린다.

나는 책임에 대해 제대로 인식하지 못한 조직이나 구성원들이 나와 비슷한 상황에 놓여 있다고 생각한다. 눈앞의 성과에만 집중하느라 책임을 보지 못하는 것이다. 조직을 운영하며 의사 결정 구조를 운영하는 데 져야 할 책임, 제품과 서비스를 만들어 내기까지 환경에 미치는 영향을 최소화하기 위한 프로세스들 그리고 사회에 미치는 영향을 고려해서 행동하는 책임감.

책임을 인식하지 않고 달리기만 하는 시대는 지났다. 시대 흐름에 역주행하고 있지는 않은지 생각해보자. 잘못된 방향이라면 달리면 달릴수록 상황이 더 악화될 뿐이다.

ESG 경영의 핵심은 "책임"에 대해 새롭게 인식하는 데 있다. 뉴노멀 시대의 품격 있는 기업이 가져야 할 책임감은 바로 책임을 제대로 아는 것이다.

결국 사고는 일어나지 않았지만 그 경험의 영향이 없어지는 것이 아니다. 오토바이 운전자, 자동차 운전 좌석에서 얼굴을 찌푸리는 운전자들에게도 인도에서 이를 지켜보는 보행자들에게도 직간접적인 피해를 입힌 것이다. 다른 사람들도 자주 하는 실수라고 해서 스스로 모르는 일이었다고 해도 상관없다.

이러한 전 과정을 도로 주변 상점에서도, 도로위 운전자들도 자동차 안팎 블랙박스도 모두 지켜보고 있었다. ESG 경영에서 조직을 둘러싸고 있는 이해관계자들처럼 말이다. 이해관계자의 관점에서 결과 뿐 아니라 과정 상에 미치는 영향까지 책임을 지고 이해관계자들에게 설명하는 일. ESG 경영의 핵심이다.

제품과 서비스라는 결과물에 대해 기본적으로 생각해야 하는 것은 책임이다. 뉴노멀 시대에 지속가능한 기업이 되기 위해서 이해관계자와 과정상의 책임 대한 통찰을 얻어야 할 때다.

설명할 책임^{accountability}

어떤 계기로 시작하든 우리는 자신의 업무, 나아가서는 우리 기업의 지속가능성을 설명해야 할 때가 온다. 그 계기는 고객의 ESG 평가로부터 시작될 수도 있고 정부의 비재무 정보 공시정책에 대응하면서 시작될 수도 있다. 경영진의 지속가능경영 보고서 제작 의지로부터 시작될 수도 있다. 하지만 그 지속가능성에 대해 설명하는 것은 익숙하지 않으면 쉽지 않다.

"무슨 질문인지 이해가 가지 않습니다."

ESG 경영에 관한 질문지를 검토하고 보이는 첫 반응들이다.

"제출하지 않으면 거래는 안 된다고 하고, 제출 기한도 촉박해서 혼자 답변했어요."

이전 ESG 평가에 대응한 내용이 엉망이어서 대응 현황에 대한 이유를 물었더니 돌아온 답변이다. 여기서 엉망이라는 표현은 평가 점수가 낮다는 의미에 국한되지 않는다. 우리 기업의 활동을 정확하게 설명하고 있지 않거나 완전하게 설명하고 있지 않다는 뜻이다.

우리 기업의 지속가능성을 설명하는 일은 제출하기만 하면 혼나는 것을 면하는 어린 시절의 숙제같이 다뤄서는 안 된다. 또한 누군가에게 대신 시켜서 한껏 멋을 부려 설명한다고 칭찬 받는 이벤트도 아니다. 우리 기업의 이해관계자들의 질문에 정확하고 성실하게 답변해야 하는 책임이다.

사회적 책임에 대한 정확한 정의

한국산업표준 '사회적 책임에 대한 지침'에 의하면 설명책임은 조직의 통제기관, 법률당국 그리고 보다 넓게는, 조직의 이해관계자에게 의사결정 및 활동에 대해 답변할 수 있는 지위와 답변해야만 하는 의무다.

이 지침 서론에는 사회적 책임에 대한 이해를 돕기 위해 7가지 원칙을 제시하고 있다. 그리고 첫 번째 원칙은 나머지 6가지 사회적 책임 원칙을 완성하는 원칙. 바로 설명책임 원칙이다. 기업이 사회적 책임을 다하기 위한 원칙들을 준수하고 있는지 설명하고 존재하기 위해서는 소통해야한다. 설명책임을 이행하는 것은 이해관계자 중심 경영의 핵심이며, 전제 조건이다. 감시자로서 이해관계자의 역할을 존중해야 한다. 기업이 이해관계자들의 적절한 감시와 이러한 감시에 대응하는 것을 책임의 영역으로 자연스럽게 받아들여야 한다.

ISO 26000 사회적 책임의 7가지 원칙

1. 설명책임: 조직이 사회, 경제 및 환경에 미치는 영향에 대해 설명책임을 지는 것

2. 투명성: 사회 및 환경에 영향을 미치는 조직의 의사결정 및 활동에 대해 투명한 것

3. 윤리적 행동: 윤리적으로 행동하는 것

4. 이해관계자 이해관계 존중: 이해관계자의 이해관계를 존중하고, 고려하며, 대응하는 것

5. 법치 존중: 법치 존중이 의무적이라는 것을 받아들이는 것

6. 국제행동규범 존중: 법치 존중 원칙을 지키면서 국제행동규범을 존중하는 것

7. 인권 존중: 인권을 존중하고 인권의 중요성 및 보편성을 인식하는 것

우리 기업은 설명할 게 없다고 생각하는 기업들도 있다. ESG 경영에 대한 질문을 설명하지 못하는 이유도 다양하다. 규모가 작아서, 성과가 없어서, 환경적으로 좋은 기업이 아니라서. 그러나 경제, 사회, 환경에 영향을 미치는 모든 조직은 설명할 책임이 있다. 조직의 규모 및 위치, 형태 모두 상관없다.

설명책임을 다한다는 것은 무엇일까?

설명은 어느 정도 규모가 될 때까지, 자랑할 만한 성과가 나올 때까지 혹은 사회적으로 지탄받을만한 일을 해결하고 나서 혹은 없는 계획을 마치 실행할 것처럼 포장하는 게 아니다. 설명책임을 다하기 위해서는 3가지 조건을 지키는 것이 중요하다.

첫 번째 조건은 이해관계자들이 묻는 질문에 사실에 기반해 답하는 것이다. 그런데도 실상은 질문에 대한 설명이 어렵게 느껴지는 경우 아예 답변을 하지 않는다. 특히 질문의 의도나 용어에 대한 이해가 부족한 경우 해당 여부를 정확히 파악하지 않고 해당이 없다고 답변을 하는 경우도 많다.

예를 들면 신규 파트너와 계약을 체결하는 경우 사회 영향을 평가하고 있는지 설명을 요청받을 때가 있다. 한국의 경우 대기업 중심으로 협력사의 환경 및 사회 활동을 평가하고 있다보니 중견, 중소 기업의 구성원과 인터뷰를 하다보면 우리 기업은 대기업이 아니기 때문에 해당이 없다고 답변을 한다.

실상은 해당이 없는 것이 아니라 도입하는 건 우리 기업의 ESG 경영 의지이다. 이런 경우정확한 설명은 "해당 없음"이 아니라 "아직 실행하고 있지 않다"가 되어야 한다. 혹은 우리 조직의 책임 범위를 명확히 설정하지 않아서 데이터가 없는 경우들도 있다. 규제 위반에 대한 데이터를 요구받았을 때, 국내 사업장에서는 위반 건수가 0일 수 있지만 해외 법인에서 위반 건수가 1건이라도 있었다면 국내외 사업장 범위에서 정확한 데이터는 1건이다. 범위를 명확히 해 범위에 부합하게 설명해야 한다.

설명책임을 다하기 위해서는 단순히 알고 있는 사실이 아닌 이해관계자의 기준에 부합하는 진짜 사실을 찾아서 설명해야 한다. 실적이 없는 경우 답변 0을 적어서 제출하고 알리는 일. 설명 책임은 진짜 사실을 설명하는데서 시작된다.

둘째, 지속가능경영의 3대 축, 즉 경제, 환경, 사회에 우리 조직이 미치는 영향력을 균형 있게 다루면서 영향력이 큰 이슈를 중심으로 설명하는 것이다. 예를 들면 수자원을 이용해 음료를 생산하는 기업의 중요한 이슈는 환경 측면 중 수자원 이슈가 될 것이다. 이러한 기업이 수자원의 이용과 활용, 폐수 처리 활동과 성과에 대해서 다른 기업보다 적게 보고한다면 설명 책임을 다한다고 볼 수 없다.

셋째, 부정적 결과에 대해서 설명해야 한다. 부정적 이슈를 개선하기 위한 조치와 재발하지 않도록 하는 활동과 노력에 대해 설명해야 한다. 당신이 모 기업의 주식을 매할지 고민하는 투자자라고 가정해보자. 당신은 작년에 이 기업이 경영진의 도덕성 이슈로 각종 미디어를 장식했던 것을 기억하고 있다. ESG 중 지배구조의 이슈였고 모두 부정적 이슈였다.

그럼에도 불구하고 이 기업이 생산하는 제품의 가치를 높이 평가하고 있다. 바로 이 점 때문에 이 이슈만 잘 해결되면 저평가된 주식이 서서히 오를 것이라고 생각하고 있었고, 앞으로는 지배구조가 투명하게 정리될 것이라는 기대감을 가지고 각종 자료를 찾아보던 중이었다.

기업 가치를 평가할 때 기업들의 지속가능경영 보고서를 참고하는 것도 중요하기 때문에 이 기업의 지속가능경영 보고서도 살펴보았다. 목차에서 지배구조 섹션과 윤리경영 부분을 찾아서 읽어보는데, 어디에도 경영진의 도덕성 이슈는 언급되어 있지 않았다. 기업의 지속가능성 측면의 중요한 이슈를 나열해 둔 목록에도 이 이슈는 없었다. 당신은 이 보고서에서 원하는 정보를 얻었을까? 투자자로서 알고 싶고 중요하게 짚고 넘어가고 싶은 위험에 대한 내용은 정작 빠져있는 홍보물 보다는 조금 더 그럴싸한 보고서로 생각하게 될지도 모른다. 이해관계자들은 기업 스스로 자랑스럽게 여기는 실적과 제품과 서비스 홍보 카피로 점철된 설명을 원하지 않는다. 진정성 있는 소통을 하고 싶을 뿐이다.

설명책임을 다하기 위해 반드시 지속가능경영 보고서를 발간해야 하는 것은 아니다. 고객이나 투자자 등 우리 기업의 주요 이해관계자들이 원하는 ESG 경영 정보를 형식에 구애받지 않고 정리하고 공유해야 한다. 중요한 내용만을 추려서 홈페이지에 공시하는 방법도 있다. 해외 기업 중에서는 엑셀로 주요 ESG 성과 데이터를 정리해서 홈페이지에 공시하는 사례도 있다.

구성과 디자인이 멋진 지속가능성 보고서들도 많이 있지만 이러한 요건들이 설명책임에 필수는 아니다. 이를 거듭 강조하고 싶다. 보고의 형식보다 보고 내용에 대한 설명을 잘 하는데 자원이 투입되어야 하고 형식을 갖추려다 소통의 시기가 늦어지는 것 ESG

경영에 도움이 안되기 때문이다.

설명하는 내용의 객관성과 신뢰성을 담보하는 책임감을 갖는 게 가장 중요하다. 아직 ESG 경영 현황에 대해 외부에 공시하지 않은 기업이라면, 하루 빨리 설명을 준비하자. 주요 이해관계자들이 요구하는 내용을 중심으로 우리 기업의 규모와 특성에 맞게 소통할 수 있는 우리 기업만의 설명 방법을 정립해 보자.

이해관계자들의 ESG 감수성 높이기

지속가능성 이슈를 해결하기 위한 경영진의 의지와 실행력은 ESG 경영의 중요한 요소다. 우리는 여기서 합리화의 함정에 빠지면 안 된다. ESG 경영에 접근할 때 경영진의 의지가 중요하다는 강조일 뿐. 사회적 책임은 조직을 이루고, 조직과 연결되어 있는 모든 이해관계자들이 책임감을 느끼는 데서부터 시작한다. ESG 경영은 일상의 변화로부터 시작된다.

비즈니스 미팅 차 강남으로 향하는 택시 안이었다. 운전 기사 분이 연세가 지긋하신 분이었고 한때는 해외여행을 자주 다시셨다는 이야기를 들려주셨다. 그런데 한강만큼 아름다운 강을 보신 적이 없는데 젊은 친구들이 그 사실을 아는지 고마워하는 마음이 있으면 좋겠다는 이야기셨다.

정말 공감이 되었다. 한강의 풍경은 물론이고 가로수들이 없는 풍경을 상상해 보자. 끔찍하다. 입가에 흐뭇한 미소가 지어지는 순간들은 하늘, 강, 나무, 깨끗한 공기로 호흡하게 될 때다. 우리는 자연에서 치유 받고 혜택을 받는다.

이러한 개념을 생태계 서비스^{ecosystem service}라고 한다. 우리는 자연으로부터 금전적 비용 없이 건강한 생태계로부터 서비스를 받고 있다. 자본주의 시대에서 금전적인 대가 없이 받기만하고 있는 유일한 서비스다.

반면 우리는 자연에게 무엇으로 보답하고 보상하고 있을까?

우리의 일상이 환경에 어떤 영향을 미치고 있는지 생각해보자. 아침, 저녁으로 씻을 때 사용하는 세재와 물, 보일러를 켜면 사용하는 경유, 자가용을 사용하는데 드는 유류, 거실이며 가족들이 사용하는 방에 켜 있는 전등, 각종 택배를 상자, 상자를 열면 마주하는 포장재들, 음식물 쓰레기, 실증난 옷과 신발, 사용하지 않는 핸드폰과 전자 제품과 가구 전자제품, 이사 갈 때 버려지는 각종 가구들. 개인이 버리는 쓰레기가 이정도인데 90억 인구가 이 속도로 이 정도의 폐기물을 배출하면 지구는 어떻게 버틸 수 있을까.

지구 종말 시계^{The Doomsday Clock}가 있다. 핵무기 또는 기후 변화(2007년부터 반영)로 인류 문명이 위험에 노출된 정도를 알릴 목적이다. 바늘이 자정을 가리키면 종말을 의미한다. 1947년 첫 발표 이후 자정에 가장 가까워져 2023년은 자정 90초 전쯤까지 왔다.

군이 각종 뉴스나 통계자료를 보지 않아도 집안에서 배출되는 쓰레기의 양만 보더라도 자정 능력의 한계가 오리라는 것은 짐작 가능하다.

기후변화로 지구촌이 몸살을 겪고 있다. 2022년에는 한국에서 115년 만에 최대 400mm가 넘는 기록적인 폭우로 서울과 경기 지역 곳곳이 물에 잠기고 지반 침하와 정전 등 사고가 잇따랐다. 해외에서도 기후 재앙이 이어지고 있다. 영국은 폭염과 함께 건조한 날씨가 이어지며 화재 위험 최고 경보가 내려졌고, 영국환경청이 공식적으로 가뭄을 선언하기도 했다. 프랑스는 대형 산불에 시달렸고, 미국의 데스밸리에는 1000년 만에 폭우가 오기도 했다. 이 모든 재앙은 기후변화 때문이다. 우리는 이미 자연으로부터 수많은 경고를 받고 있다. 세계 전역의 기후 재앙을 보자. 이 글을 읽는 우리도 예견된 재앙의 대상이 될 수 있다.

이제는 한명의 개인이 세계를 바꾸기는 어렵다. 기업의 영향력이 어느 때보다 커진 시대다. 이젠 기업 차원에서 기업이 환경에 미치는 영향력을 생각해야 할 때다. 경쟁력 있는 기업으로 세계 전역의 인재들이 모여들고, 혁신의 중심에는 기업이 있다. 기업들의 활동이 기술과 경제에 지대한 영향을 미치고 있다. 기업의 제품과 서비스를 소비하는 파트너와 고객 그리고 기업의 가치를 평가하고 투자하는 투자자 등 기업을 예의주시 하고 있고, 평가를 받는다. 우리의 행보를 지켜보는 이해관계자들이 더욱 많아지고 있다.

인식제고는 ESG 경영의 처음과 끝

기업의 ESG 경영의 정책과 철학을 세우고 고객과 소비자들을 이끌어야 한다. 기업의 영향력을 선한 방향으로 이끌어나갈 책임감을 발휘할 시점이다. 가장 시급한 건 내외부 이해관계자들의 ESG 인식제고를 위해 역량을 집중하는 일이어야 한다.

ESG 경영을 중시하는 기업들은 내부 이해관계자인 임직원의 인식제고 과정을 정례화 한다. 경영진 뿐 아니라 임직원들의 단계별, 직급별, 직무별 교육 과정에 ESG 경영에 관한 과목을 포함시키고 있는 것이다.

다음 단계로 외부 이해관계자의 ESG 경영을 독려하고 있다. 소비자와 협력사 등 외부 이해관계자의 ESG 인식을 높여 ESG 경영에 참여를 독려하고 있다.

"소비자를 대상으로 ESG 교육 현황을 설명하세요."

ESG 평가를 위한 질문 중 한가지인데, 막상 평가 대응 담당자들은 이해할 수 없다는 표정을 짓는다. 그럴 수밖에 없는 이유가 있다. 환경 분야 교육을 생각해 보자. 기업에서 환경 규제 대응 인력이 법적으로 받아야 하는 교육을 이수하는 상태를 유지하고 있는 기업들이 대부분이다. 그런데 우리 기업의 고객에게 환경교육을 제공했는지 질문을 받기 때문이다.

"협력사를 대상으로 ESG 교육을 제공했냐고요?"

이 질문은 지속가능한 공급망 관리 측면에서 기업들이 빼놓지 않고 받는다. 물론 기업 담당자들의 반응은 소비자 교육을 질문했을 때와 다르지 않다. 더욱 우려되는 경우는 협력사들에게 스스로 자가 진단을 하도록 했는데 교육을 추진하지 않은 기업들이다. ESG 경영이 무엇인지, 용어를 어떻게 해석해야 하는지 이해가 기반이 되어야 한다. 그렇지 않은 상태의 진단 결과를 얼마나 신뢰할 수 있을까.

ESG 경영은 인문학적 경영방식이다. 사람, 즉 이해관계자들 중심의 경영이기 때문이다. 임직원, 기업과 연결된 파트너와 고객 등 핵심 이해관계자들을 이롭게 하고 상생하는 것이 중요하다. 이를 위해 필수적인 사항은 인식을 함께 높여가는 활동이다. 몇 번 강조해도 지나치지 않다. 인식 제고 활동은 모든 사회적 책임 활동의 시작이며 끝이다.

핵심 이해관계자들과 기업의 ESG 정책과 실행계획을 어떻게 소통하고 이끄느냐에 따라 기업의 지속가능성이 좌지우지된다. 궁극적으로 ESG 경영이 특별한 경영방식이 아닌 기업의 철학과 언어로 자리잡아야 한다. 이는 몇 번의 교육으로 달성할 수 있는 목표가 아니다.

임직원과 파트너사와 우리의 제품과 서비스를 구매하는 소비자들에게 장기적이고 지속적으로 ESG의 중요성과 기업의 정책에 대해 알리고 소통해야 한다. 다양한 방식을 업무 영역별, 영역별 프로세스에 접목하고 발전시켜 나가야 한다.

기업의 DNA로 만들기 위해서 모든 방법을 동원해야 한다. 잘 정리된 정책을 수립할 수도 있고, 캠페인을 추진할 수도 있다. 정기적인 시간을 정해서 간담회 형태로 소통할 수도 있고, 체계적인 교육 프로그램을 기획할 수도 있다. SNS를 통해 정보를 공유할 수도 있고 ESG 행동지침을 공지할 수도 있다.

핵심 이해관계자들과 함께 ESG 경영에 대한 감수성을 높여나간 기업과 그렇지 않은 기업은 많은 격차가 벌어질 것이다. 핵심 이해관계자들과 기업의 ESG 정책을 함께 실현한다면 이뤄나갈 수 있는 면이 많기 때문이다.

기업에게 보여줘야 할 것

B2B 기업의 경우 파트너사와 함께 친환경 R&D 전략을 고도화 시키고 자원 순환률이 높도록 제품 개발 방향을 혁신할 수 있다. 이는 기업이 속한 산업의 기술력을 향상으로 이어질 것이다. B2C 기업의 경우 친환경 제품 개발에 소비자를 참여시키고 투명하게 정보를 공개함으로써 우수 고객을 늘리고 대중의 가치 소비에 대한 인식을 높이게 될 것이다.

ESG 경영의 핵심에는 사람이 있다. 그리고 사람에 대한 인식을 높이는 일이야 말로 ESG 경영 업무의 핵심이다. 우리는 잘 알고 있다 ESG 경영은 빨리가는 것 보다 멀리, 함께 가는게 중요하다는 사실을, 이해관계자들을 선한 방향으로 이끄는 리더십을 발휘하자. 생태계 서비스를 기업의 자원으로 사용하고 고갈시켜온 기업들이 나설 때다.

사회적 약자에 대한 책임:

여성 사내 이사수와 장애인 고용률

ESG 경영을 추진하는 기업이라면 사회적 이슈를 바라보는 시선을 우리 조직, 내가 사는 지역, 한국으로 제한하지 않고 글로벌 전역으로 시야를 넓혀 이슈를 인식할 수 있어야 한다. 그렇지 않으면 이해할 수 없는 질문들이 꽤 생긴다. 다국적 기업의 공급망 기업들이 받는 질문 중 하나가 의료보험 혜택을 받는 임직원 수에 대한 것이다.

"어머, 요새 이 혜택 받지 못하는 직원들도 있어요?"

대답은 '그렇다' 이다. 한국 기업들에게 당연한 사항들이 글로벌 전역의 공급망 기업들에게 당연하지 않을 수 있다. 우리는 이 사실을 인식하고 사회 이슈에 접근해야 한다. 이 때문에 다국적 기업 입장에서 전 세계에 퍼져 있는 협력사들의 노동 및 인권 위험을 평가하기 위해 질문하고 평가를 하고 정보 공시를 요구한다. 그러나 아직 기업들의 변화가 답보 상태에 있는 몇 가지 이슈가 있다.

여성 사내이사 수

그 중 하나가 여성을 포함한 사회적 약자에 대한 질문들이다. 한국도 남성과 여성의 교육수준이 비슷하고 일하는 여성들이 많아지다 보니 여성이 약자인가에 대해 의문을 품는 사람들이 있다.

노인, 아동, 난민, 이주민, 성소수자들, 장애인 뿐만이 아니다. 여성은 국제 사회에서 여전히 사회적 약자로 분류된다. 남성과 비교해 받는 여성 지위 상승에 대한 기회의 불평등을 보여주는 '유리천장Glass Ceiling'이라는 단어는 OECD 공식 용어다.

한국의 현황도 크게 다르지 않다. 2021년 기준 남성 임금 대비 여성 임금 비율은 60.24%다. 2018년까지 6년 동안 OECD 29개 국가 중 꼴찌를 지속해 왔다.

이제라도 여성이 사회적 약자라는 인식을 확실히 갖고 이를 해결하는데 기업들이 적극 동참하자. 다음은 ESG 평가에 자주 등장하는 질문이다. 다음 질문에 자연스럽게 대답할 수 있는 정책과 실행전략을 마련해야 한다.

"동일 조건에서 동일 임금을 주고 계신가요?"

"여성 임원 수는 몇 명입니까?"

"이사회 인원 수 중 여성은 몇 명인가요?"

"관리자 중 여성은 몇 퍼센트나 될까요?"

이 질문들에 대해 자신 있게 답할 수 있는 대표이사와 경영진들이 많이 생겨야 한다. 여기에 장애인 고용 인력이 있는지, 그렇다면 장애인들의 작업 편의를 위한 제공하고 작업환경과 인프라를 구축해 놓았는지에 대해서 묻기도 한다. 사회적 약자를 배려하는 명문화된 정책 조항을 만드는 건 비교적 쉬운 일이다. 그러나 실제적인 대안을 마련하고 실행 하는데는 진정성과 실행력이 요구된다. ESG 경영 평가에 대응하기 위해서는 명문화된 정책은 기본이고, 더욱 중요한 건 실제적인 활동과 성과를 증빙할 수 있어야 한다.

혹 이 글을 읽고 있는 독자 중에는 대표이사나 경영진이 있을 수 있고, 직원이 있을 수도 있다. 나는 묻고 싶다. 사회적 약자와 관련된 이슈에 진심으로 접근하고 있는지. 괄목할만한 성과를 기대하는 수준은 아니더라도 이러한 이슈들을 해결하는데 있어 기업인으로서의 책임감을 느끼는지 말이다. 진정성 있는 실행계획은 그 다음이다.

나는 2004년 사회생활을 시작했고 여성으로서 조직에서 크고 작은 불평등을 경험해왔다. 현재의 시대적 상황과 비교하면 용납되지 않은 일들이 비일비재하게 있었다. 해를 거듭하며 여성의 노동환경이나 인권이 향상된 시대에 살게 되어 감사하다는 생각도 한다.

그럼에도 불구하고 본격적으로 지속가능경영 업무를 시작한 2012년부터 최근까지도 자문 현장에서 만나고 있는 기업들의 현실은 암담하다. 여성임원수가 2명을 초과하는 기업도 여성 이사가 있는 기업도 만나기 힘들었다.

2022년 8월부터 자산 2조 원 이상 상장기업은 이사회를 특정 성^性으로만 구성할 수 없도록 하는 자본시장법이 시행됐다. 한국 기업의 여성 이사회 비율은 7.5%로 세계 평균인 19.7%에 한참 뒤처진다.

2023년에는 주요 기업의 여성 임원 비율이 증가했지만 여성 사외이사와 미등기 임원이 늘어났기 때문이다. 여성 사내이사 비율은 정체 상태다. 기업의 핵심 인력 중 여성이 차지하는 비율은 여전히 답보 상태라는 것을 짐작할 수 있다.

여전히 한국은 사회적 약자를 배려하는 정책의 동인으로서 법규가 완전하게 마련되지 않은 상태. 동일조건의 동일임금과 관련한 동일 임금법은 2024년 통과를 결정할 예정이며, 여성임원이나 이사회 구성에 관한 사항들도 법적으로 제재가 가능한 사안은 아니다.

장애인 고용률

한국장애인고용공단 고용개발원 조사통계에 따르면 2022년 한국의 장애인은 전체의 5.1%이다. 한국에서는 월 평균 상시근로자(매월 임금 지급의 기초가 되는 날이 16일 이상)를 50인 이상 고용하는 사업주는 민간의 경우 소속 근로자 총수의 3.1%를, 공공부문의 경우 3.6%를 장애인으로 고용해야 한다.

여전히 장애인 고용에 대한 사회적인 도전과 고용 기회가 부족하며 민간 기업 장애인 고용률이 점진적으로 증가하고 있으나 2020년과 2021년 민간 기업의 장애인 고용률 평균은 2.89%로 대상 기업 중 43.7%가 장애인 고용 의무를 이행한다. 즉, 50%이상이 의무를 준수하지 못하고 있다.

ESG 경영이 화두가 되면서 장애인 고용률을 늘리려는 기업의 노력이 늘어나고 있다. 기업 사내 카페에 장애인 바리스타 고용하거나 농구단·합창단 통해 체육 및 예술 분야를 지원하거나 청년장애인 창업 활성화 위한 프로그램을 운영하는 식으로 말이다. 소수의 기업들은 적극적으로 장애인 고용을 촉진하고 있지만, 일반적으로 장애인 고용률은 여전히 낮은 편이다.

"장애인 고용률이 어떻게 되나요?"
"장애인들을 위해 어떤 작업 환경을 마련해 놓고 있으신가요?"

총무 및 인사 등 고용을 주관하는 부서 담당자들은 보통 난색을 표한다. 직무에 적합한 장애인을 구하기 어렵다는 반응이 대부분이다. 장애인 고용률만큼은 장애인 고용률 그 자체보다 으레 고용 장려금을 지불할 수밖에 없는 환경이라고 생각하는 기업도 많다.

다행히 한국장애인고용공단과 협약을 맺고 자회사형 장애인 표준사업장을 설립해 직업 활동에 제한이 있는 장애인에게 양질의 일자리를 제공하려는 기업들도 있다. 자회사형 표준 사업장이란 고용의무사업주(모회사)가 장애인 고용을 위해 설립한 자회사로 일정 요건을 충족하면 모회사에서 장애인을 고용한 것으로 보고 의무고용률 계산에 포함하는 정책이다.

사회적 약자 이슈를 해결하기 위해서는 경영진의 확고한 신념과 실행의지가 가장 중요하다. 사회적 약자 이슈는 사회 영역 중에서도 사각지대에 있기 때문이다. 특히 한국에는 아직까지 법적인 제재가 없거나 강하지 않고 ESG 평가 기관의 질문들 중에서 차지하는 비율도 높지 않다. 잘하지 못하거나 더 잘하지 못하는 기업들이 대부분인 상황이고, 오직 경영진의 의사 결정에 따라 기업의 정책이 움직일 수밖에 없다.

컨설턴트로 때로는 현업 담당자로서 수많은 회의와 PM역할이나 자문사 대표로서 기업의 경영진들이 모인 자리에서 발표를 하는 자리, 크고 작은 제조 및 비제조 기업의 운영 현장을 많이도 방문했다. 그러나 근 20년 동안 다양한 조직 운영의 현장에서 변하지 않아서 더욱 놀라운 사실이 있다.

주요한 사안을 논의하고 결정하는 자리, 미디어에 노출되는 주요 인물들로 구성된 단체 사진속에서 3명 이상의 여성을 찾아 보기 어렵다. ESG 경영의 성과를 대내외적으로 인정받는 회사에서 조차도 (소수 인원이라는 한계가 있겠지만) 기업의 본사와 제조 시설 및 서비스 제공 현장에서도 장애인 시설을 발견했을 뿐 장애가 있는 직원을 만난 적이 거의 없다. 이러한 풍경을 낯설게 느끼는 경영진과 직원들이 많아져야 한다. 몇 년 동안 제자리걸음인 여성 사내이사 수와 장애인 의무고용률을 불편하게 느끼는 경영인들이 많아져야 한다.

윤리 = 반부패 + 정보보호

ESG 경영 유관 기업의 홈페이지를 보다가 깜짝 놀란 적이 있다. 법적인 조치를 취해야 하나 심각하게 고민했다. 내가 만든 자료의 일부가 홈페이지에 게재되어 있었기 때문이었다. 심지어 그 기업은 에코나인과 동일한 서비스를 제공하는 기관이었다. 고객사에 제출했던 제안서 내용의 일부가 고객사의 협력사들에게 배포된 사실을 발견한 적도 있다.

지속가능성을 다룰 때에는 눈에 보이지 않는 책임감도 고려해야 한다. 그 중에서도 윤리는 사람의 양심처럼 기업 운영에 있어 모든 책임감의 근간이 되는 개념이다. 사회적 책임에 대한 지침 ISO 26000에서 윤리를 핵심 개념 중 하나로 다루고 있으며 투명성, 공정성, 진실성, 존중, 정직성으로 설명하고 있다.

윤리적이어야 할 영역을 떠올릴 때, 기업들이 부패를 저지르지 않는 것에 초점을 맞추지만 사회책임에 있어 반부패만큼이나 '정보보호' 분야 역시 중요하다는 것을 인식해야 한다. 급변하는 국제 사회에서 기업들에게 정보는 무형의 자산이며 기업 경영의 핵심 기술의 원천이 되기도 하기 때문이다. 이렇기 때문에 윤리의 큰 축인 정보보호에 관한 사항은 ESG와 연관된 글로벌 가이드라인, 표준, 평가 질문에서 필수적으로 등장하며 경영 시스템의 일환으로서 깊이 있는 관리를 요구받고 있다.

이제 윤리의 영역은 부패를 저지르지 않는 도덕적 이슈를 넘어 기업의 존폐에 엄청난 영향을 미칠 수 있는 정보 자산을 관리하는 영역으로 다뤄야 한다. 에코나인이라는 다른 조직의 자료를 정당한 과정 없이 경쟁사와 고객사에서 자신들의 비즈니스에 이용하는 건 지적 자산이 핵심인 자문사의 중요 자산을 갈취하는 일이다. 양심의 이슈를 넘어선다.

윤리를 보여주는 방법

윤리 교육 성과를 증빙할 수 있는 자료를 보여달라는 문의에 기업 담당자는 이메일로 성희롱 교육, 직장내 괴롭힘 방지 교육을 추진했던 증빙자료를 송부해왔다. 살펴보니 정보보안 관련 교육은 실시하지 않은 것 같았다. 담당자가 인식하는 윤리의 영역에는 반부패만 포함되었을 것이다.

자동차 산업군처럼 완성차 기업으로부터 정보보호 활동에 대한 교육, 진단, 인증까지 받은 기업들이 있는 특수한 경우를 제외하고 소기업의 경우는 대부분 정보보호에 대한 교육 이력이 없다. 정보보호 분야를 인식하는 중견 기업들의 경우에도 우리 기업의 정보 자산을 관리한다기보다 고객이나 소비자들의 개인정보 유출을 방지하는 관리에 초점이 맞춰져 있다.

ESG가 화두가 되기 이전부터 대부분의 회사들 홈페이지란에 ESG 경영에 대한 소개는 없어도 반부패 경영을 설명하는 페이지는 존재해왔다. 그러나 정보보안에 대한 내용은 찾기 어려웠다.

세계적인 블로그 로커그놈^{LockerGnome}의 설립자 크리스 피릴로^{Chris Pirillo}는 가장 쉽게 할 수 있는 정보보호의 상징인 패스워드에 대해 "패스워드는 속옷과 같다. 남에게 보여서도 안되고, 자주 바꿔야 하며, 타인과 공유해서도 안된다"라고 말했다. 어느 기업의 속내를 들여다 볼 수 있는 키가 쉽게 유출된다면 이건 단순한 수치심을 넘어서 범죄와도 연결 될 수 있는 이슈다.

25명이 채 안되는 자동차 부품 제조사의 대표님과 ESG관련 업무를 진행하면서 정말 이래도 될까하는 우려가 든 적이 있다. 해외 ESG평가 대응과 평가 비용 정산을 해야 하는데 모든 시스템이 영어로 되어 있다보니 전 과정을 자문사에게 위임하고 싶어 하셨다.

이러지도 저러지도 못하는 부담스러운 상황에 놓였다.

　　고객사 대표님은 메일 계정의 아이디와 패스워드, 결재를 위한 카드 정보와 비밀번호까지 보내 놓으셨다. 결국 작은 기업 대표님의 고충을 모른척할 수 없어서 처음이자 마지막으로 도와드리면서 이 프로젝트가 끝나고 나면 패스워드를 꼭 바꾸시라고 당부했는데, 실제로 바꾸셨는지는 미지수다. 그리고 앞으로도 그에 대해 의무적으로 생각할지도 마찬가지다.

　　위의 사례처럼 작은 회사의 경우 아이디와 패스워드 관리를 시작으로 강력한 암호 프로토콜, 웹 사이트 액세스 및 사용 제한, 적절한 이메일 사용에 정보 접근을 제한하는 것이 정보보호의 시작이다.

　　나아가 최신 운영 체제를 유지하고, 정보 보호에 소홀해 벌어지는 사건 처리 프로세스와 결과에 대한 책임 및 징계 등 사고 대응 계획과 법적인 대응 프로세스를 정립하고 내외부 이해관계자들과 공유해야 한다. 이 밖에도 최고정보보안책임자를 임명하고, 유출된 데이터를 사용하지 못하도록 데이터를 암호화하는 방법을 적용할 수 있다.

　　퇴사한 임직원, 거래했던 협력사 임직원이 우리 조직의 정보에 접근 가능하게 두는 것은 소중한 자산을 조금씩, 어쩌면 한꺼번에 사라질 수 있도록 방치하는 일이다. 우리 회사가 몇 년 혹은 몇십년 동안 시간과 비용을 투자한 자산이 한순간에 사라질 수 있다는 경각심을 가져야 한다.

윤리경영의 중요한 축, 정보보호 시스템

"잠시만요. 문서 반출 승인해주실 팀장님이 자리를 비우셔서 문서를 바로 송부 못드립니다. 팀장님 오실 때까지 기다려 주시겠어요?"

문서 보안 시스템을 운영하는 회사 담당자에게 자료를 받기 위해 고객사 문서 승인 절차를 기다리는 사례가 종종 있다. 정보보안을 민감하게 인식하는 회사들은 불시에 임직원들의 책상을 검문하고, 정보와 관련된 문제가 발생할 경우 대응하는 비상계획도 마련되어 있다.

글로벌 다국적 기업들과 거래하는 소기업 중에서 고객사의 자체 정보보호 시스템 인증을 받고 그 체계를 지속유지하면서 정보를 민감하게 다루는 기업들도 있다.

ESG의 다양한 영역중에서 특히 정보보호 분야는 인식이나 관리 수준의 편차가 매우 크다. 규모가 있는 기업이나 정보보호가 중요한 산업의 경우 ISO 27000 시스템 인증을 포함한 국제 인증이나 자국의 정보보호 관리체계 인증을 통해 시스템을 구축하는 일로 접근하고 있다. 반면에 작은 규모의 기업들에게 정보보안의 영역은 위험에 노출되어 있지만 어느 수준까지 투자할지 의사결정이 쉽지 않은 영역이다.

그러나 세계적인 기준에서 요구하는 정보보안의 수준은 매우 높다. 윤리 영역 중 반부패와 정보보호 분야를 두 개의 큰 축으로 평가하며 정보보호 분야는 다음의 사항들을 평가한다.

정보보호 시스템 현황 체크 리스트

1. 정보 보안 리스크 평가 현황

2. 정보 보안 위반을 방지하기 위한 통제 절차에 대한 감사 실시 현황

3. 기밀 정보 위반을 관리하기 위한 사고 대응 절차[IRP, Incident Response Plan]

4. 기밀 정보의 처리, 공유 및 보관에 관해 이해관계자의 동의를 구하는 절차

5. 정보 보안 관련 내부 감시/리스크 평가가 수행된 운영 현장 비율

6. ISO 27000 정보보안관리 시스템의 국제 표준에 대한 인증(또는 다른 상응/유사 기준)을 받은 정보 보안 관리 시스템[ISMS, Information Security Management System]2이 있는 모든 운영 현장 비율

에코나인은 ESG자문사이면서 동시에 ESG 경영을 하는 기업

---

2   조직이 정보 자산을 효과적으로 보호하고 관리하기 위한 통합적인 접근 방식, 국제 표준인 ISO/IEC 27001에 기반해 개발되며, 조직의 정보 자산에 대한 위험을 식별하고 관리해 정보 보안을 지속적으로 강화하는 프로세스를 포함

이다. 지식 산업내에 존재하는 기업이기 때문에 정보의 관리와 보안이 중요하다는 것을 인식하고 있다. 투자를 해야 할 영역인 것도 맞고 시스템을 갖춰야 하는 부분이지만 더 중요한 사실은 윤리의 영역이라는 공감대 형성이 먼저가 아닐까?

이러한 고민을 바탕으로 에코나인 윤리강령 제정 시 정보보안 부분을 제정했고, 근로계약 시 정보보안에 대한 서약을 하도록 조치했다. 정보보안 현황을 진단하고 IT 시스템 구축을 검토하고 있으며, 타인의 자산을 함부로 이용하는 대상에 대한 강력한 조치도 마련할 생각이다. 3년 전 KPMG에서 발표한 ESG트렌드 내용 중 향후 가장 투자를 많이 할 영역으로 정보보호 분야였다. 중소중견 기업들의 경영진들이 정보보안에 투자를 하루빨리 고민해야 할 시점이다.

"비재무 성과가 재무 성과에 반영된다는 것이

표준처럼 여겨지게 되었다."

– 블랙록(BlackRock)의 CEO, 래리 핑크(Larry Fink)

3

의식 있는 주주들의
ESG 혁명

투자자들에게 매력적인 기업으로 보이는 방법

투자자들이 주목하는 기업

투자자들에게 매력적인 기업으로 보이는 방법

　이 장에서는 글로벌 자산 운용사 블랙록과 J.P. 모건 자산 운용을 포함한 주요 기관투자자들이 ESG 성과를 중시하는 현 상황을 살펴볼 것이다. 투자자들의 변화된 관점을 이해하고, 기업들이 ESG 요소를 비즈니스 전략에 어떻게 통합해야 하는지에 대한 실질적인 방안을 제시하려고 한다. 또한 MSCI 평가 상승과 지속가능 경영 보고서의 중요성을 통해 기업이 투자자에게 어떻게 매력적으로 보일 수 있는지에 대한 인사이트를 나름대로 정리했다.

　"이미 보았듯이 기후 위기가 발생하는데 비즈니스 리스크와 기후 위기를 떼어놓고 생각할 수 없다"

2020년 1월, 래리 핑크는 투자자 서한에서 기업의 장기적 성장에는 ESG 경영이 필수적이라고 강조했다. 투자 포트폴리오의 ESG 통합을 가속화한다는 블랙록의 CEO의 선언으로, 비재무 성과가 재무 성과에 반영된다는 것이 표준처럼 여겨지게 되었다. 평생 동안 환경, 기후변화, 지속가능경영 분야까지 늘 비주류 학문과 커리어를 가지고 있다고 생각했는데, 자고 일어났더니 세상이 바뀌었다. 지속가능경영이 ESG라는 이름으로 주류가 된 것이었다.

비재무 분야에 대한 인식이 비용에서 투자로 전환된 시대가 왔다. ESG가 마치 법적 규제를 준수하거나 세금을 내는 것처럼 단순히 해야 하는 일에서 투자의 대상으로 여겨지고 있다.

> "지속가능투자는 전 세계적으로 변화를 위한 강력한 수단이 되고 있습니다. ESG 기준을 투자에 통합하는 것은 좋은 일을 하는 것만큼이나 재정적으로도 잘하는 것입니다."
> — J.P. 모건 자산 운용^{J.P. Morgan Asset Management}

"2020년에는 재생 가능 에너지와 저장, 전기화, 탄소 포집 등 에너지 전환에 5,010억 달러가 투자되고 있다. 지속가능한 고정 수입으로서 지속가능채권 발행이 2016년과 2025년 사이에 2020배 이상 증가, 자금 조달에 대한 접근성을 높이고 있다."

블랙록을 포함해 유수의 해외 기관투자자들뿐 아니라 한국의 국민연금도 800조 원의 자산 운용 시 50%를 ESG 투자 기준을 적용한다. 기관투자자들이 ESG 투자시 ESG 평가 등급을 고려하여 ESG 지수 및 금융상품을 만드는데 활용하다 보니 ESG 등급은 기업들의 자금 확보나 기업의 가치를 평가하는 기준으로서 자리를 잡아가고 있다.

이제 투자자들이 ESG 경영을 잘하는 기업이 장기적으로 더 높은 수익을 창출할 것이라고 믿기 시작했다. 실제로 ESG 평가 등급이 높은 기업은 주가 상승, 자금 조달 비용 감소, 투자 유치 확대 등의 혜택을 누리고 있다.

우리나라 기업들은 다양한 방식으로 ESG 경영을 적용하고 있다. ESG 평가 결과 상향을 목표로 ESG 활동을 개발하고 있으며, 중요한 ESG 이슈를 최상위 레벨의 의사결정에서 다룬다. 또한 다국적 기업 공급망 기업은 친환경 연구개발 투자를 통해 해외 시장 진출을 준비하기도 한다. 이 밖에도 ESG요소를 기업의 통합된 전략의 일환으로 전환하고 내외부 이해관계자들과 소통한다. 이러한 활동의 일환으로 ESG 경영의 활동과 성과를 지속가능경영 보고서를 발간하거나 홈페이지에 공시하는 기업이 늘어나고 있다.

이러한 활동들은 기업의 장기적인 성장과 지속 가능성 확보에 중요한 역할을 할 것이며, 여전히 ESG활동을 비용으로 인식하거나 한때의 유행처럼 여기는 기업과 초격차가 생길 것이다.

"MSCI 평가 결과를 상향시키는 저희팀 목표입니다. 친환경 제
품 개발, 공급망 관리 부서 협력사 평가, 홈페이지 ESG 공시까
지 전 부서가 평가 요소를 반영하여 과제를 발굴하고 협력하도
록 리딩하고 있습니다."

— MSCI 평가 대상 K 글로벌 대기업 ESG팀[1]

"중요 이슈 선정 결과에 환경 분야 이슈들이 상당하네요. 이러
한 이슈를 해결하려면 기업에서 엄청난 투자해야 가능한 목표
들인데 현실적으로 고민해야 할 것 같습니다."

— 매년 지속가능경영 중요성 평가를 추진하는 상장기업 이사회

"친환경 연구개발에 박차를 가하고 있습니다. 특허도 등록했고
곧 친환경 라벨링도 추진 가능할 것 같습니다. 이를 발판으로
동남아 지역에 해외법인 설립을 계획하고 있습니다. 자연스럽
게 ESG 경영 범위를 해외로 확대하게 될 것입니다."

— 다국적 기업 중소 공급망 기업 대표

---

1   모건 스탠리의 자회사인 모건 스탠리 캐피탈 인터내셔널(MSCI)에서 만든 주가 지수, 미국계
펀드의 95%가 MSCI 지수를 추종, 글로벌 금융 시장에서 큰 영향력을 가지고 있음

"기업 현황을 지속가능경영 보고서를 활용해서 공유했는데, 투자자로부터 큰 호응을 얻었습니다. 흩어져있는 기후변화 대응 전략, 안전관리 시스템 운영 전략 등 ESG 요소를 통합하여 전략을 구축할 예정입니다."

— 맥쿼리자산운용그룹이 대주주로 참여하고 있는 중견기업 경영진

투자에 있어 ESG의 중요성

블랙록과 J.P. 모건 자산 운용을 포함한 글로벌 기관투자자들은 기업의 장기적 전망을 위해 투자 포트폴리오에 ESG 요소를 적극 반영하고 있다. 이는 기업의 비재무 성과가 재무 성과만큼 중요하다는 인식이 확산되었음을 보여준다.

실질적인 ESG 경영을 위해서는 평가 요소를 반영한 전략 수립 및 과제 발굴해 내외부 이해관계자와 적극적으로 협력해야 한다. 기업의 장기적 지속가능성에 영향을 미치는 중요 ESG 이슈 선정 및 집중적인 투자를 추진해야 한다.

또한 지속가능한 가치 창출을 위한 전략으로 친환경 제품 개발, 공급망 환경 관리 강화, 사회적 책임 실천 등을 추진할 수 있으며 지속가능경영 보고서 발간, 홈페이지 공시 등을 통한 투명한 정보 공개 및 투자자와의 소통을 강화할 수 있다. 적극적으로 비즈니스 기회를 창출하기 위한 일환으로 해외 투자 유치 및 시장 진출을 위한 ESG 경영 전략 수립 및 실행해야 한다.

ESG 경영은 투자자들에게 매력적인 기업으로 거듭나고 지속 가능한 성장을 이루기 위한 필수 전략이다. 블랙록과 국민연금의 해외 투자포트폴리오 기업들은 변화하는 투자 환경에 적극적으로 대응하고 ESG 투자에 대한 도전을 극복하고 있다. 미래 사회에서 경쟁력을 확보하고 있는 기업들 ESG 행보[2]를 살펴보고 ESG 경영에 관한 인사이트를 얻자.

투자자들이 주목하는 기업 - ESG 프로파일링

투자는 돈이 몰리는 곳에 자신의 자본을 투입해서 수익을 올리는 것이다. 향후 미래에는 어떠한 곳에 돈이 몰릴까? 그렇다. 지속 가능한 발전이 이루질 수 있는 사회적 기반을 만드는데 앞장서는 기업에 투자금이 몰릴 것이다. ESG 경영을 바탕으로 기업을 운영하는 회사라 한다면, 투자자의 지속적인 관심을 받지 않을까.

블랙록이 투자하고 있는 포트폴리오의 상위 10개 기업의 ESG 현황을 살펴보자. 투자 포트폴리오의 상위에 있으며 산업 생태계에서 큰 영향력을 발휘하고 있는 글로벌 다국적 기업들은 우리의 생

---

2   MSCI 'ESG 등급 및 기후 검색 도구' 참고.

활 속에도 깊게 연결되어 있다.

ESG 현황을 프로파일링한 기업들은 블랙락의 투자 포트폴리오의 20.44%를 차지하고 있다.

한국의 국민연금[3]의 해외주식 Top10 투자종목 포트폴리오 9개 기업과 일치(버크셔 해서웨이 제외)하며 전체 중 14.6%를 차지한다. 상위 10개 그룹 중 블랙락 투자 10대 기업 현황은 다음과 같다.

블랙락 투자 10대 기업 현황(2023년 12월 18일 기준) [4]

투자자들이 중시하는 ESG 경영 관점을 반영하기 위해 투자 정보기관인 MSCI의 "ESG등급 및 기후 리서치 툴ESG Ratings & Climate Search Tool[5]"을 활용했다.

기업의 ESG 현황은 글로벌 ESG 평가 기관인 MSCI 홈페이지에서 제공하고 "ESG 투자" 섹션의 정보에 기반한다. MSCI는 블랙락 등의 기관투자자를 포함하여 연기금, 자산 운용사, 컨설턴트, 은행 및 보험사들에게 ESG 투자(지속가능한 투자) 의사 결정을 지원하기 위한 다양한 솔루션을 제공하고 있다. MSCI ESG Research의

---

3   국민연금기금운용본부의 해외주식 운용현황, https://fund.nps.or.kr/jsppage/fund/mcs/mcs_04_02_01.jsp

4   BlackRock Inc 13F Portfolio, https://hedgefollow.com/funds/BlackRock

5   MSCI ESG Methodologies, https://www.msci.com/esg-and-climate-methodologies

번호	기업명(Tiker)		블랙락 포트폴리오	자산가치 (USD)	온실가스 감축 투자액 (USD)	MSCI ESG등급
1	애플	AAPL	5.09%	176.59B	8.4M	BBB
2	마이크로소프트	MSFT	4.86%	168.50B	3.149M	AAA
3	엔비디아	NVDA	2.25%	78.18B	0.366M	AAA
4	아마존	AMZN	2.25%	77.97B	-	BBB
5	구글A	GOOGL	1.55%	53.78B	7,007.077M	BBB
	구글B	GOOG	1.34%	46.55B		
6	메타	META	1.35%	46.82B		B
7	테슬라	TSLA	1.35%	46.70B	-	A
8	유나이티드헬스그룹	UNH	1.06%	36.77B	1.882M	AA
9	버크셔해서웨이	BRKB	1.05%	36.43B		BB
10	존슨앤존슨	JNJ	0.83%	28.72B	25.188M	A

ESG 등급은 재정적으로 중요한 ESG위험에 대한 기업의 회복력을 의미한다. MSCI ESG 등급은 동종 기업과 비교하여 위험을 얼마나 잘 관리하는지 평가한다. ESG 등급은 리더(AAA, AA), 평균(A, BBB, BB), 후발주자(B, CCC)로 구성된다.

　MSCI 이외에도 기업의 ESG를 평가하는 등급은 다양하다. 평가 방법론과 영역은 특정 이해관계자의 가치에 따라 달라질 수 있으며, 이에 따른 구조적 한계를 인식해야 한다.

예를 들면 탄소정보공개, CDP^{Carbon Discloser Project}라는 평가가 있다. 투자자들이 기후변화가 기업에 미치는 위험과 기회에 주목하여 기업들에게 기후변화에 대한 정보를 요청하는 정보공개 프로젝트다. 전 세계 91개국에서 7,000개가 넘는 기업이 CDP를 통해 온실가스 배출량, 기후변화로 인한 위기와 기회, 탄소경영전략을 공개하며 투자자들의 의사 결정을 돕기 위해 원문이 제공된다.

MSCI는 2,900여 개 기업에 재정적으로 영향을 미치는 중요한 환경, 사회 및 거버넌스 위험을 분석하고 있다(평가 방법론은 MSCI 설명 참고). 프로파일링은 MSCI 분석 결과를 기반으로 하며 동종 산업 생태계를 리드하는 ESG 분야와 SDGs에 기여하는 분야 등 기업의 강점에 대한 설명은 각 기업의 지속가능경영 보고서와 홈페이지 등의 ESG 경영 공시 내용을 기반으로 한다.

기업별 ESG 중요 이슈에 대한 중요도는 MSCI에서 제공하고 있는 산업 및 기업별 가중치 항목이며 5% 미만의 가중치를 차지하는 환경 및 사회 분야의 세부적인 이슈와 공통적으로 평가 받는 거버넌스 분야는 표에서 제외했다.

이제부터 이 10개의 기업들을 차례대로 살펴보자.

MSCI의 ESG 중요 이슈 분류 및 설명

구분	중요 이슈명	설명
환경	**탄소배출** (Carbon Emissions)	운영의 탄소 집약도와 기후 관련 위험 및 기회를 관리하기 위한 노력
환경	**제품 탄소 발자국** (Product Carbon Footprint)	제품의 탄소 집약도와 공급망 또는 제품 및 서비스 사용에서 탄소 발자국을 줄일 수 있는 능력
환경	**기후 변화 취약성** (Climate Change Vulnerability)	기후 변화가 보험 회사의 보험 자산이나 개인에게 미칠 수 있는 물리적 위험
환경	**환경 영향 자금 조달** (Financing Environmental Impact)	대출 및 인수 활동의 환경적 위험과 녹색 금융과 관련된 기회를 활용할 수 있는 능력
환경	**물 스트레스** (Water Stress)	운영 시 물 집약도, 운영 영역의 물 스트레스 및 물 관련 위험과 기회 관리 노력
환경	**생물 다양성과 토지 이용** (Biodiversity & Land Use)	생물 다양성에 대한 기업 운영의 잠재적 영향과 환경에 미치는 영향을 관리하기 위한 노력
환경	**원자재 소싱** (Raw Material Sourcing)	제품에 사용된 원자재가 환경에 미치는 영향과 공급망 추적 가능성 및 인증에 대한 노력

환경	독성 배출 및 폐기물 (Toxic Emissions & Waste)	운영에서 발생하는 잠재적인 환경 오염 및 독성 또는 발암성 배출과 환경 관리 시스템의 강도
환경	포장재 및 폐기물 (Packaging Material & Waste)	포장재의 생산 또는 의존도, 폐기물 관리 및 포장 규정에 대한 잠재적 노출, 포장재가 환경에 미치는 영향을 줄이기 위한 노력
환경	전자 폐기물 (Electronic Waste)	전자 폐기물 생산, 전자 폐기물 규제에 대한 잠재적 노출, 제품 수거 및 재활용에 대한 노력
환경	청정 기술 분야의 기회 (Opportunities in Clean Tech)	청정 기술 혁신 역량, 전략적 개발 이니셔티브 및 청정 기술에서 창출된 수익
환경	녹색 건물 분야의 기회 (Opportunities in Green Building)	부동산 자산의 자원 소비 및 탄소 집약도, 환경 건축 규제에 대한 잠재적 노출, 부동산 자산의 환경 성과를 개선하기 위한 노력
환경	신재생에너지 분야의 기회 (Opportunities in Renewable Energy)	신재생에너지 발전 용량 개발, 네트워크 확장 및 친환경 전력 제공을 통한 신재생에너지 개발을 위한 노력
사회	노무 관리 (Labor Management)	인력의 복잡성(규모, 노동 집약도 및 운영 지역), 경영진과 노동 간의 관계, 근로자 보호의 강도 및 직원 참여 노력
사회	건강 및 안전 (Health & Safety)	사업장 안전 관리 및 운영하는 산업 및 지역의 작업장 안전 기준 준수에 대한 노력
사회	인적 자본 개발 (Human Capital Development)	인력 인재 요구 사항과 고도로 숙련된 인력을 유치, 유지 및 개발하는 능력

사회	공급망 노동 기준 (Supply Chain Labor Standards)	공급망의 관리 및 투명성과 공급 업체가 위치한 지역의 작업 표준
사회	제품 안전 및 품질 (Product Safety & Quality)	가능한 리콜 또는 제품 안전 문제에 대한 노출, 공급망 및 소싱 시스템의 강점, 제조 분야의 품질 관리 노력 및 책임 있는 마케팅 관행
사회	화학 안전성 (Chemical Safety)	제품 포트폴리오에 유해한 화학물질이 존재할 가능성, 강화되거나 계류 중인 화학물질 규제에 대한 잠재적 노출, 유해성 저감 제품 개발 노력
사회	소비자 금융 보호 (Consumer Financial Protection)	비윤리적인 대출 관행 또는 소비자에게 금융 상품을 잘못 판매함으로써 발생할 수 있는 평판 및 규제 위험을 완화하기 위한 노력을 포함하여 제품 관리 및 투명성
사회	개인정보 보호 및 데이터 보안 (Privacy & Data Security)	수집하는 개인 데이터의 양, 진화하거나 증가하는 개인 정보 보호 규정에 대한 노출, 잠재적인 데이터 침해에 대한 취약성 및 개인 데이터 보호 시스템
사회	책임 투자 (Responsible Investment)	자신의 자산 또는 다른 사람을 대신하여 관리하는 자산을 관리할 때 환경, 사회 및 거버넌스 고려 사항의 통합
사회	지역 사회와의 관계 (Community Relations)	지역사회와의 관계 관리, 분쟁 및 인권 정책, 지역사회 이익 배분을 위한 노력
사회	논란 여지가 있는 소싱 (Controversial Sourcing)	분쟁 지역에서 조달된 원자재에 대한 의존도 및 구매량과 추적성 및 인증에 대한 노력

사회	금융에 대한 접근성 (Access to Finance)	중소기업 대출 및 혁신적인 유통 채널 개발을 포함하여 역사적으로 소외된 시장으로 금융 서비스를 확장하려는 노력
사회	의료 서비스 이용 (Access to Health Care)	공평한 가격 책정 메커니즘, 특허, 역량 향상 및 제품 기부를 포함하여 개발 도상국 및 소외된 시장 (예: 낮은 지역 의사 집중도)으로 의료 제품 및 서비스를 확장하려는 노력
사회	건강 증진을 위한 제품 (Opportunities in Nutrition and Health)	식품의 영양 성분과 개선된 영양 또는 건강식 제품을 출시하려는 노력
거버넌스	오너쉽&통제 (Ownership & Control)	지분 소유 구조와 주주 권리 및 다른 투자자의 이익에 미치는 잠재적 영향
거버넌스	이사회 (Board)	경영 및 기업 전략을 감독하고 투자자 가치를 보호하며 주주의 이익을 대변하는 이사회의 효율성
거버넌스	보수 (Pay)	급여 및 기타 인센티브 관행과 기업 전략 간의 일치 여부
거버넌스	회계 (Accounting)	감사 및 재무 보고 관행의 투명성, 독립성, 효율성
거버넌스	기업 윤리 (Business Ethics)	사기, 경영진의 부정 행위, 부패 관행, 자금 세탁 또는 반독점 위반과 같은 기업 윤리 문제에 대한 감독 및 관리
거버넌스	세금 투명성 (Tax Transparency)	법인세율 격차 (예: 실효세율과 법정세율의 차이), 세수 보고 투명성, 세금 관련 논란 여부

1. 애플: 탈탄소를 통한 정면 돌파

"애플은 모든 위대한 혁신의 척도는 사람들의 삶에 미치는 긍정적인 영향이라고 믿습니다. 이것이 바로 우리가 기술을 선을 위한 더 큰 힘으로 만들기 위해 매일 노력하는 이유입니다.

오늘날 전 세계에 있는 우리 팀은 우리가 만드는 모든 것에 애플의 깊이 있는 가치를 불어넣고 있습니다. 그 일은 다양한 형태를 취할 수 있습니다. 그러나 프라이버시 권리를 보호하든, 모두가 접근할 수 있는 기술을 설계하든, 제품에 그 어느 때보다 더 많은 재활용 재료를 사용하든, 우리는 항상 우리가 봉사하는 사람들과 우리가 거주하는 지구를 변화시키기 위해 노력하고 있습니다. 회사로서 우리는 사람들의 삶에 미치는 우리의 영향이 우리가 만드는 기술을 넘어선다는 것을 알고 있습니다."

애플의 CDO, 팀 쿡^{Tim Cook}

ESG 경영은 영향력을 고려하는 의사결정 방식이다. 이전보다 진보된 기술을 개발하는 것도 중요하지만, 기술 혁신이 이루어내는 사람들의 삶에 대한 변화와 더 나아가 지구 환경에 미치는 부정적인 영향을 최소화 하는 것까지 고려하는 CEO의 방법과 의지가 중요하다. 어떤 의사결정이든 환경과 사회에 미치는 영향까지 고려하는 기업과 그렇지 않은 기업의 영향력에 대한 평가는 더욱 극명해질 것이다.

- 산업: 기술 하드웨어, 스토리지 및 주변 장치
- 자산가치: 1,765억 9,000만 달러
- 온실가스 감축 투자액: 8,400만 달러, 투자회수 기간: 4~15년
- 산업계 ESG리더 분야: 거버넌스, 인적 자본 개발, 청정 기술 분야
  의 기회, 전자 폐기물, 논란 여지가 있는 소싱
- MSCI ESG등급: BBB(140개 산업 내 평가 대상 기업 평균 수준)
- SDGs 목표 달성 기여 분야: 물과 위생, 기후 행동

애플은 2030년까지 비즈니스 물리적 범위 100%를 포괄하는 탈탄소 계획을 수립했다. 이를 달성한다면 2030년까지 연간 11.58%의 온실가스 감축이 예상된다. 이러한 애플의 활동은 지구 평균 기온을 1.5°C로 유지한다는 파리 협정의 최대 목표와 일치한다.

애플은 2020년부터 모든 시설(출장 및 직장 출퇴근 포함)에 100% 재생 에너지를 공급하는 탄소 중립 상태다. 2022년 탄소 발자국은 2015 회계연도에 비해 45% 이상 감소했으며 2030년까지 75% 감소를 목표로 한다. 2023년 3월 250개 이상의 공급업체가 애플 생산을 위해 100% 신재생 에너지로 전환할 것을 선언했다. 이는 애플 제품의 85% 이상에 해당하는 것이다. 애플은 고질적인 이슈로 공급망 이슈와 환경문제가 있어 왔으며 이에 대해 수동적, 방

어적 대응이 아닌 정면 돌파 접근법을 택하고 있다.

애플은 건물 및 생산 공정 에너지 효율 향상(공조시스템 최적화, 효율적인 조명 및 제어 등), 재생에너지 사용, 재활용 및 저탄소 원료의 사용, 저탄소 에너지 소비(태양광 등), 제품 에너지 효율성 향상, 수송(부하 감소) 등의 감축 활동을 추진해 23,796,100(톤 CO_2e)의 온실가스가 감축 될 것을 예상한다. 감축 활동 중에서는 4-10년 안에 투자비가 회수 가능한 감축활동 있지만 아직은 없다. 대부분의 감축 활동은 지속할 예정이나 최장 11~15년 동안 감축 활동을 해야 하는 장기 감축 프로젝트도 있다.[6] 애플은 10년 기후 로드맵을 다음의 5가지 이슈를 중심으로 달성하고 있다. 이 밖에도 47억 달러 규모의 녹색 채권을 발행하여 투자를 통해 온실가스 감축을 실현하고 있다.

구분	중요도	중요 이슈	설명
환경	12.7%	청정 기술 분야의 기회	청정 기술 혁신 역량, 전략적 개발 이니셔티브 및 청정 기술에서 창출된 수익
	8.4%	전자 폐기물	전자 폐기물 생산, 전자 폐기물 규제에 대한 잠재적 노출, 제품 수거 및 재활용에 대한 노력

6   2022 Apple CDP Report

사회	17.8%	인적 자본 개발	인력 인재 요구 사항과 고도로 숙련된 인력을 유치, 유지 및 개발하는 능력
	10.9%	공급망 노동 기준	공급망의 관리 및 투명성과 공급 업체가 위치한 지역의 작업 표준
	9.3%	논란 여지가 있는 소싱	분쟁 지역에서 조달된 원자재에 대한 의존도 및 구매량과 추적성 및 인증에 대한 노력

애플의 중요 이슈
(5% 미만 평가 가중치 항목 제외)

애플의 중요 이슈는 이 밖에도 5% 중요도 미만인 독성 배출 및 폐기물, 물 스트레스가 있으며, 사회 이슈로는 개인 정보 보호 및 데이터 보안, 노무관리, 건강 및 안전, 제품 안전 및 품질 이슈가 있다.

애플이 전 세계 가장 높은 기업가치라는 신기록을 달성한 배경에는 팀 쿡 최고경영자인 팀 쿡의 이해관계자를 중시하고 지속 가능성을 추구해 온 리더십이 중요하게 작용했다는 평이 지배적이다. 애플은 그간 환경단체로부터의 부정적 환경 영향에 대한 지적, 공급사의 노동 착취 및 근로 환경 문제 등 지속 누적되어 온 이슈를 진지하게 받아들이고 인식한 것으로 보여진다. 2020년에 2030년까지 탈탄소 계획에 대해 처음 언급했고 이는 글로벌 전자업체와 비교해 매우 앞서나간 수준이다.

공급망의 배출량 감축 활동을 위한 목표 선언에 그친 일부 다른 기업들과 달리 실질적으로 공급업체의 재생에너지 사용 확대를 위한 재정 지원을 하기도 했다. 2023년 11월에는 모든 제품을 탄소 중립으로 만들겠다는 광범위한 목표의 일환으로 애플 최초의 탄소 중립 제품인 애플워치 시리즈 9를 출시했다. 애플은 명실상부한 지속가능경영 선도 기업으로서 과감한 탈탄소 로드맵을 제시하고 앞서나가고 있다.

2. 마이크로소프트: 녹색 기술의 선두주자

"마이크로소프트와 같은 회사에서 기후 변화를 해결하는 핵심은 모든 산업과 협력해 기능을 이해하고, 성공에 필수적인 요소를 식별하고, 솔루션을 공유 및 적용하고, 고객이 정보에 입각한 탈탄소화 경로를 계획하도록 돕는 것입니다."

— 마이크로소프트의 사장 겸 부회장. 브래드 스미스[Brad Smith]

"2030년과 그 이후를 내다보면서 우리는 글로벌 커뮤니티로서 계속 성장하고 번영하는 동시에 글로벌 경제를 탈탄소화할 수 있는 공동의 능력에 대해 낙관하고 있습니다."

— 마이크로소프트의 최고 지속가능성 책임자, 멜라니 나카가와[Melanie Nakagawa]

- 산업: 소프트웨어 & 서비스
- 자산가치: 1,685억 달러
- 온실가스 감축 투자액: 314만 9,000달러, 투자 회수 기간: 1~15년
- 산업계 ESG 리더 분야: 인적 자본 개발, 개인 정보 보호 및 데이터 보안, 청정 기술 분야의 기회, 탄소배출
- MSCI ESG 등급: AAA(498개 산업 내 평가 대상 기업 중 리더기업, 상위 11% 이내그룹)
- SDGs 목표 달성 기여 분야: 양질의 일자리와 경제 성장, 책임 있는 소비와 생산

마이크로소프트는 2045년까지 마이크로소프트 비즈니스 100%를 범위를 기준으로 탈탄소 계획을 수립했다. 계획대로라면 연간 3.8%의 온실가스를 지속적으로 감축해 나가야 한다. 이는 지구 평균 기온을 1.5°C로 유지한다는 파리 협정의 최대 목표와 일치한다. 2022년에는 140만 톤의 탄소를 제거하고 이를 시장성 있는 제품으로 재활용하는데 투자했다.

마이크로소프트는 저탄소 에너지 소비(풍력 등), 폐기물 감축 및 자원 순환, 기업 정책 또는 행동 변화(공급업체 인게이지먼트) 등의 탈탄소를 위한 온실가스 감축활동을 통해서 1,096,241(톤 CO_2e)의 온실가스를 감축 할 수 있을 것으로 예상한다. 마이크로소프트의 탈탄소 계획은 온실가스 배출을 줄이고 재생 가능한 에너지를 촉진함으로써 지속 가능성에 기여한다. 경제적으로 마이크로소프트를 녹색

기술의 선두주자로서 잠재적으로 새로운 사업 기회를 연다.

구분	중요도	중요 이슈	설명
환경	6.1%	청정 기술 분야의 기회	청정 기술 혁신 역량, 전략적 개발 이니셔티브 및 청정 기술에서 창출된 수익
	5.0%	탄소배출	기업은 운영의 탄소 집약도와 기후 관련 위험 및 기회를 관리하기 위한 노력
사회	27.8%	인적 자본 개발	인력 인재 요구 사항과 고도로 숙련된 인력을 유치, 유지 및 개발하는 능력
	21.9%	개인 정보 보호 및 데이터 보안	수집하는 개인 데이터의 양, 진화하거나 증가하는 개인 정보 보호 규정에 대한 노출, 잠재적인 데이터 침해에 대한 취약성 및 개인 데이터 보호 시스템

마이크로소프트의 환경, 사회 중요이슈

마이크로소프트는 회복탄력성이 높은 세상을 만들기 위한 지속가능성 3대 혁신 전략을 제시하고 있다. 첫째는 환경 영향을 이해하기 위한 평가이며, 둘째는 조직 운영, 건물 및 공급망의 영향을 줄이기 위한 솔루션이고, 셋째는 유연한 미래를 만들기 위한 혁신 전략이다.

또한 마이크로소프트는 3대 혁신 전략을 기반으로 6가지 영역의 지속가능성 솔루션을 제공한다. 지속가능성을 위한 클라우드 서비스, 기업의 환경 영향 데이터를 모니터링 및 관리하는 마이크로소프트 지속가능성 담당자, 클라우드 사용 탄소발자국을 산출하고 모니터링하는 탄소 영향 대쉬보드, 탄소배출권을 포함한 환경 자산의 측정, 보고, 검증 프로세스를 디지털화하고 자동화하는 환경 신용 서비스, 애저^{Azure} 클라우드 마이그레이션 및 현대화 센터(클라우드 컴퓨팅 플랫폼), 배출영향이 확인 가능한 대쉬보드와 지속가능한 디바이스인 마이크로소프트 서피스^{Surface}이다.

마이크로소프트는 책임 있는 소비와 생산을 위해 장치의 환경 영향을 감소하기 위한 활동을 추진하고 있다. 서피스 개발 프로세스를 개선하여 제품 수명 주기에서 순환성을 높이고 탄소 강도를 줄였다.

- 제품 제조(75.6%)
- 제품 사용(21.6%)
- 제품 운송(2.3%)
- 제품 폐기(0.5%)

마이크로소프트의 제품의 탄소 배출량 예시

생산하는 제품 각각 에코프로필을 제공한다. 에코프로필에는 물리적 특징, 환경적 영향, 에너지 효율, 사용된 재료, 제한 물질, 포장, 재활용 현황을 상세히 공개하고 있다.[7]

환경적 영향에서는 특히 제품 제조에서 최종 폐기 단계별 탄소 배출량 정보를 제공하며 상세한 산정 방법도 에코프로필 보고서를 통해 공개한다. 이는 고객과 환경 영향 정보를 공유하고 소통하는 것에도 의미가 있으며 이러한 정보를 기반으로 제품 설계부터 온실가스 배출 영향을 줄이기 위한 활동이다.

이 밖에도 데이터 기반 탄소 플랫폼을 구축하고, 재활용 해양 플라스틱을 사용하여 저탄소 소재를 개발하고 있다. 정기적으로 디자인과 품질에 영향을 미치지 않으면서 재활용 재료를 적용 가능성 여부를 평가하고 있다.

마이크로소프트는 2018년 이후 MSCI평가에서 5년 연속 AAA 등급을 유지하고 있으며 영국의 B2B 웹사이트인 버딕에서 데이터를 분석한 결과 전 세계 테크 분야에서 ESG 활동이 가장 활발한 기업 1위로 선정되었다. 마이크로소프트는 이외에도 정책 옹호와 기후 친화적인 행보를 추구하는 다른 기업들을 독려하는 등 기업으로서, 기술 제공자로서 역할을 인식하고 책임을 수행하고 있다.

---

7   Eco Profiles, https://www.microsoft.com/en-us/download/details.aspx?id=55974

3. 엔비디아: 다양성과 포용성 경영의 힘

"엔비디아 가속 컴퓨팅은 지속 가능한 컴퓨팅입니다. 거의 40년 동안 무어의 법칙은 컴퓨터 산업의 원동력이 되어 왔으며, 시계 장치처럼 수십 년 동안 적당한 전력 및 비용 증가와 함께 컴퓨팅 성능의 기하급수적인 성장을 예측했습니다. 그러나 무어의 법칙이 과학의 한계에 도달함에 따라 에너지 요구 사항이 증가하고 있습니다. 데이터 센터는 이미 전 세계 전력 소비량의 약 1~2%를 차지하고 있으며 그 소비량은 계속해서 증가할 것으로 예상됩니다. 이러한 지속적인 성장은 운영 예산이나 지구를 위해 지속 가능하지 않습니다. 가속 컴퓨팅은 이제 컴퓨팅을 발전시키는 가장 지속가능한 방법입니다. 엔비디아는 일반 컴퓨터로는 해결할 수 없는 문제를 해결하기 위해 20년 전에 가속 컴퓨팅을 발명했습니다. 풀 스택 발명을 통해 칩, 시스템, 네트워킹, 가속 라이브러리에서 애플리케이션에 이르기까지 기존 CPU 컴퓨팅보다 훨씬 더 나은 에너지 효율성을 제공할 수 있습니다. 가속은 힘을 되찾고 지속가능성과 넷 제로를 달성하는 가장 좋은 방법입니다."

— 　　　　　엔비디아의 CEO 겸 공동 창립자, 젠슨 황[Jensen Huang]

- 산업: 반도체 및 반도체 장비 산업
- 자산가치: 781억 8,000만 달러

- 온실가스 감축 투자액: 36만 6,000달러, 회수 기간 1~2년
- 산업계 ESG 리더 분야: 기업 윤리, 인적 자본 개발, 청정 기술 분야의 기회, 논란 여지가 있는 소싱
- MSCI ESG 등급: AAA(산업 내 289개 기업 중 리더, 상위 9%이내)
- SDGs 목표 달성 기여 분야: 남녀 평등, 양질의 일자리와 경제 성장, 불평등 감소, 책임 있는 소비와 생산

엔비디아는 비즈니스 물리적 범위 1.25% 범위에 한정해 2025년까지 탈탄소 계획을 수립했다. 이 계획대로라면 2025년까지 매년 0.59%의 온실가스 절대 배출량이 증가시키게 된다. 현재의 탈탄소 계획은 지구 평균 기온을 1.5°C로 유지한다는 파리 협정의 글로벌 기후 목표와 일치하지 않는다.

엔비디아는 저탄소 에너지 소비(저탄소 전기 믹스)라는 감축활동을 통해 49,800(톤 CO_2e)의 온실가스 감축을 예상한다. 엔비디아는 Scope 1 및 Scope 2에서 2025년까지 운영 및 데이터 센터에 신재생 에너지 사용률 100%를 달성하고 Scope 3에서 2026년까지 Category 1(구매 상품 및 서비스)의 67% 이상을 차지하는 제조 공급업체들이 1.5°C 과학 기반 목표를 채택하도록 하려는 목표를 갖고 있다.

AI 및 딥 러닝과 같은 새로운 시장에서 인재에 대한 수요가 높고 증가하고 있다. 엔비디아는 인재 파이프라인을 개발하기 위해 고등 교육 기관 및 전문 조직과 협력했다. 2020년 7월에는 플로리

다 대학교와 협력해 슈퍼컴퓨팅 등 AI 발전을 위한 공동 연구를 시작했다. 대학을 AI 인재양성의 요람으로 만들고, 지역사회 발전을 이루며 엔비디아는 우수한 인재를 채용할 수 있는 선진화된 산학협력 모델로 평가된다.

또한 엔비디아는 직원의 추천제도를 활용하는데, 그 비율은 39% 이상이다. 후보자에게는 그들의 커뮤니티 내 엔비디아 현 직원으로부터 경험과 기업 문화에 대해 알아볼 수 있는 기회를 제공한다. 직원의 복지를 최우선 순위로 여겨 직원의 정신 건강 증진, 위기 상황 시 지원 등을 위한 개인/그룹 카운슬링을 제공하고 성별, 인종 또는 민족에 따른 급여 등의 보상에 차별성을 없애고자 2015년부터 매년 등급, 교육, 경력, 직무, 가족 및 수준을 포함하여 75개 이상의 차원에서 성별, 인종 및 민족에 대한 급여 관행을 분석하여 시정 조치를 취해왔다. 엔비디아는 긍정적인 직장 문화, 급여 및 복리후생, 유연성 등에 대한 직원 리뷰를 기반으로 하는 글래스도어^{Glassdoor}가 선정한 '가장 일하기 좋은 5대 직장'으로 인정받고 있다.

급여 비율	FY22	FY21	FY20
여성 | 남성	99.0 | 100	98.2 | 100	99.7 | 100
아시아인 | 백인(미국)	100.2 | 100	98.7 | 100	99.8 | 100

흑인/아프리카계 미국인 | 백인(미국)	100.4 | 100	101.9 | 100	102.4 | 100
히스패닉/라틴계 | 백인(미국)	98.5 | 100	98.3 | 100	100.3 | 100

엔비디아의 성별 및 인종별 급여 비율

구분	중요도	중요 이슈	설명
환경	15.2%	청정 기술 분야의 기회	청정 기술 혁신 역량, 전략적 개발 이니셔티브 및 청정 기술에서 창출된 수익
사회	29.2%	인적 자본 개발	인력 인재 요구 사항과 고도로 숙련된 인력을 유치, 유지 및 개발하는 능력

엔비디아 환경, 사회 중요 이슈

이 밖에도 5% 중요도 미만인 엔비디아의 ESG 환경분야 연관 이슈에는 물 스트레스 및 독성 배출 및 폐기물이 있으며, 사회 이슈로는 노무관리 및 논란의 여지가 있는 소싱 이슈가 있다.

엔비디아는 지속 가능성에 대한 노력에서 상당한 진전을 이루었으나 설정 목표를 달성하지 못할 위험이 있다는 것을 인식하고, 사회와 환경에 긍정적인 영향을 미칠 수 있도록 진행 상황을 모니터링하고 필요에 따라 전략을 조정할 것임을 밝히고 있다.

4. 아마존: 전 세계에 친환경을 배송하기 위해

"보다 지속 가능한 기업이 되기 위한 여정은 어떤 조직에게도 단순하거나 직설적이지 않습니다. 아마존의 규모와 범위가 넓은 회사의 경우 이는 큰 도전입니다. 그러나 아마존에서는 큰 도전을 피하지 않습니다. 우리는 혁신하고 창조합니다. 우리는 오늘 모든 답을 가지고 있지는 않지만 지금 행동해야 한다고 믿습니다. 이것은 작년에 소개된 '성공과 규모는 폭넓은 책임을 가져온다'는 우리의 최신 리더십 원칙 중 하나에 반영되어 있습니다."

"우리는 크고 세상에 영향을 미치며 완벽과는 거리가 멉니다. 우리는 우리 행동의 부차적 결과에 대해서도 겸손하고 사려 깊게 생각해야 합니다. 지역사회, 지구, 미래 세대는 우리가 매일 더 나아지기를 원합니다. 우리는 새로운 발명에 대한 아이디어를 논의하거나 문제를 해결하기 위한 최선의 접근 방식을 결정할 때 리더십 원칙을 매일 적용합니다."

－ 　　　　　　아마존의 지속가능성 부문 부사장, 카라 허스[Kara Hurs]

- 산업분류: 임의 소비재
- 자산가치: 779억 7,000만 달러
- 산업계 ESG 리더 분야: 제품 탄소 발자국
- MSCI ESG 등급: BBB(임의 소비재 산업의 343개 회사 중 평균 수준)

• SDGs 목표 달성 기여 분야: 없음

아마존은 비즈니스 물리적 범위 100% 범위를 포괄하여 탈탄소 계획을 수립했다. 2040년까지 탈탄소 계획을 수립했고 계획에 의하면 2040년까지 매년 5.56%의 온실가스 배출량을 감축하게 된다. 현재의 탈탄소 계획은 파리 협정의 최소 목표인 2°C 이하로 제한하는 최소 목표에는 부합한다.

아마존은 위의 접근 방법을 통해 탄소발자국을 2019년 대비 2022년 발자국을 31.3%[8] 감소시켰다.

탄소발자국 산정 기준은 총 상품 판매액gross merchandise sales 대비 온실가스 배출량을 적용하여 탄소 강도를 측정한다. 탈탄소화 배송 및 물류를 포함하여 사업 전반에 걸쳐 효율성을 개선하고 신재생에너지에 대한 지속적인 투자를 통해 2022년 전년 대비 순매출이 9% 증가했으며 탄소 배출량은 0.4% 감소했다.

아마존은 2025년까지 풍력 및 태양열 분야의 재생에너지를 활용하여 2025년까지 신재생에너지 100% 사용을 달성하고자 한다. 상품 인도 시 차량의 경우 현재 3,800대 정도를 쓰고 있는 전기차를 2025년까지 1만 대로 늘리고, 2030년까지는 10만 대의 전기 밴

---

8   아마존의 2022년 지속가능성 리포트

을 물류 시 도입할 예정이다.

이 밖에도 지속 가능한 기술 및 서비스 개발을 지원하는 20억 달러 규모의 벤처 투자 프로그램을 운영하는 기후 서약 기금^{Climate Pledge Fund}과 전 세계의 숲, 습지 및 초원을 복원하고 보존하기 위한 자연 기반 솔루션을 위한 1억 달러 기금을 운영하는 바로 지금 기후 기금^{Right Now Climate Fund}을 운영한다.

아마존은 세계 최초로 무인로봇 및 드론 배송 파일럿 프로젝트를 수행하고 있다. 2020년 9월에는 친환경 제품 인증 시스템인 '클라이밋 플레지 프렌들리^{Climate Pledge Friendly}'를 도입했다. 그 결과 2022년 기준으로 52가지의 인증을 통해 8억 1,800만 개의 제품을 인증했고 의류, 가정용품, 전자제품 및 주방용품 카테고리에서 55만 개의 제품을 판매하고 있다.

소비재 기업으로서 아마존의 ESG 경영 행보는 글로벌 사회 전반의 물류 풍경에 혁신을 일으키고 있으며, 일반 고객의 친환경 라이프 스타일에도 미치는 영향력이 더욱 커질 것이다.

이 밖에도 중요도 5% 미만인 아마존의 ESG 이슈에는 원료 소싱, 청정 기술 분야의 기회, 그린 빌딩의 기회 등의 환경 이슈와 제품 안전 및 품질, 공급망 노동 기준, 화학물질 안전, 논란의 여지가 있는 소싱 및 건강 및 안전 등의 사회 이슈에 노출되어 있다.

구분	중요도	중요 이슈	설명
환경	11.2%	제품 탄소 발자국	제품의 탄소 집약도와 공급망 또는 제품 및 서비스 사용에서 탄소 발자국을 줄일 수 있는 능력
사회	22.3%	개인 정보 보호 및 데이터 보안	수집하는 개인 데이터의 양, 진화하거나 증가하는 개인 정보 보호 규정에 대한 노출, 잠재적인 데이터 침해에 대한 취약성 및 개인 데이터 보호 시스템
	21.3%	노무 관리	인력의 복잡성(규모, 노동 집약도 및 운영 지역), 경영진과 노동 간의 관계, 근로자 보호의 강도 및 직원 참여 노력

아마존의 산업 환경, 사회 이슈

5. 구글: 환경을 위한 3가지 솔루션

"구글의 목표는 2030년까지 소비자 하드웨어 제품을 포함한 모든 운영 및 가치 사슬에서 순 제로 탄소 배출량을 달성하는 것입니다. 우리는 2030년 이전에 대부분의 배출량(2019년 기준 대비)을 줄이는 것을 목표로 하고 있으며 나머지 배출량을 상쇄하기 위해 자연 기반 및 기술 기반 탄소 제거 솔루션에 투자할 계획입니다. 이는 우리 공급망의 모든 부문에 걸쳐 확장되는 도전이며 이를 해결하기 위해 협력할 것입니다. (중략) 우리는 글로벌 공급망의 기준을 높이는 데 도움이 되도록 동료들과 협력하고, 참여하고, 영감을 줄 수 있는 새로운 기회를 계속 모색할 것입니다."

— 구글의 공급망 책임 2022년 리포트

- 산업: 인터랙티브 미디어 & 서비스
- 자산가치: A주 537억 8,000만 달러, B주 465억 5,000만 달러
- 온실가스 감축 투자액: 7억 707만 7,000 달러, 회수 기간: 1년 미만 ~10년
- MSCI ESG 등급: BBB(인터랙티브 미디어 및 서비스 업계의 65개 기업 중 평균)
- 산업계 ESG 리더 분야: 개인 정보 보호 및 데이터 보안, 탄소배출
- SDGs 목표 달성 기여 분야: 없음

구글은 2030년까지 마이크로소프트 비즈니스 물리적 범위 100%를 포괄해 탈탄소 계획을 수립했다. 계획대로라는 2030년까지 연간 12.5%의 온실가스를 지속적으로 감축해 나갈 예정이다. 이 계획은 지구 평균 기온을 1.5°C로 유지한다는 파리 협정의 최대 목표와 일치한다.

구글은 대부분이 건물 에너지 효율 향상(다양한 에너지 효율 프로젝트, 조명)이라는 유형을 통해 온실가스를 감축하고 있으며 근로자 출퇴근 시 온실가스 감축 활동도 추진한다. 이러한 감축활동을 통해서 7,369(톤 CO_2e)의 온실가스 감축을 예상한다.

구글은 3가지의 혁신적인 솔루션을 제공하여 사람들이 보다 지속가능한 선택을 할 수 있도록 지원하고 있다. 첫째는 구글 네스트[Nest]이다. 사용자가 하루동안 사용하는 에너지, 비용, 탄소 배출량을 절약할 수 있도록 도와주는 프로그래밍 가능한 가정용 에너지 효율 스케줄러이다.

구글은 2023년 환경 보고서에서 수년에 걸쳐 네스트를 통한 에너지 절약에 대한 수치를 공유했는데, 스마트 온도 조절 장치는 2011년부터 2022년까지 1,130억 kWh 이상의 에너지와 3,600만 미터톤의 CO_2 배출량을 절약한 것으로 추산되며, 네스트 온도 조절 장치는 구글이 더 많은 에너지 절약에 도움이 되었다.

둘째는 구글 맵이다. 교통량 및 도로 경사와 같은 요소를 기반으로 가장 연료 효율적인 경로를 사용자에게 보여주는 친환경 경로를 보여준다.

구글 맵은 2021년 10월 출시부터 2022년 12월까지 120만 톤 이상의 탄소 배출을 방지하는 데 도움이 된 것으로 추정하고 있으며, 이는 연료 기반 자동차 약 25만 대를 줄이는 것과 같은 효과이다.

마지막은 구글 트래블이다. 사용자는 거의 모든 항공편의 관련 탄소 배출량, 지속 가능성 인증 및 호텔 특징을 확인하여 지속가능한 옵션을 빠르게 찾는 것을 돕는다. TIM[Travel Impact Model]을 통해서 구글 플라잇에서 탄소 배출량을 예측하고 트래블리스트 연합체[Travalyst coalition]를 통해 여행 사이트를 선택할 수 있다. 친환경 인증을 획득한 호텔을 확인할 수 있는 기능도 있다. 2022년까지 10억 명의 사람들이 3가지 솔루션을 이용했다.

구분	중요도	중요 이슈	설명
환경	4.9%	탄소배출	운영의 탄소 집약도와 기후 관련 위험 및 기회를 관리하기 위한 노력
사회	28.4%	개인 정보 보호 및 데이터 보안	수집하는 개인 데이터의 양, 진화하거나 증가하는 개인 정보 보호 규정에 대한 노출, 잠재적인 데이터 침해에 대한 취약성 및 개인 데이터 보호 시스템
	23.5%	인적 자본 개발	인력 인재 요구 사항과 고도로 숙련된 인력을 유치, 유지 및 개발하는 능력

구글 환경, 사회 중요이슈

구글의 ESG 환경 분야 추가 이슈에는 청청 기술 분야의 기회 및 포장재 및 폐기물이 있으며, 사회 이슈로는 공급망 노동 기준, 제품 안전 및 품질, 화학물질 안전, 금융에 대한 접근성 등 다양한 사회 이슈에 노출되어 있다.

구글은 책임 있는 소비와 생산에 기여하기 위해 위험 기반의 공급업체 참여 모델을 적용한다. 공급업체 위험 평가 프로세스는 개별 공급업체 또는 공급업체 그룹과 협력할 때 발생하는 사회적, 환경적 및 윤리적 위험을 현재 및 잠재적 위험에 대해 광범위하게 평가한다. 공급업체 관리자에게 더 나은 정보를 제공하여 조달하도록 하고 공급업체와의 관계를 사전에 관리하는 데 활용하여 책임 있는 소비와 생산 시스템을 구축하고 있다.

위험 증가

현장 평가와
개선 조치 관리

공급업체 리스크 평가

공급업체 행동강령 준수 기대

공급업체에 대한 리스크의 증가

구글은 안드로이드. 구글 드라이브, 구글 맵, 구글 플레이, 검색, 유튜브 등 핵심 제품과 플랫폼을 제공하기 위해 픽셀Pixel, 네스트, 핏빗Fitbit 제품 등 소비자 하드웨어 장치를 포함한 하드웨어 제조 및 간접 서비스를 포함해 비즈니스 및 운영을 지원하는 공급업체와 80개국에 걸쳐 전 세계적으로 협력하고 있다.

또한 구글은 공급업체 위험 평가를 수행할 때 국가 수준의 위험, 즉 특정 유형의 사회적 또는 환경적 위험이 국가에 존재하는지 여부를 확인한다. 또한 제품 및 서비스별 위험, 즉 화학적 집약적인 제조 공정을 사용 및 관련 작업이 육체적으로 힘든지 여부를 체크

한다.

2022년 85개 공급업체 현장에서 현장 및 원격 평가를 수행하여 프로그램 출시 이후 총 479건의 현장 평가를 수행했으며 공급망 내 4,500명 이상의 직원을 대상으로 설문 조사와 인터뷰를 실시했다. 또한 연례 공급업체 책임에 대한 회담을 통해 234개의 공급업체 직원 798명과 공급망 책임 및 협력을 발전시키고 윤리적 관행을 장려했다.

이와 더불어 공급업체 벌금 또는 유죄 판결, 다시 말해 인권, 환경 또는 부패 위반으로 벌금 부과 이력도 조사한다. 그리고 구글의 공급업체의 자체 평가서의 제출 여부 및 이슈 발견시, 이를 해결하기 위한 조치 수행 현황 프로그램 참여 노력을 독려한다.

구글은 기술을 통해 변화를 달성하는 포용적이며 기술을 선도하는 미래의 공급망 모델을 만들어가고자 한다. 모든 공급업체 및 동료들을 포함하고 작업장, 지역사회, 생태계와 더 잘 연결되도록 개선하며, 세계에서 가장 신뢰할 수 있는 공급망을 만들기 위해 기술에 투자하고 구축하고자 한다.

6. 메타: 전 세계인의 개인정보를 지켜라

"우리 기술이 사람들을 위해 열어줄 가능성은 우리에게 안전하고 번성하는 지구가 있을 때만 중요합니다."

"우리는 지난 10년 동안 많은 발전을 이루었습니다. 특히 글로 벌 사무실과 데이터 센터를 설계, 구축 및 운영하는 방식에서 효율성을 높이고 환경에 미치는 영향을 줄입니다. 그러나 우리 에게는 해야 할 훨씬 더 중요한 일이 있습니다. 예를 들어, 우리 는 책임 있는 공급망 프로그램을 통해 가치 사슬에 지속가능성 을 도입하기 위해 수년간 노력해 왔습니다. 향후 메타의 지속 가능성 전략은 가치 사슬 및 파트너십 프로그램을 확장하여 내 부 메타 팀 및 글로벌 파트너와 협력해 배출 감소 및 제거, 수자 원 관리 및 생물 다양성 프로젝트를 통해 기후 변화에 맞서 싸 우고 새로운 솔루션에 투자하고 작업 규모를 확장하는 의미 있 는 협력을 포함하는 것입니다."

— 메타의 글로벌 지속가능성 담당 이사, 에드워드 팔미에리[Edward Palmieri]

- 산업: 인터랙티브 미디어 & 서비스
- 자산가치: 468억 2,000만 달러
- 산업계 ESG 리더 분야: 탄소 배출
- MSCI ESG 등급: B(인터랙티브 미디어 및 서비스 산업의 65개 회사 중 후발)
- SDGs 목표 달성 기여 분야: 없음

메타의 2023년 지속가능경영 보고서에 따르면 2020년 기준 탄소중립에 도달했으며 100% 신재생 에너지로 운영되고 있다. 2030년까지 메타의 비즈니스 100%를 범위를 포괄해 탈탄소 계획을 수립했다. 계획대로라면 2030년까지 매년 12.5%의 온실가스를 지속적으로 감축해 나가야 한다. 지구 평균 기온을 $1.5°C$로 유지한다는 파리 협정의 최대 목표와 일치한다.

메타는 지속가능한 데이터 센터를 운영하는 것을 기본 전략으로 추진하며 에너지, 물, 불필요한 인프라 및 폐기물의 사용을 줄이고 가능한 가장 효율적인 건물을 짓는 데 중점을 둔다. 또한 책임 있는 운영을 통해 사람과 지구를 보호하는 것이 기업의 역할이라고 생각한다. 주주, 직원, 공급업체, 고객 등의 이해관계자들의 신뢰를 유지하기 위해서 지속가능하고 책임감 있는 윤리 운영해야 하며 메타가 하는 모든 일에서 투명하게 소통해야 함을 밝히고 있다.

메타는 비즈니스에서 중요한 개인 정보 보호 및 데이터 보안 이슈를 관리하기 위해 다각적인 노력을 기울이고 있다. 기업 운영 전반에 적용되는 정책을 수립하고 위원회, 법무 팀, 전담 팀, 내부감사 팀 등으로 이루어지는 거버넌스 구조를 구축했다. 또한 각종 교육과 내부 인식 제고 캠페인 등 학습 및 교육을 지속적으로 제공하며, 개인정보 보호 조치를 고려한 제품의 개발 및 업데이트과 여러 독립 거버넌스 조직을 통해 개인정보 보호 프로그램 및 업무 방식을 감독하게 하며 플랫폼과 운영 전반에 걸쳐 노력하고 있다.

이 밖에도 중요도 5% 미만인 메타의 ESG 환경분야 추가 이슈

구분	중요도	중요이슈	설명
환경	4.9%	탄소배출	기업은 운영의 탄소 집약도와 기후 관련 위험 및 기회를 관리하기 위한 노력
사회	28.4%	개인 정보 보호 및 데이터 보안	수집하는 개인 데이터의 양, 진화하거나 증가하는 개인 정보 보호 규정에 대한 노출, 잠재적인 데이터 침해에 대한 취약성 및 개인 데이터 보호 시스템
	23.5%	인적 자본 개발	인력 인재 요구 사항과 고도로 숙련된 인력을 유치, 유지 및 개발하는 능력

메타의 환경, 사회 중요이슈

에는 청청 기술 분야의 기회 및 포장재 및 폐기물이 있으며, 사회 이슈로는 공급망 노동 기준, 제품 안전 및 품질, 화학물질 안전, 금융에 대한 접근성이 있다

7. 테슬라: 에너지 전환을 꿈꾸며

"지속 가능한 에너지 경제가 기술적으로 용이하며 오늘날의 지속 불가능한 에너지 경세를 지속하는 것보다 적은 투자와 재료 추출이 필요하다는 사실을 발견했다."

— 테슬라의 마스터 플랜 3부 Master Plan Part 3

"20년까지 매년 2030천만 대의 전기 자동차를 생산한다는 테슬라의 목표를 설명했고, 테슬라의 초점이 전 세계 탄소 배출량의 절반을 차지하는 발전과 운송 부분에 있다. 에너지 전환을 위한 중요한 플랫폼으로서 리튬 이온 배터리가 중요한데 배터리는 전기 비용을 낮추고 그리드 안정성과 신뢰성 문제를 모두 저렴하게 해결하는 데 도움이 되기 때문이다."

— 테슬라의 의장, 로빈 덴홀름^{Robyn Denholm}

- 산업: 자동차
- 자산가치: 467억 달러
- 지속가능 에너지 전환을 위한 제조업 투자: 10억 달러
- 산업계 ESG 리더 분야: 청정 기술 분야의 기회
- MSCI ESG 등급: A(산업내 70개 회사 중 평균 수준)
- SDGs 목표 달성 기여 분야: 책임 있는 소비와 생산

테슬라의 2022년 임팩트 리포트^{Impact Report}에 따르면 전기차의 전수명에 걸친 탄소 배출량은 내연기관차에서 2년간 발생되는 탄소 배출량보다 낮다. 미국 차량의 평균 수명인 17년임을 감안하면 테슬라 차량 한 대가 거의 55톤의 탄소 배출량을 감축하는 효과를 볼 수 있다. 테슬라의 수익원 중 탄소배출권 판매를 통한 수익은 전기 자동차 생산 확장에 사용하며 이를 통해 산업 전반적으로 내연기관 차량을 대체할 수 있기를 기대한다.

테슬라는 가장 극적으로 진전시킬 수 있다고 믿는 5가지 핵심 영역을 통해 지속가능성으로의 전환을 강조한다. 5단계 계획을 달성하기 위해 전 세계의 연간 태양열 및 풍력 배치와 연간 배터리 생산량을 지속적으로 늘릴 예정이다. 2050년까지 목표를 100% 달성하기 위해서는 2022년 기준 대비 태양광과 풍력 재생에너지 생산량은 3배, 배터리 생산량은 29배, 전기차 생산량은 11배 증가시킬 예정이다.

테슬라의 환경분야 추가 이슈에는 독성 배출 및 폐기물이 있으며, 사회 이슈로는 지역사회 관계 및 화학물질 안전 이슈가 있다. 테슬라는 2019년 코발트 채굴 과정에서 있었던 아동 노동 착취와 환경오염 문제 논란 이후, 임팩트 리포트에서 '코발트 프리' 배터리 개발 계획을 발표하며 배터리에 니켈 함유량을 높이고 코발트 비중을 줄이는 니켈 배터리를 지향하고 있다.

테슬라의 환경 및 사회 이슈에 대한 책임에의 의지는 책임 광물 이니셔티브Responsible Minerals Initiative 및 공정 코발트 동맹Fair Cobalt Alliance에의 가입과 폐배터리에 대한 재활용 계획 공개 등을 통해 잘 알 수 있다.

8. 유나이티드헬스 그룹: 건강한 삶을 위한 건강한 노동

"세계 최고의 의료 조직으로서 우리는 지속가능성 전략의 모든

구분	중요도	중요 이슈	설명
환경	15.7%	청정 기술 분야의 기회	청정 기술 혁신 역량, 전략적 개발 이니셔티브 및 청정 기술에서 창출된 수익
	13.2%	제품 탄소 발자국	제품의 탄소 집약도와 공급망 또는 제품 및 서비스 사용에서 탄소 발자국을 줄일 수 있는 능력
사회	19.9%	제품 안전 및 품질	가능한 리콜 또는 제품 안전 문제에 대한 노출, 공급망 및 소싱 시스템의 강점, 제조 분야의 품질 관리 노력 및 책임 있는 마케팅 관행
	16.8%	노무관리	인력의 복잡성(규모, 노동 집약도 및 운영 지역), 경영진과 노동 간의 관계, 근로자 보호의 강도 및 직원 참여 노력

테슬라의 환경, 사회 중요이슈

측면을 유지하고 발전시키기 위해 이해관계자와 우리가 봉사하는 사람들에 대한 우리의 책임을 이해하고 있다. 그것은 우리의 사명에 필수적이며 장기적인 성장을 위한 우리의 우선순위와 불가분의 관계가 있다. 우리는 우리 회사가 광범위한 파트너와 함께 건강 형평성을 발전시키는 데 도움이 되는 위치에 있다고 생각한다. 우리는 모든 사람이 가장 건강한 삶을 살수 있는 기회를 가질 자격이 있다고 믿으며 사회적, 경제적, 환경적 또는 기타 장벽이 존재하는 모든 장벽을 허물기 위해 최선을 다할 것이다."

— 유나이티드헬스 그룹의 지속가능경영 최고 책임자,

패트리시아 L. 루이스[Patricia L. Lewis]

- 산업: 의료 서비스 제공자 및 서비스
- 자산가치: 367억 7,000만 달러
- 온실가스 감축 투자액: 188만 2,000 달러, 회수기간: 1~20년
- 산업계 ESG 리더 분야: 거버넌스, 탄소배출
- MSCI ESG등급: AA(산업 내 230개 기업 중 리더)
- SDGs 목표 달성 기여 분야: 남녀 평등

미국의 종합 의료서비스 기업인 유나이티드헬스 그룹은 비즈니스 물리적 범위 1.45% 범위에 한정해 탈탄소 계획을 수립했다. 2035년까지 탈탄소 계획을 수립했지만 이 계획에 의하면 2035년까지 매년 0.94%의 온실가스 배출량이 증가하게 된다. 현재의 탈탄소 계획으로 지구 평균 기온을 1.5°C로 유지한다는 파리 협정의 목표에 부합한다.

유나이티드헬스 그룹은 건물 에너지 효율(건물에너지관리시스템, 조명 등) 및 저탄소 에너지 소비(수력발전, 풍력 등)의 부문에서 감축 활동을 추진한다. 감축 활동을 통해 32,203.04(톤 CO_2e)의 온실가스 감축을 예상하고 있다.

유나이티드헬스 그룹은 비즈니스 우선 순위로 다양성, 평등 및

포용에 접근하고 있다. 2022년 최고 경영진 중 여성의 비율은 40% 이며, 유색인종이 관리직의 31%를 차지한다. 전년도인 2021년 각 비율은 여성의 경우 38%, 유색인종은 29%로 매년 꾸준히 상승해 오고 있다. DEI^{Diversity, Equity, and Inclusion}에 관한 전사 차원 전략을 세우고 여성, 유색인종 등 경영진 후원 프로그램을 운영하는 것은 이러한 노력의 일환이다.

> "DEI는 비즈니스에 매우 중요합니다. 우리가 다양한 사람과 관점을 포용할 때 우리의 개인 및 집단적 기여가 확대됩니다."
> — 유나이티드헬스 그룹의 최고 DEI 책임자, 조이 피츠제럴드^{Joy Fitzgerald}

유나이티드헬스 그룹의 ESG 환경분야 추가 이슈에는 독성 배출 및 폐기물이 있으며, 사회 이슈로는 인적 자본 개발과 의료 서비스 이용이 있다. 독성 배출 및 폐기물의 경우 진료소, 데이터 센터 및 의료 및 의약품 관련 폐기물이 주를 이루며 이를 포함하여 다양한 폐기물의 흐름을 지속적으로 관리하는 다차원적인 접근 방식을 취하고 있다.

유나이티드헬스 그룹은 의료서비스 기업으로서 건강한 사회와 건강한 지구 사이의 연관성을 이해함을 강조하며 사람들이 더 건강한 삶을 살 수 있도록 돕고 모든 사람을 위해 의료 시스템이 더 잘 작동하도록 돕는 것을 미션으로 삼고 있다.

9. 버크셔 해서웨이: 지속가능성을 위한 투자

구분	중요도	중요 이슈	설명
환경	4.9%	탄소 배출	운영의 탄소 집약도와 기후 관련 위험 및 기회를 관리하기 위한 노력
사회	24.8%	제품 안전 및 품질	가능한 리콜 또는 제품 안전 문제에 대한 노출, 공급망 및 소싱 시스템의 강점, 제조 분야의 품질 관리 노력 및 책임 있는 마케팅 관행
	19.7%	노무관리	인력의 복잡성(규모, 노동 집약도 및 운영 지역), 경영진과 노동 간의 관계, 근로자 보호의 강도 및 직원 참여 노력
	14.8%	개인 정보 보호 및 데이터 보안	수집하는 개인 데이터의 양, 진화하거나 증가하는 개인 정보 보호 규정에 대한 노출, 잠재적인 데이터 침해에 대한 취약성 및 개인 데이터 보호 시스템

유나이티드헬스 그룹의 환경, 사회 중요이슈

"나는 ESG와 이해관계자 자본주의 기업이 주주가치를 극대화하기 위해 단기적인 관점에서 이윤을 추구해 온 관행을 포기하고 주주를 포함한 소비자, 종업원, 채권자, 지역사회 등 다양한 이해관계자의 이익을 추구하는 것을 아직 이해하기 힘들다. 나의 소임은 최고의 수익을 고객에게 돌려주는 것이다."

— 버크셔 해서웨이의 회장이자 CEO, 워런 버핏[Warren Buffet]

- 산업: 다각화된 금융 산업

- 자산가치: 364억 3,000만 달러

- 산업계 ESG 리더 분야: 탄소 배출

- MSCI ESG 등급: BB(산업계 225개 기업 중 평균)

- SDGs 목표 달성 기여 분야: 없음

버크셔 해서웨이는 탈탄소 계획을 수립했으나, 지구 평균 기온을 1.5°C로 유지한다는 파리 협정의 최대 목표에 부합하지 않는다. 버크셔 해서웨이의 ESG 환경분야 이슈에는 기후 변화 취약성 및 탄소 배출 이슈가 있다. 자회사인 버크셔 해서웨이 에너지는 국제 자본시장협회 녹색채권원칙^{GBP, Green Bond Principles} 및 대출시장협회 녹색대출원칙^{GLP, Green Loan Principles}에 따라 적격 프로젝트인지를 결정하고 자금 조달 요달 요구에 따라 선택한다. 신재생에너지 증가, 송전 인프라 투자, 기존 화석 자원을 탄소 친화적인 방식으로 활용하는 혁신적인 방법 탐구에 중점을 둔다.

버크셔 해서웨이는 지속가능성 리더쉽 위원회^{, SLC, Sustainability Leadership Council}를 운영하고 있으며 자율적인 대표 그룹이다. 조직의 지속가능성 노력을 전개하며 자회사가 각각의 지속 가능성 전략을 수립하고 실행할 때 중추적인 역할을 하고 있다. 위원회에서는 주로 새로운 지속가능성 문제를 식별하고 공유하며 다양한 이벤트를 계획하며 버크셔 해서웨이의 자회사들이 지속가능 목표를 선언하고 전략을 추진하도록 독려한다.

SLD의 목적	- 지속가능 전략의 공유 - 지속가능성 및 ESG 관련 모범 사례 개선 - 주제 관련 전문성 제공 - 리소스 라이브러리 개발 지원 - 새로운 지속가능성 문제 식별 및 공유 - 연례 지속가능성 서밋 포함 지속가능성 관련 이벤트 계획
SLC 구성원의 책임	- 적극적인 자문 및 월간 통화 및 대면 회의 1회 참여 - 위원회 목표 달성을 위한 자원과 시간 기여 - 자회사 노력과 성과 대변 - 모든 자회사의 지속가능 관행에 대한 참여 독려 - 의장의 버크셔 해서웨이와의 접점 유지

결과	- 8회의 지속가능성 서밋 개최: 2020년 600명 참가
	- 지속가능성 101 콘텐츠 제작
	- 14개 회사 대표 참여
	- 기업들의 과학 기반 목표 이니셔티브, 탄소 중립,
	  내부 탄소배출량 감축 목표 설정, 지속가능한 연료 확대,
	  물 사용량 감소 및 효율성 향상 및 위험 감소와 기회 식별 선언

지속가능성 리더쉽 위원회의 역할

구분	중요도	중요 이슈	설명
환경	3.9%	환경 영향 자금 조달	대출 및 인수 활동의 환경적 위험과 녹색 금융과 관련된 기회를 활용할 수 있는 능력

사회	17.5%	인적 자본 개발	인력 인재 요구 사항과 고도로 숙련된 인력을 유치, 유지 및 개발하는 능력
	16.7%	소비자 금융 보호	비윤리적인 대출 관행 또는 소비자에게 금융 상품을 잘못 판매함으로써 발생할 수 있는 평판 및 규제 위험을 완화하기 위한 노력을 포함하여 제품 관리 및 투명성
	11.9%	금융에 대한 접근성	중소기업 대출 및 혁신적인 유통 채널 개발을 포함하여 역사적으로 소외된 시장으로 금융 서비스를 확장하려는 노력
	9.1%	개인 정보 보호 및 데이터 보안	수집하는 개인 데이터의 양, 진화하거나 증가하는 개인 정보 보호 규정에 대한 노출, 잠재적인 데이터 침해에 대한 취약성 및 개인 데이터 보호 시스템
	5.2%	책임 투자	자신의 자산 또는 다른 사람을 대신하여 관리하는 자산을 관리 할 때 환경, 사회 및 거버넌스 고려 사항의 통합

비크셔 해서웨이의 환경, 사회 중요이슈

버크셔 해서웨이 사회 중요 이슈 중 살펴볼 내용으로는 하청 업체 고용, 아동 노동 및 주로 백인과 남성으로 구성된 이사회 등 인력의 다양성 등 노동 관행 부분이 있다. 버크셔 해서웨이는 이러한 사회적 성과를 개선하기 위해 공급업체를 위한 행동 강령을 수립하고 직원의 다양성을 높일 것을 선언했다. 또한 2022년 7월에는 펜실베니아 모기지 회사 트라이덴트^{Trident}에서 소수 민족 지역에 대해 차별적 대출이 이루어졌다는 혐의를 받은 바 있는데, 강력하게 변호하고 400만 달러의 벌금 납부 및 1,840만 달러의 신규 대출 보조금을 지원하는 등 소비자 금융 보호 측면을 포함하여 다양한 사회적 이슈에도 적극 대응하고 있다.

10. 존슨 앤 존슨: 건강한 지구를 위해

"우리는 지구의 건강, 우리 회사의 건강, 온도 상승, 극단적인 기상 현상 및 기후에 민감한 건강 위험의 영향으로 인해 불균형적으로 영향을 받는 사람들을 포함하여 사람들의 건강에 도움이 되도록 기후 행동에 의도적으로 접근합니다. 우리는 기후 목표를 향한 진전 외에도 변화하는 기후의 건강 영향에 가장 취약한 사람들에게 서비스를 제공하는 의료 인력 및 의료 시스템의 기후 탄력성을 강화하기 위해 파트너와 협력하고 있습니다."

— 존슨 앤 존슨의 최고 지속 가능성 책임자 폴레트 프랭크[Paulette Frank]

- 산업: 제약 산업
- 자산가치: 287억 2,000만 달러
- 온실가스 감축 투자액: 2,518만 8,000달러, 회수기간: 1년~20년
- 산업계 ESG 리더 분야: 인적 자본 개발, 의료 서비스 이용, 독성 배

출 및 폐기물

- MSCI ESG 등급: A (산업계 267 개 회사 중 평균)
- SDGs 목표 달성 기여 분야: 남녀 평등, 깨끗한 물과 위생, 저렴하고 깨끗한 에너지, 양질의 일자리와 경제 성장, 기후 행동

존슨 앤 존슨은 비즈니스 물리적 범위 100% 범위를 포괄하여 탈탄소 계획을 수립했다. 2050년까지 탈탄소 계획을 수립했지만 이 계획에 의하면 2050년까지 매년 3.03%의 온실가스 배출량을 감축하게 된다. 현재의 탈탄소 계획으로 지구 평균 기온을 1.5°C로 유지한다는 파리 협정의 목표 대응에 부합한다.

존슨 앤 존슨은 다양한 부분에서 감축을 위해 노력하고 있다. 냉방기술, 폐열회수 등 생산 공정에서 에너지 효율을 더 높이려고 하고, 조명 등을 관리해 건물 에너지 효율을 더 높인다. 풍력 등의 저탄소 에너지 발전 등의 감축 활동을 추진하며 150,60(톤 CO_2e)의 온실가스 감축을 예상한다.

존슨 앤 존슨은 수자원 관리 및 물 관리를 지속적으로 개선하기 위해 국제수자원관리동맹AWS, Alliance for Water Stewardship' 인증을 추진하고 있다. 국제 AWS 인증은 지속 가능한 물 관리를 다루며 책임 있는 물 관리에 대한 글로벌 벤치마크를 충족했음을 확인하며, 수자원 사용이 사회, 환경, 경제적으로 공정하고 지속 가능하며 유익하다는 사실을 공식적으로 인정받는 인증이다. 2018년부터 2022년까지 지난 5년 동안 매출액이 16% 성장한 반면 전 사업

장에서 매출 10억 달러 당 물 취수량은 5% 감소해 책임 있는 물 관리를 입증했다. 2022년 기준 존슨 앤 존슨은 태국과 중국의 시설에서 모두 AWS 인증을 획득했다. 2022년에는 또한 CDP 워터리스크^Water Risk 평가에서 A-를 획득했으며 스웨덴 헬싱보그에서는 폐쇄 루프 수냉식 시스템을 갖춘 냉각기 설치, 물 관리 관련 공정을 최적화하는 등 3가지의 신규 물 절약 프로젝트를 완료했다.

존슨 앤 존슨은 글로벌 건강 공평성 옹호, 직원 역량 강화, 환경 건강 증진, 이렇게 3개의 ESG 영역을 중점으로 '책임감과 혁신으로 앞장설 것'을 목표로 선언했다.

글로벌 건강 공평성 옹호 부문에서는, 2025년까지 모든 관련 존슨 앤 존슨 글로벌 공중 보건 및 젠슨 전염병 및 백신 R&D 파이프라인 자산에 대한 글로벌 액세스 계획을 수립해 풍토병 해결에 기여하고자 한다. 또한 2030년까지 전 세계적으로 의료 시스템을 강화하기 위해 최소 백만 명의 간호사, 조산사 및 지역사회 의료 종사자를 지원할 것을 목표로 수립했다.

직원 역량 강화 부문에서는 2025년까지 전 세계 임직원 중 여성 관리직 비율 50%를 달성하며, 미국 내 관리직 인종 다양성 비율을 35%, 흑인 및 아프리카계 미국인 직원의 비율을 50% 달성하고자 한다.

마지막으로 환경 건강 증진 부문에서는 2016년을 기준으로 2030년까지 온실가스 배출량 감축을 추진하다. 직간접적인 배출량(Scope1,2)은 60% 줄임으로써 탄소 중립을 달성하고, 가치 사슬에

서 발생하는 온실가스 배출량(Scope 3, 업스트림)을 20% 감축하는
목표를 달성하고자 한다.

구분	중요도	중요 이슈	설명
환경	8.8%	독성 배출 및 폐기물	운영에서 발생하는 잠재적인 환경 오염 및 독성 또는 발암성 배출과 환경 관리 시스템의 강도
사회	27.1%	제품 안전 및 품질	가능한 리콜 또는 제품 안전 문제에 대한 노출, 공급망 및 소싱 시스템의 강점, 제조 분야의 품질 관리 노력 및 책임 있는 마케팅 관행
	18.2%	인적 자본 개발	인력 인재 요구 사항과 고도로 숙련된 인력을 유치, 유지 및 개발 하는 능력
	11.9%	의료 서비스 이용	공평한 가격 책정 메커니즘, 특허, 역량 향상 및 제품 기부를 포함해 개발 도상국 및 소외된 시장 (예: 낮은 지역 의사 집중도)으로 의료 제품 및 서비스를 확장하려는 노력

존슨 앤 존슨의 환경, 사회 중요 이슈

블랙락이 투자하는 기업들은 글로벌 무대에서 기술력과 비즈
니스 능력이 최상위인 다국적 기업들의 ESG 경영 현황을 살펴보았
다. 10개 기업 모두 ESG 경영 수준이 산업 내에서 보통 수준 이상
이었으며 이 가운데 50% 이상은 ESG 경영 수준도 리더 그룹에 속
하는 것을 알 수 있다.

ESG 경영 이슈 중에서 환경 이슈의 경우 청정 기술 분야의 기회, 탄소 배출 이슈 경쟁력이 산업 내 우위를 선점하고 있었다. 이는 기업 비즈니스 활동으로 인한 가치 사슬 전반의 온실가스 배출 영향력을 정확하게 인식하고 최소화하려는 시스템을 구축하는 일뿐 아니라 하드웨어, 소프트웨어, 제약, 금융 등 전 산업을 아울러 지역사회와 전 지구의 환경을 개선하기 위한 제품과 서비스의 친환경성을 확보하고 나아가 환경 이슈를 해결하기 위한 "청정 기술" 분야에 투자하고 수익화하고 있다는 의미다. 기후변화 투자액도 상당하다.

공통적으로 산업내 경쟁력 있는 사회 이슈로 인적 자본 개발이 많았다. 기업에 필요한 인재의 요구사항을 파악하고 고도로 숙련된 인력을 유치하고, 유지 및 개발하는 능력은 앞으로 더욱 중요해질 것이다.

지속가능경영 보고서 공시를 통해 SDGs 기여하고 있다고 주장하는 기업들이 많다. MSCI는 자신들만의 평가 방법론을 통해 기업의 평가 대상 기업가 17대 SDGs 목표 중 어느 분야에 기여하고 있는 지를 제시한다.

업계를 선도하는 ESG 이슈가 있고, 이 이슈의 영향력이 전 지구가 지속가능하기 위해 달성해야 하는 17대 지속가능목표와 SDGs 목표와 연계된다면, 비즈니스 가치와 사회적 가치가 동시에 발생 되는 이상적인 기업이라고 할 수 있지 않을까. 단, ESG 경영의 성과와 SDGs에 기여하는 영향력이 주장이 아니라 객관적이고 검증된 사실로 입증되어야 할 것이다.

한국 기업들의 현황

한국의 국민연금의 상위 10위 안의 투자 포트폴리오는 다음과 같다. KCGS ESG 등급은 한국기업지배구조 원에서 매년 국내기업의 지속가능경영을 유도하고, 자본시장 참여자들이 기업의 ESG 수준을 인지할 수 있도록 지원하기 위해 매년 ESG등급을 평가 및 공표하는 것으로, 국민연금의 투자 포트폴리오 기업들의 등급을 살펴보면 100%이상 ESG 경영이 양호한 수준이다. 또한 80%이상의 기업들이 높은 수준(80%이상 A등급)임을 알 수 있다. ESG 경영이 우수한 기업이 투자자들에게도 매력있다는 것을 알 수 있다. 기업의 가치가 재무 건정성뿐만 아니라 비재무 경영의 우수성에서도 나온다는 반증이 아닐까.

번호	기업명(Tiker)		자산가치 (억 원)	연기금 포트폴리오 (억 원)	KCGS ESG등급
1	삼성전자	Samsung Electronics Co., Ltd.	3,048,999	398,413	B+

2	SK하이닉스	SK hynix Inc.	621,911	86,696	A
3	NAVER	NAVER Corporation	240,274	55,368	A+
4	현대자동차	HYUNDAI MOTOR COMPANY	826,158	36,211	A
5	삼성SDI	SAMSUNG SDI CO., LTD.	151,967	36,157	A
6	삼성바이오로직스	SAMSUNG BIOLOGIC S CO.,LTD.	49,911	35,172	A
7	카카오	Kakao Corp.	135,900	35,065	A
8	LG화학	LG CHEM, LTD.	232,100	29,246	B+
9	기아	Kia Corporation	349,126	27,398	A+
10	현대모비스	HYUNDAI MOBIS	353,575	22,467	A

ESG 등급: ESG 관리체계 및 위험의 수준

S	A+	A	B+	B	C	D
탁월	매우 우수	우수	양호	보통	취약	매우 취약

등급	의미
S	지배구조, 환경, 사회, 모범규준이 제시한 지속가능경영 체계를 매우 충실히 갖추고 있으며, 비재무적 리스크로 인한 주주가치 훼손의 여지가 매우 적음
A+	지배구조, 환경, 사회, 모범규준이 제시한 지속가능경영 체계를 매우 충실히 갖추고 있으며, 비재무적 리스크로 인한 주주가치 훼손의 여지가 상당히 적음
A	지배구조, 환경, 사회, 모범규준이 제시한 지속가능경영 체계를 매우 충실히 갖추고 있으며, 비재무적 리스크로 인한 주주가치 훼손의 여지가 적음
B+	지배구조, 환경, 사회, 모범규준이 제시한 지속가능경영 체계를 매우 충실히 갖추고 있으며, 비재무적 리스크로 인한 주주가치 훼손의 여지가 다소 있음
B	지배구조, 환경, 사회, 모범규준이 제시한 지속가능경영 체계를 매우 충실히 갖추고 있으며, 비재무적 리스크로 인한 주주가치 훼손의 여지가 있음
C	지배구조, 환경, 사회, 모범규준이 제시한 지속가능경영 체계를 매우 충실히 갖추고 있으며, 비재무적 리스크로 인한 주주가치 훼손의 여지가 큼
D	지배구조, 환경, 사회, 모범규준이 제시한 지속가능경영 체계를 매우 충실히 갖추고 있으며, 비재무적 리스크로 인한 주주가치 훼손이 우려됨

"기업들은 이제 자신들의 공급망이
세상에 미치는 영향에 대해 책임을 져야 합니다.
이는 도전이지만, 동시에
혁신과 가치 창출의 기회이기도 합니다."

- 앤드류 윈스턴(Andrew Winston)

4

공급망 ESG 경영 접근방법

ESG 경영, 이제는 스피드

고객사의 ESG 공급망 정책부터 이해해야 한다.

요람에서 무덤까지

접근방법에 대한 접근이 중요한 이유

조달, 소싱 과정의 지속가능성

중요한 것에 힘을

ESG 경영, 이제는 스피드

공급망 ESG 경영은 기업이 공급망 전체에 걸쳐 환경, 사회, 거버넌스 측면에서의 책임을 인식하고 통합적으로 관리하는 방식을 의미한다. 이를 위해서는 조직의 내부 ESG 경영에서 범위를 넓혀 원재료 조달부터 제품이 최종 소비자에게 전달되기까지의 전 과정에서 환경 및 사회적 책임을 인식하고 개선해 나가야 한다.

4장에서는 공급망 내에서 ESG 경영을 요구받게 되는 중견, 중소 기업들이 공급망 ESG 경영의 구체적인 접근 방법을 찾는데 도움이 될 내용을 담았다. 우리는 공급망 ESG 경영을 추진하는 데 ESG 접근방법의 중요성, 거래 기업 혹은 고객사^{Key Account} ESG 경영 정책, 속도, 선택과 집중, 관리 범위, 효과적인 소통 방법에 대해 안내한다.

"ESG 경영 성과를 요구하는 기업과 거래액이 얼마나 되시는
데요? 계속 거래하실 계획이신가요? 영향이 크지 않으면 ESG
요구 사항에 즉각 대응해야 할 상황인지 조금 더 지켜보면서
판단 해보실래요?"

ESG 경영을 지원하는 정부의 정책과 대기업의 지원이 거의 없
던 7년 전쯤, ESG 경영 모두 대응해야 하는지 중소 기업들의 문의
에 '나라면 어떤 기준으로 투자 여부를 결정할까'라는 화두를 고민
한 끝에 몇몇 중소기업의 담당자들에게 드린 답변이다.

준비하면 당황할 일이 없다

ESG 경영 현황에 대한 행동 규범에 대한 동참을 요구받거나,
ESG 경영 현황을 묻는 평가에 대응하기 위해선 사회, 환경적 영향
을 가늠해보고, 측정해서 공개해야 한다. 중소기업의 경우 품질 측
면에서는 경쟁력이 있는 기업이더라도 처음 요구받는 비재무 성과
결과를 고객에게 투명하게 공개 하는 건 민낯을 드러내는 것과 같
이 부담스러운 일이기도 하다.

다국적 기업들의 ESG 경영 요구 사항에 대응해야 하는 중소
기업들의 고충이나 애로사항, 현실적 어려움과는 별개로 글로벌 비

즈니스에서 다국적 기업들에게 공급망 ESG 경영은 디폴트 값이 되었다. 고객이 요구하는 ESG 경영 성과는 조달 프로세스 전반에 반영될 수 있기 때문에 비즈니스 시작과 연속성을 결정짓는 생존의 이슈가 된 것이다. 앞의 질문을 받은 5개의 기업들은 각자 다른 반응을 보였다.

A사 경영진은 첫 거래이면서 거래 규모도 크지 않기 때문에 어떻게든 자체적으로 해결해 보신다고 했다. B사 영업팀 이사님은 기업과 거래가 오래되어 왔기 때문에 ESG 경영 성과 결과로 인해 기존 거래에 영향이 없을 것이라 생각하지만, 고객사 정책을 준수하는 차원에서 최소한의 대응을 하면 될 것이라 했다. C사 대표님은 앞으로 요청 다국적 기업과의 거래를 계기로 수출 물량을 늘리려는 계획이 있는데 비슷한 요구가 지속될 것이라 판단하고, 담당 직원도 배정하시고 성과가 잘 나오는 방법을 고민했다. D사 상무님은 이번이 마지막 거래가 될 것이라며 대응하지 않았다. E기업은 매출액의 상당 부분을 차지하던 다국적 기업으로부터 ESG 경영 평가 결과를 제출하라는 요구가 있었다. E기업 경영진은 경영악화로며 몇 달 동안 요구 사항을 무시하다가 '거래중지'라는 메일을 받고서 급하게 대응을 나섰다.

D기업을 제외하고, ESG 경영을 요구했던 고객과 거래를 유지하는 기업들 모두 ESG 경영에 대한 요구를 지속적으로 받고 있다는 공통점이 있다. 다만, 고객의 정책에 따라 ESG 경영 모니터링 주기가 다르고, 지속적인 요구라는 확신이 들면서 ESG 경영에 대한

교육을 적극적으로 이수하고 외부 자문을 받는 기업들도 있었다.

5개의 기업 중 좋은 대응 방법을 보여준 것은 C사였다. C사는 첫 번째 대응할 때 ESG평가에 대한 외부 자문을 받은 후 자문 결과를 기반으로 지속가능경영 전략을 자체적으로 수립했다. 주요 ESG 분야 별 목표를 공개하고 과거 3개년 동안 성과를 홈페이지를 통해 공시했다. ESG평가의 경우 첫 번째 대응 시에만 외부 자문을 받고 두 번째에는 기업 내 TFT를 구성하여 대응 결과를 분석했다. 세 번째에는 환경 부분만 외부 자문을 받았다. 이는 3년에 걸쳐 ESG 평가 대응을 시작으로 ESG 경영 내제화를 추진하는 모범적인 사례다.

점차 확대되는 평가 범위

몇 년 사이 ESG 경영 환경이 크게 바뀌었다. 그리고 그중에서도 눈에 띄는 변화는 평가 대상의 범위가 크게 넓어졌고, 앞으로도 더 넓어진다는 것이다.

한국은 자산 규모 2조 원 이상 기업들에게 ESG 비재무정보 공시 의무화가 2025년부터 시작되며 2030년 전체 코스피 상장사까지 범위가 확대될 예정이다.

유럽은 2021년 3월부터 역내 활동하는 모든 금융사를 대상으로 지속가능금융공시제도^{SFDR, Sustainable Finance Disclosure Regulation}를 시행한다. 금융 기업들의 그린워싱 방지, 지속가능성에 대한 투명성 증진을 위해 만들어진 금융 규제를 의무화했고, 2025년부터 모든 상장사로 확대 적용한다. 미국도 2025년부터 단계적으로 공시 의무화를 추진하며, 온실가스의 경우 Scope 1, 2, 3를 포함한다. 중국은 2020년 홍콩 상장사 대상 ESG 공시 의무화를 발표하였으며 금융사를 대상으로 2025년까지 TCFD 기준에 맞춰 ESG 공시 표준을 도입할 예정이다. 일본은 2025년 3월경 ESG 공시표준 로드맵을 공개할 예정이라고 발표하였으며 싱가포르는 2025년부터 상장사 대상을 시작으로 ISSB 기준을 적용한 공시 의무화를 추진한다.

유럽에서 영업활동을 하는 기업이 인권 및 환경 현황을 조사해 문제가 있을 경우 해결 조치를 의무화한 'EU의 공급망 실사법_{기업 지}속가능성 실사 지침Corporate Sustainability Due Diligence Directive, CSDDD은 2023년 4월에 EU 의회에서 법안 통과하였고, 같은해 5월 EU 이사회의 승인 획득했다.

이처럼, 국내외 기업 모두 거래 협력기업들에게 ESG 경영을 요구할 수밖에 없는 상황이며, 한국 정부 및 공공 기관, 대기업의 ESG 경영 지원 정책도 늘어나고 있다. 2023년 5월에 관계부처 합동으로 EU 공급망 실사법 제정에 대한 국내 중소기업의 대응 여력을 키우기 위한 목적의 '공급망 실사 대응을 위한 기업 지원방안'을 공개했다. 그간 정부는 국내 기업의 경쟁력 제고를 위해 ESG 인프라 고도화 방안('22.12) 등을 추진해 왔으나 공급망 실사 대응은 국내 수출 기업을 중심으로 상당한 영향이 우려가 되는 시급한 현안인 만큼 실질적인 지원 방안을 마련한 것이다. 우리 기업의 실사 대응력 확보 및 ESG 역량 강화를 기본 방향으로 하는 공개된 이번 지원 방안에는 진단·컨설팅 강화, 실사대응 플랫폼 마련 등 정보기반 마련, 실사부담 경감을 위한 인력·자금여건 개선, 원청·협력업체 간 협업체계 구축이 있다.

공공이 아닌 민간 분야에서도 지원 활동이 이루어지고 있다. 대기업들은 ESG 역량 강화를 위한 온오프라인 교육 프로그램 제공, 현장 개선 컨설팅 제공, ESG 관련 외부 인증심사 지원 등 전문 자원 및 금융 지원을 통해 상생협력 범위를 확대하고 있다.

이러한 정부 및 대기업의 적극적인 지원 정책과 활동은 협력 중소기업들의 ESG 역량 강화가 곧 원청기업, 나아가 산업 전반의 경쟁력과도 직결된다는 믿음에서 나오는 것이다.

고객, 투자자 등의 외부 이해관계자로부터 ESG 경영을 요구 받고 있는 기업이라면, ESG 경영을 도입하는 기회로 여겨야 한다. ESG 경영에 대한 외부 압력이 없는 기업이라면, 오히려 차별화된 경쟁력을 구축하기 위한 경영 솔루션으로서 도입을 고민해볼 수 있을 것이다.

특히 유럽 지역의 다국적 기업과 거래하는 수출 주도형 기업이라면 ESG 경영을 도입을 즉시 검토하자. 한국 대기업들은 공급망 내 협력 기업 중 거래 영향이 큰 협력사들부터 점진적으로 ESG 경영을 요구하고 있지만, 다국적 기업이 추진하는 공급망 ESG 경영 대상은 국적, 규모, 거래액 기준이 없으며, 운영을 위한 인프라 제공 협력 기업도 예외는 없다. 협력 기업 100%에게 ESG 경영을 요구 하며 기대 수준이 지속 강화되고 있다.

> "GM의 공급업체들은 노동, 인권 및 윤리 분야에서 에코바디 스 시스템 내 기준 점수 이상을 달성해야 하며, 지속가능한 조 달 영역 역시 기준 점수 이상 달성해야 합니다."[1]

> "PSA그룹은 공급업체 100%가 헌장을 수락하고 지속가능한 관행에 동참해야 합니다. 또한 그룹 PSA는 매년 공급망 전반에 서 ESG평가 점수를 기반으로 높은 기업의 사회적 책임 성과를 거둔 공급업체에게 상과 인센티브 제공합니다."[2]

> "에스트로더는 공급자 평가 및 모니터링 시 제조에 직접 사용 되지 않는 상품 및 서비스를 제공하는 공급업체도 포함하고 있 습니다."

---

1   GM 2021 Sustainability Report, GM은 미국에 기반을 둔 자동차 제조 기업으로 뷰익, 캐딜 락, 쉐보레, GMC을 포함 전 세계적으로 자회사와 상표를 가지고 있음.

2   그루프 PSA(Groupe PSA), 프랑스 자동차 회사 PSA 푸조 시트로엥(PSA Peugeot Citroën) 은 프랑스의 자동차 회사인 푸조가 1976년시트로엥을 인수하면서 탄생한 그룹으로, 2020년 FCA와 1:1로 합병하였으며, 새로운 합병 법인의 이름은 스텔란티스(Stellantis).

ESG 경영을 주도하는 팀이나 담당자라면 전 세계 패러다임의 변화와 흐름을 영민하게 공부하고 경험하는 기회로 인식하자. 자신의 커리어와 성과를 빛나게 해줄 업무로 받아들이자. ESG 경영 실무를 경험한 인력에 대한 수요는 급속도로 증가하고 있다.

유럽과 동남아시아 수출을 앞둔 식품 가공품 업체가 있다. 공공기관의 지원사업을 활용하여 수출 지역에서 인정받을 수 있는 ESG 경영 평가와 친환경 제품 인증을 계획하고 있다. 경영진들은 수출하려는 지역에서 인정받을 수 있는 ESG 경영 평가 제도와 친환경 인증을 선택하기 위해 연관 교육을 이수하고 있다.

글로벌 시장에서 제품과 서비스를 판매하는 기업이라면 ESG 경영은 이미 선택 사항이 아니다. 세계 시장과 연결된 공급망 기업들은 ESG성과 향상을 위한 평가 및 감사, 협력 및 파트너쉽, ESG 경영 과정과 성과에 대한 투명성 확보, 프로세스 개선을 위한 혁신 및 교육을 요구받고 있다.

ESG 경영은 이젠 스피드가 관건이다. 일단 ESG 경영을 빠르게 시작하자. 이미 시작한 기업이라면 전략적으로 속도와 관리 범위를 조정하자. 4장에서는 한정 된 자원으로 속도감 있게 공급망 ESG 경영에 접근하고자 하는 조직이라면 공급망 ESG 경영을 전략적으로 접근하기 위한 구체적인 가이드를 얻게 될 것이다.

고객사의 ESG 공급망 정책부터 이해해야 한다

ESG 경영을 추진하는 기업들은 미디어분석, 벤치마크, 중요성 평가, 이해관계자 체계를 수립하는 등 다양한 조사와 분석 작업을 수행하고 있다. 그러나 ESG 경영을 고려하지 않은 상태에서 고객사로부터 ESG 성과를 제출해야 하거나 감사를 요청 받는 기업의 경우, 정해진 기간 내에 대응해야 하는 경우가 많다.

체계적으로 대응하고 싶어도 그럴 수 없는 상황에 노출 되는 것이다. 혹은 시간은 넉넉하지만 ESG 경영에 어느 정도 자원을 투입해야할지를 고민해야 하는 기업도 있다. 이러한 상황이라면 먼저 ESG를 요구한 파트너사의 ESG 정책을 면밀히 검토하고 이해하는 것이 급선무다.

파악하지 않으면 위험하다

글로벌 화장품 제조사와 협력 관계에 있는 IT 기업을 자문하면서, 처음 고객사로부터 ESG 성과 평가 제출을 요청받은 팀의 팀장님과 나눈 대화다.

"ESG 경영에 대한 요구사항을 혹시 다른 고객사들한테도 받으신 적이 있으세요?"

"지금처럼 평가 결과 제출을 요청받은 건 아닌데, 서약을 요청한 기업들이 몇 군데 있고 서약서에 사인해서 보냈습니다."

"읽어 보셨어요?"

"저만요."

담당 팀장님이라도 파트너사가 요구하는 ESG 서약서를 읽어 본 건 나쁘지 않은 상황이다. 작은 기업들의 경우 ESG에 관한 사항들을 면밀히 검토하지 않고 형식적으로 날인하기도 한다.

ESG 서약서에는 고객사 입장에서 협력 기업이 갖춰야 할 환경경영 준수 요건이나 인권 및 정보보호에 관한 사항을 정리한 것이다. 협력 기업 입장에서는 관리와 투자가 필요한 사항들이 정리된 문건으로 보아도 무방하다. 그런데 이를 파악하지 않고 있다는 것은 거래 우선순위에서 밀리거나 거래가 단절될 수 있는 위험에 노출되어 있는 것이다.

다국적 기업을 포함하여 국내 대기업들이 공급망 ESG정책을 강화하면서 각종 ESG 공급망 정책 문서들이 쏟아지고 있다. ESG 서약서 이외에도 협력 기업의 ESG 경영을 촉구하는 정책 문서들이 많다.

행동강령의 경우 다국적 기업들이 글로벌 전역에 거래하는 기업이 소재하는 국가의 언어로 번역한 ESG행동강령을 홈페이지에 게시하고 있다.

애플은 '협력업체 행동 수칙', 구글은 '공급업체 행동규범'을 한

구분	검토 주안점
지속가능경영 보고서	고객사 및 파트너사 공급망 섹션 성과 및 계획
협력기업 행동강령	ESG 영역 별 정책 및 요구사항
협력기업 구매정책	거래를 위한 필수 요건 확인
수시로 고지하는 파트너사 ESG 정책	구매팀 및 영업팀 등 공지에 대한 피드백 프로그램 및 설명회 참여 담당자 및 팀 결정

고객사 ESG 정책 검토를 위한 필수 검토 사항

국어를 포함한 여러 언어로 공시하고 주기적으로 업데이트하면서 협력사들의 ESG 경영을 촉구하고 있다.

그러나 몇몇 다국적 기업의 행동강령 이외의 공급망 ESG 정책 문서들은 대부분 영어로 작성되어 있다. 테슬라의 경우 홈페이지를 통해 영문 행동강령만 제공한다. 고객사의 행동강령이 영문일 경우 직관적으로 내용을 파악 할 수 있도록 번역해서 관련 부서에 배포 하고 참여를 요청하는 프로그램이나 이니셔티브 활동에 적극적으로 참여해야 한다.

"2주일 만에 ESG 평가 대응 결과를 송부해야 하는데 가능할까요?"

공급망 ESG 정책을 알리는 고지 사항을 꼼꼼히 체크해야 한다. 거래를 위해 고객사에서는 거래가 시작되었을 때 ESG에 관한 서약을 위한 고지, 년 1회~2회 ESG 경영 수준 직간접 평가 안내나 결과 제출을 위한 고지, ESG 경영 수준 향상을 위해 제공되는 교육 스케줄 고지, 공급망 ESG 경영 정책에 대한 의견수렴을 위한 간담회 고지 등이 있다.

우물쭈물하는 동안에도 시간은 흐른다

2018년도의 일이다. 남미 지역 다국적 기업과 거래하는 기업 임원분이셨다. 자문에 대한 첫 문의는 6개월 전 실무 과장님으로부터 받았었다. 그리고 한달 전 다시 실무 과장님께서 전화를 주셨다. 자문을 받을지에 대한 고민 보다 대응 여부 자체를 아직 결정하지 못하셨다는 인상을 느낄 수 있었는데 이후 임원분이 직접 전화를 주셨던 것이다.

"무슨 일 있으세요?"

실무팀과 평가 자문 프로세스와 일정에 대해 논의를 했었기 때문에 분명 다른 이유가 있을 것 같았다.

"고객으로부터 거래를 중지하겠다는 메일을 받았습니다. 부탁 드려요 대표님, 솔직히 말씀드리면 이렇게 강경하게 나오리라

곤 생각 못했어요. 평가 제출 기간은 어떻게든 고객을 설득해
서 연장해 보겠습니다."

기업이 보내온 고객사 ESG 정책을 공유 받았기 때문에 기업
담당자에게 자문 받지 않으시더라도 대응을 하루빨리 하시는 게
좋겠다고 이야기 드렸었다. ESG 경영의 중요성이나 시급성에 대
한 체감온도가 지금보다는 덜했던 시절. 자문 기관인 에코나인에도
ESG 경영 성과를 제출하지 않으면 거래를 단절하겠다는 공지를
받은 사례는 처음이었다. 임원분은 투입할 수 있는 인력을 총 동원
하겠다는 약속을 하시면서 전화 내용을 마무리했다.

ESG 성과를 요구받는 공급망 기업들에게 주어지는 다양한 요
구사항들이 있다. 고객사가 ESG 경영 수준을 파악하기 위해 체크
리스트 형태의 자가 진단을 요구하기도 하고, 직접 현장으로 방문
하여 ESG 실행 결과를 점검하는 ESG 경영 온오프 감사가 있다. 글
로벌 ESG 평가를 활용하는 기업들의 경우 협력사에게 CDP와 에
코바디스와 같이 온라인 플랫폼에서 이루어지는 평가를 기업 스스
로 응모하고 평가 기관으로부터 받은 ESG평가 결과서를 제출하도
록 요구하기도 한다. 그렇다면 이러한 요구나 이슈에 대응하는 준
비 기간은 얼마가 적당할까?

실례로 공급망 기업의 ESG를 평가하는 글로벌 플랫폼인 에코
바디스의 경우 평가에 대응하는 기간을 4~6주로 공지한다. 물론
연장을 신청할 수는 있지만. 앞에서 언급한 기업의 경우 결국 3주

정도의 시간 동안 준비해서 평가를 마쳤다. 평가를 대응하는 대부분의 기업들은 시간이 부족하다고 이야기 한다. 정말 부족한 시간일까?

평가 대응 자체에 드는 시간만 생각한다면 절대 부족한 시간이 아니다. 실제 진행하고 있는 일들에 대한 현황과 성과를 정리하고 실행 결과를 보여줄 수 있는 자료들을 수집하면 될 일이다. 그런데 왜 기업 스스로 대응하지 않고 외부 자문에 의존하거나 시간이 모자란다고 느끼는 것일까?

다양한 이유 중 하나는 고객사의 ESG 정책을 지속적으로 모니터링하지 않기 때문이다. 글로벌 정책들, 국내 현안들, 기업의 제품과 서비스가 나아가야 할 방향들이 고객사의 ESG 경영 정책에 담겨있다. 왜 이렇게 때가 다 되어서야 대응하냐고 물으면 다양한 답변을 듣게 된다.

"영어로 메일이 몇 번 왔었어요. 영어 문서 읽는 것도 익숙하지 않고, 읽지는 않았습니다."
"영업부서에서 전달받긴 했는데, 무슨 내용인지도 모르겠고요. 기업의 사회적 책임이 뭔가요?"
"꼭 안 해도 되는 사항인 줄 알았습니다. 우리 기업이 큰 기업도 아닌데."

기업들이 ESG 경영에 어려움을 겪는 3가지 주요 이유는 다음과 같다. 첫째, 많은 기업들이 고객사의 ESG 요구 사항을 명확히 이해하지 못해, 갑작스러운 대응이 필요한 상황에 직면한다. 이로 인해 충분한 준비 없이 급하게 대처해야 하는 경우가 많다. 본격적인 대응에 앞서 무엇을 해야 하는지 고민하고 정의하는 데 적지 않은 시간과 노력을 투입해야 한다.

둘째, ESG의 개념 자체가 아직 많은 기업에게 익숙하지 않아, 이미 진행 중인 활동과 ESG 기준 간의 연관성을 파악하는 데 어려움을 겪는다. 고객사로부터 ESG 경영을 요구받고 있지만 요구 받는 기업들도 고객사가 우리 기업에게 ESG 경영을 요구한 것처럼 우리의 협력 기업들에게도 ESG 경영 활동을 촉구해야 하는 연결성을 인지하고 실행하는 기업이 전무하다.

마지막으로, 기업들은 ESG 평가에서 좋은 결과를 얻기 위해 압박을 느낀다. 환경오염 저감과 같은 사항은 장기적 관점의 투자와 활동이 요구된다. ESG 경영이 장기적으로 추구해야 하는 방향임에도 평가 제도에 대응하는 수험생처럼 단기간 내에 점수를 올리려다 보니 단기간 내에 실행 가능한 정책과 과제 도출에 집중하게 된다.

꾸준히 진행 상황을 확인해야 한다

다국적 기업들의 공급망 정책은 단순하지 않다. 거래하는 협력사가 고객사에게 미치는 영향력과 위험을 고려하여 요구하는 ESG

경영 수준이 다르다. 공급망 정책을 추진할 때에도 중요성에 따른 우선순위가 있다는 것이다. 다국적 기업들은 거래 기업의 규모, 중요 제품이나 서비스 공급 여부 등에 따라 공급 기업을 몇 개 군으로 분류한다.

또한 공급받는 제품이나 서비스의 친환경성, 사회적으로 긍정적인 영향력 크기, 기업이 추구하는 ESG 경영 철학과 비전 방향과의 유사성, ESG 평가 결과 점수 등에 따라 공급망 기업의 위험도를 평가하고 그에 따른 차별화된 공급망 정책을 구분하고 시행 우선순위도 선정하고 있다.

예를 들면 모 다국적 자동차 기업의 경우 주요 부품 협력사들에게는 높은 수준의 ESG 경영을 요구한다. 평균 이상의 글로벌 ESG 평가 결과 점수를 획득하고, 2030년까지 온실가스 배출량 넷제로 달성 등의 명확하고 높은 수준의 목표를 정책으로 제시하는 반면, 신규 거래를 시작한 부품 협력 기업에게는 ESG 평가 결과를 요구하되, 명확한 점수 목표는 요구하지 않는다.

고객사의 공급망 ESG 경영 정책을 잘 파악하게 되면 외부 자문은 꼭 필요한 경우에만 받으면 된다. 기업 스스로 감사결과든 평가 결과가 조금 부족하게 나올 것으로 예상되더라도 충분한 시간을 갖고 인력을 키우거나 기업 내 ESG 경영 내재화를 장기적 관점에서 시도할 수 있다. 자문을 받더라도 자문을 받는 방향을 전략적으로 선택할 수 있게 된다.

"고객사가 평가 결과를 요구했지 특정 점수 이상을 요구하는 건 아니라서, 저희 스스로 ESG 평가 대응을 해봤어요. 첫해에는 영업팀에서 해봤는데 이건 한 팀에서 할 일은 아니라는 판단이 들었습니다."

"기업은 법규를 위반한 적도 없고 나름대로 관리를 잘 하고 있는데 고객사 감사에서 환경점수가 형편없이 나왔습니다. 전에 들어보지 못한 사항들을 질문하는데 알아보고 대응할 인력은 없어서 자문을 받기로 했습니다."

다국적 기업들의 공급망 정책들은 점점 세분화되면서 파악해야 할 사항들도 늘어나고 있다. 어떤 내용을 참고해야 하고 지켜야 하는지에 대한 가이드가 수시로 업데이트 되고 공시된다. 제품과 서비스를 혁신하고 파트너십 프로그램의 변화의 방향성이 고객사 공급망 정책에 들어있다.

요람에서 무덤까지

넷플릭스에서 환경 다큐멘터리 〈씨스피라시Seaspiracy〉를 보는 태평양에 떠다니는 하얀 플라스틱 용기에서 시선이 멈췄다. 영어로

된 제품들 사이에서 익숙한 제품이 눈에 띄었는데 자세히 보니 익숙한 한국 제품이었다. 사람은 죽어서 이름을 남기고 호랑이는 가죽을 남긴다. 그렇다면 기업은 무엇을 남겨야 할까.

다큐멘터리를 시청한지 몇 년이 지났고, 세세한 내용까지는 다 기억하지 못한다. 하지만 플라스틱 폐기물이 심각한 지경에 이르렀다는 메시지와 바다에서 떠다니던 한국 제품의 이름은 아직까지 뇌리 속 깊이 박혀있다.

전 세계가 연결되어 있다는 사실을 글로벌 전역에서 모인 폐기물 브랜드를 보고 실감하다니. 내가 기억하는 브랜드의 관계자들이 다큐멘터리를 시청했다면 어떤 생각이 들었을까? 이 다큐멘터리를 브랜드가 속한 회사의 CEO가 애지중지하는 손주와 함께 보고 있었다면 어떤 기분이 되었을까?

기업 입장에서는, 소비자들에게 가치 있는 제품을 제공했으면 할 일을 다 한 것으로 생각할수도 있다. 매출을 올렸고, 심지어 직원들에게 인센티브도 지급했고, 폐기물도 적법하게 처리했으니 더 이상 이에 대해 고민할 필요가 없을 수도 있다.

하지만 결과적으로 이것은 다른 지역, 다른 나라 혹은 다음 세대의 삶의 터전을 훼손시키는 의사결정이 되었다. 우리는 그런 사례들을 너무나 쉽게 찾아볼 수 있다. 그리고 그 결과 기후변화 환경오염이라는 대재앙으로 실감나게 겪고 있다.

벌어졌지만, 좁히지 못하는 것은 아니다

최선의 선택이 최상의 결과를 낳는 것은 아니다. 기업이 스스로 이해와 비즈니스 상황을 고려한 최선의 의사결정을 했다고 해서 기업에게 면죄부가 부여되는 것은 아니다. 사회 시민으로서 기업 구성원은 기업의 경영 활동으로 인한 환경과 사회에 미치는 긍정적 영향 보다 부정적인 영향에 대해서 분명하게 인식해야 한다.

기업은 경영활동을 통해서 지속 가능한 자원 사용, 혁신 및 기술 개발, 고용 창출 및 경제 성장, 지속 가능한 공급망 개발 및 촉진하는 등의 긍정적인 영향력을 발현할 수도 있다. 반면에 환경오염, 사회적 불평등 증가, 자원 고갈, 과소비 및 소비주의 문화를 촉진하는 부정적인 영향력을 미치기도 한다. 또한 환경과 사회의 긍정적, 부정적 영향력이 상충되기도 한다. 예를 들면 대규모 신재생에너지 프로젝트의 경우 환경적으로는 재생에너지의 사용을 증가시키며 온실가스 배출량을 감소시켜 기후변화를 완화시키는데 기여하지만, 원주민들의 삶의 터전을 이주시켜야 하거나 현지 지역사회의 생활 방식을 방해하는 등의 부정적인 영향을 미친다.

지속가능성을 추구하는 기업이라면 최선의 의사결정과 지속 가능하기 위한 최상의 영향력을 정의하고 이 둘 사이의 간격을 인정해야 한다. 결국 이 격차를 좁혀나가는 일이 ESG 경영의 본질이다.

ESG 경영은 어렵다. 지속가능성에 대한 이해관계자들의 요구 수준은 점점 높아지고 있다. 2014년에는 기업들이 사회공헌 및 인식제고 차원으로 ESG 경영을 접근하고 운영을 위한 구체적인 지침이 부족했다면 10년이 지난 현재는 ESG정보 공시, 공급망 실사 등이 법제화되고 있으며 기업 전략의 중심이 되었다. 그렇다면 기업은 도대체 어떻게 행동해야 할까? 지속가능성에 대한 정답은 없다. 냉정히 생각해보자. 지구 입장에서는 기업들이 아무런 활동도 하지 않으면서 그동안 훼손한 자연을 복구하는 것을 원하고 있지 않을까.

'착한 기업' 판단법

착한 기업이 해야 할 일은 사회가 요구하는 최소한의 기본을 너머서 우리 기업의 지속가능성을 정의하는 일이다. 이 때 중요하고 시급한 일은 환경과 사회에 미치는 영향력을 진단하는 일이다.

지속가능성 측면의 시스템과 제품의 영향력을 측정하기 위한 여러 가지 접근들과 방법들이 있다. 제품의 전 생애주기에서 발생하는 온실가스 배출량을 측정하는 탄소 발자국 측정^{Carbon Footprint Assessment} 방법, 제품의 환경적 성능에 대한 표준화된 정보를 제공하는 환경 성적 표지^{EPD, Environmental Product Declarations}, 원료 채취부터 생산, 사용, 폐기에 이르기까지 전 과정에서 에너지 및 자원 소비, 대기, 물, 토양에 대한 배출, 그리고 생성된 폐기물의 양을 분석하는 전 과정 평가^{Life Cycle Assessment} 기법이 있다.

전 과정 평가 기법을 활용한 최초의 기업은 미국의 코카콜라로 1969년 음료 용기에 관한 평가를 수행했다. 코카콜라는 천연 자원 사용을 최소화하는 용기를 선택하기 위해 전 과정 평가를 추진했다.

글로벌 소비재 기업 나이키는 원자재 생산, 재료 가공, 의류, 신발 등 분야별 환경영향 결과를 보고하고 있다. 2020년까지 출시한 제품의 80%에 대한 전 과정 평가를 진행해 제품 단위의 환경영향을 하나의 제품을 만들 때 발생하는 탄소배출량과 물 사용량을 평가했다.

탄소배출의 경우 전체의 70%가 제품 제조 단계에서 재료의 생산, 제조 공정 및 마감 처리에서 발생하는 것을 확인했다. 이를 기반으로 5년 동안 탄소발자국 감축에 대해 저탄소 소재, 공급망 탈탄소화, 100% 재생에너지 전환 목표를 달성하기 위해 단계 별 저감 계획을 수립하는데 활용하고 있는 것이다.

정부의 탈탄소화 정책과 기업들의 탄소중립 선언에 맞물리면서 전 과정 평가 기법의 개발과 적용 범위는 계속 확대되고 있다. 애플, 나이키 등 글로벌 대기업은 탄소중립 목표를 달성하기 위해 공급망에 속해 있는 협력사로부터 환경발자국 정보를 요구하고 있다. 중요한 사실은 나이키만의 이슈가 아닌 나이키 공급망이 함께 움직이고 있다는 사실이다. 그리고 이러한 정책의 중심에는 전 과정 평가가 있다.

비용절감이 전부가 아니다

"가격이 지나치게 저렴하면 의심부터 합니다."

어느 구매 담당자의 20년 업무 노하우다. 그렇다면 무엇을 의심해야 하는가? 제품과 서비스의 품질 영역에서만 해석한다면 무언가 놓치고 있는 것이다. 환경 및 사회 영향 모두를 포괄해서 조달해야 한다. 공급망 기업에서 아동 노동이 이루어지는 건 아닌지, 분쟁지역에서 생산된 광물을 사용하지 않았는지. 협력기업이 그들의 협력기업의 지속가능성을 어떻게 관리하고 있는지.

기업은 경제, 환경, 사회 영역에서 전 방위적으로 영향을 주고받고 있다. 기업이 주장하는 영향력의 범위와 실제로 미치는 영향력은 다르다. 전 세계가 연결되어 있는 사회에서 이해관계자들이 기업들을 지켜보고 있고, 지속가능성을 의심하고 평가하고 검증하고 있다. 연결되고 투명해지는 사회 구조에서 이해관계자의 시야에서 자유로울 수 있는 기업은 없다.

이해관계자들보다 먼저 기업이 실질적으로 미치는 영향력을 있는 힘껏 펼쳐보여야 한다. 전 과정이라는 범주를 전 방위적으로 생각해 볼 필요가 있다. 이 질문들이 도움이 될 것이다

"우리가 기획한 제품과 서비스의 영향력의 전 과정은 어떤 단계로 정의할 수 있을까?"

"우리 기업과 조금이라도 연관성 있는 지속가능경영 이슈에는 어떤 것들이 있을까?"

기업 스스로 자신의 지속가능성을 정의하는 일은 예술에 가깝다. 도덕성, 상상력과 연결 능력으로부터 책임의 범위를 결정하기 때문이다. 지속가능성을 정의해 놓은 글로벌 가이드라인을 기준으로 기업의 현황을 적용해서 상상해야 하며, 전 세계에서 일어나고 있는 지속가능하지 않은 사건들과 개인, 개인이 속한 조직 그리고 지구까지 연결해서 생각할 수 있어야 한다. 마지막으로 기업의 의사결정권자들의 도덕성과 책임감이 그 수준을 결정하게 되기 쉽기 때문이다.

기업의 지속가능성을 평가하는 것은 깊은 사고와 창의성을 요구한다. 이는 기업이 제품과 서비스를 생산하는 순간부터 그것이 사용되고 폐기되기까지의 전에서 미치는 영향을 광범위하게 고려해야하기 때문이다. 이 과정에서 기업은 자신의 영향력을 정의하고, 그 영향력에 대한 책임을 어디까지 질 것인지를 결정해야 한다. 이러한 결정은 단순한 분석을 넘어, 창의적이고 전략적인 사고를 필요로 하는 예술과도 같은 영역이 틀림없다,

"기업이 지속가능성을 추구하는 것은 예술의 일종이라 볼 수 있지만, 기업이 자사의 발전을 측정하고 자가 진단하는데 사용하는 세부적인 목표와 척도를 포함하여 지속가능성의 정도를

측정하는 일은 점차 과학적으로 변하고 있다."

앤드류 사비츠^{Andrew Savitz}

접근방법에 대한 접근이 중요한 이유

2004년, 첫 출근길 풍경을 기억한다. 사수는 내 자리로 나를 안내했다. 책상위에는 사원증과 회사 노트가 놓여 있었다. 긴장을 엄청한 채로 자리에 앉았다. 앞으로 어떤 일을 하게 될까? 내가 아는 건 '품질경영'이라는 팀명뿐이었다. 신입사원 교육 때 생산하는 제품의 품질을 유지하기 위해 검사도 하고, 다양한 부서들이랑 협업하는 게 중요하다고 들었던 게 전부다.

"ESG 업무를 시작하려는데 막막합니다. 무엇부터 어디서부터 시작해야 할지 감이 안옵니다."

이제 막 ESG 경영을 도입한 기업 담당자 분들이 자주 하시는 이야기다. 입사 첫날의 내 심정과 비슷할까, 목소리부터 당혹감이 느껴지는 경우도 많다. 더러는 스스로 스터디를 어느 정도 한 뒤 자문기관을 찾는 고객들도 있지만, 중소기업 담당자의 경우에는 기업의 사회적 책임이나 ESG 단어만 들어보신 분들도 많은 게 현실이다.

잘못된 ESG 경영 접근 방법

현장에서 체감하는 기업들의 사례를 바탕으로 잘못된 ESG 경영 접근 방법을 살펴보자.

1. ESG 교육의 중요성을 간과하기: ESG 교육은 직원들이 ESG 원칙과 실천 방법을 이해하는 데 필수적이다. 인식을 높이는 과정을 소홀히 하고 실천 단계로 넘어가려는 태도는 잘못된 접근이다.

2. 외부 자문 활용 시 단기적 성과에 집중하기: 컨설팅 회사를 선정할 때 짧은 자문 기간이나 즉각적인 결과에만 초점을 맞추는 것은 장기적인 지속가능성 전략을 간과하기 쉽다.

3. 내부 전문성 확보 노력 부족: 내부에 ESG 전문가가 없더라도 외부 자문에만 의존하기보다는 내부 전문성을 개발하고 내재화 하려는 노력을 함께해야 한다.

4. 자체 역량 진단 부족: 자체적으로 필요한 역량과 지원이 필요한 부분에 대한 진단 없이 외부 자문만 의존하는 것은 비효율적일 수 있다.

5. 한정된 결과물에 집중하기: 지속가능경영 보고서 디자인 혹은 평가 결과 등급에만 집중하고 ESG의 다른 측면(전략, 프로세

스 정립, 보고 내용의 중요성과 정확성 등)을 소홀히 하는하여 ESG 경영의 전체적인 관점이나 본질을 놓치게 될 수 있다.

많은 경우, 준비가 덜 되어있거나 너무 모호하게 생각해서 ESG에 대한 준비가 미흡하거나 아예 시작하지조차 못한다. 모 대기업 차장님과 대화를 나눈 적이 있는데, 사내에 ESG 교육이 이뤄진 적도 없었고, 전문가도 없었기에 우선 컨설팅회사도 찾아보고 교육도 받고자 했으나 막상 고객사로부터 기업의 사회적 책임 평가 결과를 제출하라는 요구를 받자 너무 고민이 된다는 말을 들었다.

영업이라 내용은 잘 모르지만 딱히 누가 대응해야 할지 모르겠어서 본인이 업무 대응을 하고 있다고 했다. 어떻게든 해결하기 위해 기업의 사회적 책임 평가 질문지를 며칠째 살펴보고 있는데 자체적으로 대응하지 못한다는 결론을 내렸다고 했다. 상사에게 컨설팅을 받을 수밖에 없는 사안이라고 보고를 했고, 컨설팅 기관을 몇 군데 알아보고 계신 중이라고 한다.

"무엇이 고민이신데요?"

"어떤 컨설팅 기관이 좋은 기관인지 모르겠습니다."

"우선 회사마다 제안을 주시는 자문 기간에 차이가 있습니다. 짧게 마칠 수 있는 게 나은 것인지 짧게 자문을 받으면 놓치는 게 생길 수도 있을 것 같고요. 길게 자문을 받는다고 원하는 결과가 나올지도 잘 모르겠습니다. 특히 자문에 투입되는 인원의

경력을 살펴봐도 제가 추친 하는 일에 도움이 되는지 판단이
어렵습니다."

영업팀 대리가 어떤 자문 기관과 일하게 되었는지 보다 조직에
서 어떤 역량이 더 필요한지에 대해 자체적으로 진단을 해보셨을
까 궁금해진다.

체계적이고, 통합적으로 접근해야 한다

"지속가능경영 보고서 말고, 환경보고서도 컨설팅 해주시
나요?"
"아 그럼 환경 분야부터 시작해서 범위를 확대하실 생각이신가
봐요?"
"아직은 잘 모르겠어요. 환경 이외의 분야는 저희 팀에서 관여
하기 힘들고, 그외 일을 저희가 맡는 것도 부담스러워요."
"그런데 업무적으로 환경 공시자료를 요구하는 곳들이 많아서
환경 팀 자체적으로 알아보고 추진 중에 있습니다."
"평가 대응용이라서 영문 번역이나 중요성 평가나 그런 건 필
요 없는데 디자인은 해야 합니다."

이러한 잘못된 접근들을 인식하고, ESG 경영을 보다 체계적이

고 통합적인 방식으로 접근하는 것이 중요하다. ESG에 어떻게 접근하든 이해관계자의 요구에 의해 시작한다면 시작하지 않는 기업보다 낫다. 그러나 어차피 가야 할 길이라면 그 시작을 어떻게 접근해야 할지도 고민해야 한다. ESG 경영 전략은 단기적인 목표 달성뿐만 아니라 장기적인 지속가능성을 위한 전략적 접근이 필요하다.

ESG 검증 기관에 몸담고 계셨던 분의 부탁을 받은 적이 있다. 해외 바이어로부터 지속가능경영 관련해서 여러 요청을 받고 있는데 ESG 전문가로 나를 소개하고 싶다고 하셨다. 국내보다 해외에 사업장이 더 많은 수출 주도형 중견기업이었다. 그동안 주로 대기업이나 규모가 있는 준정부 기관의 지속가능경영 업무를 해왔던 터라 기분 좋은 궁금증이 생기는 조직이었다. '실무 담당자분과 미팅이겠지'라고 생각하며 공급망 ESG 동향 자료를 준비했다.

실제 미팅 자리에는 업무를 추진하는 실무 팀장, 전략기획팀 팀장과 이사가 참석했다. 조직 내 실무자부터 중간관리자, 경영진 모두 한자리에 모여 있었고, ESG 자문하는 기업과 ESG 내용을 검증하는 기관이 모인 것이다.

"저희 회사에서 공급망 기업의 사회적 책임 평가를 받아야 해요. 어떻게든 자료를 준비할 수 있겠는데 질문 자체에 대한 이해가 부족하고 한 번에 끝날 업무는 아닌 것 같아 고민입니다."

실무 팀장의 의견에 이어 전략기획 팀장의 발언이 이어졌다.

"앞으로 요구사항이 많아질 것 같은데 시스템으로 자리 잡았으면 합니다. 점수 결과가 잘 나오는 게 능사는 아닌 것 같아요. 다른 기업들을 살펴보니 지속가능경영을 하는 기업이라면 지속가능경영 보고서를 발간하던데, 우리도 보고서를 발간도 함께 시작하는 게 도움이 될까요?"

이어서 전략기획실 이사의 말이 나온다.

"CEO께서 지속가능경영에 대한 의지도 있으시고 저희도 몇 차례 관련해서 보고를 드렸어요. 이 시점에서 어떤 업무부터 시작하는 게 좋을까요?"

몇 차례 소통과 CEO 보고 후, 이 조직은 지속적인 성과관리가 될 수 있도록 지속가능경영 시스템을 구축하는 것에 중점을 두었다. ISO 26000을 도입한 이후 공급망 기업의 사회적 책임 평가에 관해 자문을 받는 것으로 결정했다. 지속가능경영 보고서는 언제가 될지는 모르겠지만 지속가능경영이 업무로 자리 잡고 성과들이 어느 정도 축적 후에 보고서는 발간하기로 결정했다. 되도록 자체적으로 해볼 수 있는 방법을 찾고 있다는 말을 덧붙였다.

자기 조직에 맞게 접근하자

ESG 경영에 하나의 정답은 없고, 또 조직마다 처한 상황이 다르다보니 조직마다 ESG 경영을 다르게 접근하고 있다. 업무를 실제로 처리해야 하는 실무 팀, 고객의 니즈를 파악하고 대응해야 하는 영업 팀, 실무적인 요구를 많이 받는 환경 팀, 조직의 전 분야를 아우르는 전략 팀이나 경영진 직속 팀 등 ESG 경영을 시작하는데 있어 각 팀에게 정해진 접근 방법이 정해져 있을까? 그렇지 않다. 업무를 다루는 팀의 역량이나 관점에 따라 전혀 다르게 해석되고 준비할 수 있는 여지가 많기에 신중하게 접근해야 한다.

접근 방법에 대한 접근, 시작에 대한 접근은 의사결정 구조라고도 하는데, 이것들은 사실 거버넌스에 대한 설명이다. 거버넌스는 알다시피 ESG 경영의 중요한 축인 'G'에 해당하는 것으로, 이사회 차원의 이야기라고 흔히 오해를 받는다. ISO 26000에서 말하는 조직 거버넌스의 정의를 다시 살펴보자.

> 조직 거버넌스: 조직이 조직의 목표를 추구하는 데 의사결정을 내리고 그 의사결정을 시행하는 시스템.

이사회에서 경영상 중요한 이슈를 다루고 의사결정을 하지만, 시작을 여는 건 바로 현업 담당자들이 속한 작은 단위의 조직이다. 현장에서 ESG 니즈를 처음 대면하는 직원이 있다. 영업 팀, 기획 팀, 구매 팀, 법무 팀, CS 팀에서 일하는 사람일 수도 있다.

그 직원이 속한 팀에서 어떻게 ESG 이슈를 바라보고 어떻게 의사결정 하는지에 따라 ESG 이슈가 재도약의 기회가 될 수도 있고, 추가적이고 전에 없던 업무로 흐지부지 끝날 수도 있다. 외부 기관에서 자문을 받았는데, 조직에 역량에는 도움이 되지 않고 비용만 쓰게 되는 이벤트로 끝날 수도 있다.

ESG 요구사항을 알게 되었을 때 대응 가능성을 스스로 판단하거나 소홀히 여기지 말고, 소속된 팀의 리더나 다른 팀의 리더에게 신속하게 공유해야 한다. 이해관계자들이 원하는 ESG 이슈가 중요한 사항으로 다뤄질 수 있도록 리더들에게 전달해야 한다.

ESG 경영 이슈에 기민하게 대응했던 기업이 떠오른다. 완성차에 부품을 납품하는 기업이었다. 기업들이 자문을 받는 첫 번째 회의의 경우 대부분 실무팀이 주도하고 임원분이 잠깐 참석하는 게 일반적이다. 실무팀만 참석 하는 경우도 많은데 이 기업은 달랐다.

기업의 임원인 상무님이 회의를 주재했고, R&D부터 생산, 구매, 환경, 영업, 재무, 이사 전 부분 본부장님들이 모두 참석했다. 상무님께서는 ESG 경영의 방향성이 정리 된 CEO의 말씀도 대신 전달했다. 첫 번째 ESG 경영 업무부터 CEO, 임원, 본부장, 팀장까지 주요 리더들의 참여를 공식화했다. 상무님은 ESG 이슈들이 업무 전 영역과 연결되어 있고 담당부서만의 일이 아니라는 판단을 빨리 내렸다고 말했다.

의사 결정 구조를 명확히하고 참여 인력과 구조를 만드는 거버넌스 구축이야 말로 기업이 중요한 이슈에 얼마나 민첩하게 대응하는지를 가늠하게 해주는 핵심 요소다.

조달, 소싱 과정의 지속가능성

에코바디스는 ESG를 평가하는 전 세계 글로벌 평가 기관 중 하나다. 200여 개 국가들에 존재하는 10만여 개 기업을 평가 한다. 다국적 기업들이 에코바디스 평가는 환경, 노동 및 인권, 윤리 지속 가능한 조달 등 4가지 주요 분야에서 기업의 지속가능성 성과를 평가한다. 기업들은 전 세계에 걸쳐져 있는 자신들의 공급망 내에서 지속가능성 관련 위험을 파악하고, 이를 개선하기 위한 기회를 발견한다.

에코나인은 에코바디스의 한국 최초 트레이닝 파트너사가 되었고, 2024년에는 한국의 유일한 전략적 파트너사가 되었다. 이 과정에서 에코나인은 ESG 평가 결과를 요구 받았다.

평가 기관의 파트너사가 되는 법

"어떻게 에코바디스의 파트너사가 되었어요?"

지속가능한 조달	- 협력사 환경 성과
	  (Supplier Environmental Performance)
	- 협력사 사회 성과
	  (Supplier Social Performance)

윤리	- 준법&뇌물 수수 - 반부패 실천 (Anti-compliance Practices) - 정보 보안
환경	**운영** - 에너지&온실가스 - 물 - 생물다양성 - 오염 - 원재료&폐기물 **제품** - 제품 사용 - 제품 사용 종료 (Product end of life) - 소비자 안전

사회	**인적자원관리**
	- 임직원 건강 및 안전
	- 근무환경
	- 내부 소통 체계
	  (Social Dialogue)
	- 커리어 관리&교육
	  (Career management&training)
	인권
	- 아동노동&강제노동
	- 차별&괴롭힘
	  (Discrimination&Harassment)
	- 외부 이해관계자 인권
	  (External human rights issues)

에코바디스 평가 영역

국내 정부기관, 같은 업을 하는 관계자, 에코바디스 평가 대응 고객들이 물어온다. 한국에서는 최초이고, 전 세계에서 9번째로 파트너십을 체결한 사실에 다들 놀라워한다.

에코바디스의 파트너가 되기 위한 첫 번째 조건은 ESG 경영 수준에 대해 증명하는 일이었다. 에코바디스 평가를 진행해 실버 등급 이상이 파트너십 지원의 기본 요건이었다. 다행히 평가 도전 첫 해에 골드 등급을 받고 파트너십 기본 조건을 맞출 수 있었다. 에코바디스는 4단계의 평가 등급 체계를 운영하고 있으며 브론즈는 상위 35%, 실버는 상위 15%, 골드는 5%, 플래티넘은 상위 1%다.

이후에는 파트너십 심사를 위해 재무 현황을 포함한 요건 심사를 거쳤다. 에코바디스 평가를 응시하는 기업은 전 세계 에코바디스 평가에 대응하는 같은 산업군내에서 경쟁력을 평가받게 된다. 에코나인은 에코바디스와의 거래를 유지하기 위해 에코바디스 평가를 매년 갱신하며 ESG 경영 수준을 향상시켜 나가고 있다. 2023년 플래티넘 등급을 받았다. 이는 전 세계 2,500여 개 자문사 중에서 지속가능경영 수준이 상위 1% 수준이라는 의미다.

기존 경제적 관점에서 협력사들이 요구받았던 매출액, 영업이익, 신용도 등의 재무적 관점과 제품과 서비스 품질에 관한 사항은 기본 중에 기본이 되었다. 다국적 기업들은 비재무적 관점에서 협력 기업의 환경, 노동 및 인권, 윤리, 공급망 분야의 위험 요소를 찾기 위한 질문들을 쏟아내고 있다. 다국적 기업과 비즈니스 하기 위해서는 ESG 경영을 해야만 하는 상황이다.

포비아라는 글로벌 자동차 부품사가 있다. 파리에 본사를 둔 프랑스 기업으로, 2018년에는 세계에서 9번째로 큰 국제 자동차 부품 제조업체이자 차량 인테리어 및 배기 가스 제어 기술 분야에서 1위를 했다. 한국을 포함해 전 세계에 협력 기업이 있는 기업의 공급망 정책으로서 의미가 있다.

지속가능한 파트너사가 되려면

포비아는 공급망을 위한 지속가능성 홈페이지를 별도로 운영하고 있으며 회사의 지속가능경영 목표, 정책, 조달 방침을 공시하고 있다.[3] 포비아는 2045년까지 넷 제로[Net Zero] 달성을 선언한 회사이며 2022년 6월, 우리는 지구 온난화를 1.5°로 제한한다는 2015년 파리 협정의 함의에 따라 SBTi[Sceience Based Targets initiative] 넷 제로 표준 인증을 받은 최초의 자동차 회사다.

기업들은 Net Zero 표준 인증을 획득하면서 기업이나 조직이 그들의 온실가스 배출을 과학적 기반으로 줄이기 위한 목표를 설정하고, 이를 달성하기 위한 구체적인 경로를 개발한다. 포비아와 연결된 협력사들도 에코나인이 에코바디스의 파트너가 되기 위해 ESG 경영에 대한 요구를 받았던 것처럼 산업과 고객의 정책에 따

---

3   https://www.faurecia.com/en/suppliers

른 ESG 경영 요구를 받고 있다. 기업들은 이러한 표준을 따르며 환경적 책임을 다하고, 지속 가능한 비즈니스 모델을 구축하는 데 기여하게 된다.

다국적 기업과 연결된 공급망 기업들은 자연스럽게 파트너사의 지속가능성 정책을 주시하고 준비해야만 한다. 한국의 자동차 회사 H사는 특정 모델의 자동차를 제조하는 전 과정에서 발생하는 온실가스를 측정하고, 라벨링하고 있다. 상상력을 발휘해보자. 자동차 한 대에 들어가는 내연기관자동차의 부품 수는 약 3만 개라고 한다. 그렇다면 이 자동차 부품을 제조할 때 발생하는 온실가스 배출량의 합이 완성차에서 발행하는 온실가스 배출량인 것이다. 완성품을 만들기 위해 부품들이 온실가스를 배출하면서 전 세계로부터 온다.

H사 지속가능경영 보고서에 명시 되어 있는 자동차 모델의 탄소배출량 라벨링을 보며, 온실가스 배출량이 산정되기 까지의 과정의 영향력을 생각할 수 있어야 한다. 우리가 H사의 협력사라면 우리 회사가 납품하는 제품의 영향력에 대해서도 마찬가지다.

제품이나 서비스가 최종 소비자에게 도달하기까지의 여정을 업스트림, 미드스트림, 다운스트림 단계로 나눌 수 있다. 업스트림은 공급의 기초를 형성하고, 미드스트림은 원자재를 가치 있는 제품으로 변환하며, 다운스트림은 최종 제품이 소비자에게 도달하도록 한다.

각 단계는 공급망 내에서 다른 역할과 기능을 가지고 있으며 이에 따라 요구 받는 ESG 경영 요소도 다르다. 공급망 전체에서 우리 기업의 단계를 이해를 기반으로 ESG 경영의 위험과 기회 요소를 고려해야 한다.

고객사에서 보내온 영문 행동강령$^{Code of Conduct 4}$의 내용을 파악하지 않은 채 서약을 하는 기업들도 있었다. 인터뷰해보면 어느 누구도 문서에 대해 이해하고 있는 사람이 없어서 당황한 적도 더러 있었다.

경제성과 지속가능성, 둘 다 챙겨야 한다

공급망 관점에서 소싱^{Sourcing}은 가격, 품질, 신뢰성, 지속 가능성과 같은 여러 기준을 고려해 최적의 공급업체를 결정하는 과정이다. 비용을 최소화하면서 품질과 공급의 안정성을 최대화하는 것을 목표로 한다. 이 과정에서 시장 조사, 공급업체 평가, 협상 그리고 계약 체결이 이루어 진다. 조달^{Procurement}은 소싱 과정을 통해 선택된 공급업체로부터 필요한 상품이나 서비스를 구매하고 배송받는 과정으로 주문 관리, 품질 검사, 재고 관리, 그리고 공급업체와의 관계 관리가 포함된다. 비용 관리, 효율성, 그리고 시간 관리가 중요한 요소로 작용한다.

---

4   지속가능경영을 추진하기 위해 요구되는 지켜야 할 사항들이 정리 된 공식문서를 의미한다.

반면에 다국적 기업과 거래하는 작은 기업들 중에서는 조달 측면의 ESG 경영 요구사항을 빠르게 도입해 경쟁력을 갖추고 있는 사례도 있었다. 2017년도에 로레알의 협력 기업에 에코바디스 자문을 수행한 경험이 있다. 수출을 하는 코스메틱 기업이었다. 임직원이 20명이 채 되지 않은 작은 기업이었지만 SA8000시스템(국제적으로 인정받는 사회적 책임 기준으로, 기업이나 조직이 근로 조건과 근로자의 권리를 향상시키기 위한 기준 제공)을 도입했고, 사업장 온실가스 배출량 시스템을 구축했으며, 제품의 환경 영향[5]을 입증하는 인증도 준비하고 있었다.

공급망 ESG평가인 에코바디스 평가 질문에서 공급망 지속가능경영에 대한 힌트를 얻어 보자. 질문지는 환경, 반부패, 노동 및 인권, 윤리 및 지속가능성 조달 분야로 나뉜다. '지속가능한 조달' 분야에서는 조직의 협력사의 환경과 사회의 지속가능경영 실행 내용을 질문한다. 이러한 질문들을 살펴보면 글로벌에서 요구하는 기업의 공급망의 지속가능성 관리 범위와 수준을 짐작할 수 있다.

이제 기업들은 거래를 시작하거나 유지하기 위해서 서로 영향력을 관리하고 있는지를 평가한다.

지속가능성을 추구하는 일이 권고 사항이 아니라 거래의 필수

---

5   제품은 전 생애 주기에 걸쳐 온실가스 배출, 에너지 효율, 자원 사용, 폐기물 관리 등 여러 환경적 영향을 미친다.

조건이 되고 있다는 반증이다. 공급망 기업으로서 고객 요청에 대응하는 활동을 넘어서 우리 기업과 거래하는 공급망 내의 협력기업과 함께 ESG 경영을 추구하고 관리할 수밖에 없는 시점이 된 것이다.

자체 ESG전략부터 구축하고, 공급망 ESG측면은 향후에 생각하려고 한다는 사람들도 있다. 하지만 이것은 오답이다. 공급망 ESG 경영은 디폴트 값이다. ESG어떤 이슈를 다루더라도 처음부터 고려해야 할 설정값으로 생각해야 한다. ESG 경영을 본격적으로 시작하지 않았거나 이미 시작한 기업 모두, 지금이라도 ESG관리 범위를 공급망 전체로 넓히자.

중요한 것에 힘을: ESG평가의 전략적 접근

"우리 회사의 지속가능성을 설명해보세요"라는 질문을 받았을 때, 또는 지속가능성이라는 추상적인 개념을 설명하고 보고하는 방법을 알고 싶다면 전 세계적으로 가장 많이 활용되고 있다. GRI 스탠다드 Global Reporting Initiative Standard에는 지속가능성을 설명할 수 있는 이슈들로 구성된다. 그럼 이 이슈들을 전부 공시해야 하는 것일까?

분야	지표 구분			
경제	경제 성과	간접 경제영향	반부패	세금
	시장 현황	조달관행	공정거래	-
환경	원부자재	용수 및 폐수	배출	공급업체 환경평가
	에너지	생물다양성	폐기물	-
사회	고용	차별금지	원주민 권리	마케팅 및 라벨링
	노사관계	결사 및 단체교섭의 자유	지역사회	고객 개인정보
	안전보건	아동 노동	공급업체 사회 영향 평가	-
	훈련 및 교육	강제 노동	공공정책	-
	다양성 및 평등 기회	보안 관행	고객 보건 및 안전	-

GRI Standard 2021 지표

다행히 꼭 그럴 필요는 없다. 우리 조직의 지속가능한 성장과 발전에 큰 영향을 미치는 이슈를 선별해 보고하면 된다. 이 때 파레토 법칙을 떠올려보자. 파레토 법칙은 '상위 20% 고객이 매출의

80%를 창출한다, 업계 매출의 80%는 상위 20%의 기업이 만들어 낸다'라는 사례들을 기반으로 중요한 제품, 중요한 사람, 중요한 서비스에 집중해 자원을 배분하는 일이 경쟁력을 높이는 일이라는 의미로 인용된다.

사회책임경영에도 이 법칙은 적용된다. 다만 경제적 관점의 경쟁력을 환경과 사회에 미치는 영향 력까지 고려한 '지속가능성'으로 확장해 보자.

매출을 높이거나 신제품을 개발하고 제품과 서비스의 품질을 높이는 것과 같이 경제적 성과 창출로 이어지는 이슈뿐 아니라 신제품을 출시하되 기후변화에 대응하기 위한 온실가스가 적게 배출되는 제품 개발 혹은 지방이나 해외 지역 출신의 현지 지역사회 인재를 선발하여 경제 발전에 기여하는 사회 이슈가 우리 조직의 지속가능성에 중대한 영향을 미치는 이슈인지도 생각해 볼 수 있다.

폭스바겐의 추락

영원할 것 같았던 기업이 한두 가지 사건 때문에 존폐의 갈림길에 처하게 되는 사건들을 경험하고 있다. 잊을 수 없는 사건 중 하나가 폭스바겐의 배기가스 조작 사건이다.

세계적인 자동차 그룹이 전 세계를 상대로 조작극을 펼치려다 미국의 NGO가 진실을 폭로한 사건으로, 디젤게이트라고 불린다. 컨설턴트로서 자동차 분야 지속가능경영 벤치마크 사례로 즐겨 인용하던 폭스바겐 그룹이라서 충격이 더했다.

이 사건은 130년 자동차 역사상 가장 큰 이슈를 불러일으켰고, 아이러니하게도 '메이드 인 저머니Made in Germany'에 대한 독일 국민의 자부심이 폭발하는 프랑크푸르트 모터쇼가 열린 2015년 9월 19일 오후에 세상에 알려졌다. 폭스바겐은 전 세계 모든 나라가 실외에서는 자동차 도로 시험을 하지 않는다는 점을 악용해서, 실외 도로 주행에서 배기가스 저감 장치가 작동하지 않도록 했다. 연료를 덜 소모해 연비를 상승시키기 위해 꼼수를 부린 것이다.

폭스바겐그룹이 생각했던 중요 이슈는 연비였다. 자동차의 친환경성과 윤리성과 투명성보다 연비를 앞서 생각한 것은 외부 이해관계자들을 실망시키고 기만하는 결과를 낳았다. 배출가스 테스트에서 소프트웨어를 사용해 실제 운행 조건에서의 배출량보다 낮은 배출량을 보여주는 방식으로 규제를 우회했다. 이 소프트웨어는 차량이 테스트 상황임을 감지하고 배출 제어 시스템을 조정해 배출 기준을 충족하게 만들었다. 미국 환경보호청EPA이 폭스바겐 차량의 배출가스 테스트 데이터에 이상이 있다고 발표했고 폭스바겐 차량에 속임수 소프트웨어가 설치되어 있음이 밝혀졌다.

이 사건 이후 폭스바겐 디젤차 판매량은 33.1%, 아우디 판매량은 10.3% 하락했다. 이후 2016년 10월 미국 내 배출가스 조작에 대한 배상금으로 총 147억 달러(약 16조 7000억 원) 지급을 합의했고, 한국의 공정거래위원회도 친환경 차량으로 부당표시·광고한 아우디폭스 바겐코리아와 폭스바겐 본사, 아우디 본사에 시정명령과 과징금 총 373억 2600만 원을 부과했다.

폭스바겐은 지속가능경영 보고서를 10년 넘게 발간했던 기업이다. 2015년에 이런 이슈들을 을 어떻게 보고했었을까? GRI 스탠다드를 적용해본다면 사회 분야로는 마케팅 및 라벨링 이슈, 환경 분야로는 배출 측면에 해당한다.

폭스바겐 그룹은 디젤 게이트 사건으로 리콜도 하고, 배상금 및 과징금에 납부에 판매정지 명령도 받았다.

생각해보자. 폭스바겐 그룹은 사건 후 배상금, 과징금 등의 조치를 했다고 해서 사회적책임을 다 했다고 할 수 있을까? 아직 어딘가에서 폭스바겐의 배출가스 조작 엔진이 장착된 차량이 운행되고 있다. 미세먼지를 다량 배출하면서. 한국 환경정책평가 연구원은 폭스바겐의 배출가스 조작 차량 운행으로 국내에서 1년간 319억~782억 원의 사회적 비용이 발생한다는 연구 결과를 내기도 했다. 폭스바겐 그룹은 알까? 한국에서 자동차를 소유해본 적도 없고 당장 소유할 계획이 없는 사람, 그들의 지속가능경영보고서를 다른 기업에게 선진 사례라고 소개하던 사람에게까지도 배신감을 느끼게 했다는 것을. 경제적으로 보상하는 방법이 가장 쉬운 게 아닐까? 사회, 환경에 미치는 악영향은 돈으로 돌이킬 수 없다.

폭스바겐 그룹은 디젤게이트 사건 이후 지속가능경영 보고서와 더불어 지속가능성 매거진을 발간하기 시작했다. 2017년 발간한 매거진에서는 밝은Light 이슈와 함께 어두운Shadow 측면의 이슈를 동시에 다룬다.

밝은 이슈로는 환경 규제 준수, 지속 가능한 차량 개발 등의 노력이 있고, 어두운 이슈는 2015년 디젤 배출가스 위기로 인해 폭스바겐이 겪은 신뢰도 하락과 법적, 재정적 문제들이다.

디젤게이트 사건 이전 폭스바겐 그룹의 실제적인 중요 이슈가 '연비 향상'에서 사건 이후 부각되고 있는 환경적 책임을 다하기 위한 밝은 이슈와 부정적인 사회 영향을 감소시키면서 명성을 되찾고자 하는 어두운 이슈로 바뀐 것을 알 수 있다. 진정한 사회책임경영이 시작된 것이 아닐까.

사회책임경영을 위한 우선순위

사회책임경영을 하기 위해 어떤 이슈를 중요하게 생각해야 하는지 어떻게 알 수 있을까? ISO 26000 사회책임경영 국제 표준에서는 이를 중요성 평가라고 한다. 사회책임경영을 도입했거나 지속가능경영 보고서를 발간하는 기업들은 중요성 평가 과정을 매년 진행한다. 기업은 사회책임경영 국제 표준을 참고해 기업의 특성에 맞는 중대성 평가의 기준을 개발할 수 있다. 다음은 ISO 26000 지침에서 발췌한 중대성 결정 기준이다.

중대성 결정 기준
1. 이해관계자 및 지속 가능한 발전에 대한 이슈의 영향 정도
2. 이슈에 대해 조치를 했을 때 또는 조치를 하지 못했을 때의

잠재 효과

3. 이슈에 대한 이해관계자 관심의 수준

4. 이러한 영향과 관련한 책임 있는 행동에 대한 사회적 기대의
식별

중대성 결정기준이 일반적인 경영전략을 수립할 때와 다르다
는 것을 알 수 있다. PEST^{Political Economical Social Technological}(정치, 경제, 사
회, 기술) 기법과 SWOT^{Strength, Weakness, Opportunity, Threat}(강점, 약점, 기회,
위협) 접근 방법을 사용하지 않는다. 주로 현재의 비즈니스 환경 분
석과 경쟁 전략 수립에 초점이 맞춰져 있기 때문이다.

반면, 지속가능경영은 장기적이고 포괄적인 접근과 환경, 사
회, 지배 구조의 광범위한 측면을 포함하며, 기업의 장기적 생존과
성장에 영향을 미치는 다양한 요소를 고려해야 한다. 때문에 중요
성 평가 방법을 사용한다. 중요성 평가 방법은 기업의 장기적 목표
와 가치에 기여하는 요소들을 식별하고 우선순위를 정하고 가장
중요한 영역에 자원을 집중할 수 있게 해준다. 중요성 평가는 기업
의 전략적 결정 과정에서 사회적, 환경적 측면을 통합적으로 고려
하는 데 기여하며 이해관계자의 의견, 기업의 영향력 등이 중요성
을 결정짓는 기준이 된다.

"우리 회사와 연관되는 사회책임경영 이슈 목록이 완성되었네
요. 이후에는 우리 기업들 이 해관계자들의 의견을 반영하기

위해 이해관계자 분들에게 설문을 요청드리려고 합니다."

"설문이요?"

"네, 특정 이해관계자와 인터뷰를 진행하기도 합니다. 우리 회사에 중요한 이슈를 이해관계자들의 의견도 반영해서 선정하는 점이 중요하거든요. 우리 회사 이해관계자에는 어떤 분 들이 계세요?"

"저희 고객이나 투자자를 말씀하시는 거예요?"

"물론 그분들도 포함되는데, 각종 부서와 협력하거나 소통하며 조금이라도 영향을 미치는 개인이나 조직 모두가 해당됩니다. 예를 들면 정부 기관도 있을 수 있고요, 인턴도 포함 되겠는데요. 우리 회사에서 기부하는 기관도 있으시겠죠?"

"그렇게 생각하니 굉장히 많을 것 같은데, 부서별로 관리를 해서 통합적으로 정리된 자료는 없어요."

지속가능경영 전략을 수립하거나 보고서를 처음 발간하는 기업을 자문할 때 자주 오가는 대화다. 우리 기업이 지속가능하기 위한 진짜 중요한 이슈를 발견하기 위해서는 기업과 영향을 주고받는 이해관계자를 정의하는 일이 먼저다.

나는 고객의 파트너사로서 중대성 평가 과정에 참여하는데, 사회책임경영 이슈를 오래 다뤄온 사람임에도 불구하고 우선순위를 평가하는 게 어렵게 느껴질 때가 있다. 사회책임경영과 연관된 사회, 환경 이슈들이 그동안 바라보던 경제적 이슈들에 비해 직관적으로 와 닿지 않기 때문이다. 우리는 그동안 기업을 이윤 추구라는 최대 목적을 중심으로 재무적으로 평가해왔고 익숙해져 있다. 생각보다 더 많이.

비재무적인 이슈들의 중요성

사회, 환경 분야의 비재무적인 이슈들이 포함된 소수의 이슈가 기업의 존폐를 결정할 수 있고 이를 사전에 막을 수 있도록 해주는 과정이 "중대성 평가"라는 확신을 하자. 재무적 가치와 비재무적 가치를 통합하여 중요한 이슈를 선정하는 것이 자연스러워질 때까지 사회책임경영 이슈들과 쉽게 떠올릴 수 있는 다음의 생각들 연결해보자.

- 회사가 갑자기 망하게 된다면 무엇 때문일지
- 회사의 동료나 경영진이 위법한 행동을 하고 있지만 침묵해야만 했던 상황들
- 위법한 일은 아니지만 '이러면 안 될 것 같은데'라는 의구심이 드는 일은 무엇인지
- 가족에게 회사의 제품을 사용하고 서비스를 이용한다면 어떤 점을 이야기해주고 싶은지
- 내가 속한 회사에서 이것만큼은 잘하고 있다고 생각되는 점이 무엇인지

- 회사에 일원이라는 것 자체가 좋아서 으쓱해지는 경우가 있다면 어떤 이유 때문이었는지
- 하지 말아야지 하면서도 회사나 동료에 대해 나쁘게 말하게 되는 점은 무엇인지
- 협력하는 파트너사가 꺼내기 조심스러워 보였던 이야기가 무엇일지
- 일하며 만난 누구에게라도 사과하고 싶었던 일이 있었다면 무엇인지

영화 〈삼진그룹 영어 토익반〉을 인상 깊게 보았다. 과거 두산 전자의 낙동강 페놀 오염 사건을 바탕으로 한 스토리인데 무거운 주제가 통쾌하고 감동 있게 다가왔다. 보는 내내 내부고발 시에 피해를 볼 수 있다는 것을 감내하고 용기 있게 행동하는 주인공을 응원하게 되었다. '내가 주인공과 같은 상황이라면 영화와 같이 선택할 수 있을까?' 사무실 내에서 담배를 피우는 직원들 장면에서는 '맞아'라는 탄성과 함께 사회초년생 시절 재떨이를 갈아 본 기억이 떠오르면서 우리나라 사회책임경영 수준이 많이 올라가긴 했다는 생각도 들었다.

삼진 그룹이 운영하는 공장에서 페놀이 섞인 폐수를 적법하게 처리하지 않고 방류한다. 폐수에 함유된 페놀 때문에 수질이 오염되면서 지역 주민들은 건강을 잃고 주민들이 재배하는 농작물 수확량도 감소되어 경제생활에까지 피해를 입힌다. 그러나 삼진그룹은 잘못을 인정하기는커녕 모든 것을 은폐하려고 데이터를 조작하

고 임직원을 포섭하며, 지역사회에 간단히 보상을 제공하는 것으로 일을 무마시키려고 한다. 양심 있는 주인공이 이를 밝혀내기로 하면서 그룹에서 약자로서 처지가 비슷한 직원들이 똘똘 뭉쳐 회사의 비리를 밝혀내고 폐수 방출을 멈추고 제대로 된 지역주민의 피해 보상을 추진하고 결국 외국 회사가 외국자본에 팔려가지 않도록 지켜낸다.

영화 속 삼진그룹은 여성 임직원과 지역주민이라는 이해관계자를 간과했다. 수질 오염 관리, 사업장 인근 지역 주민들과의 소통, 임직원의 다양성과 기회균등, 차별 금지, 지배구조 투명성이라는 중요 이슈를 삼진그룹의 존폐와 성장을 위한 중요한 사안이라고 여기고 은폐하는 데 들인 노력과 시간, 자원을 문제 해결과 개선에 사용했다면 어땠을까? 삼성전자, LG전자와 3대 축을 이루는 두산전자를 볼 수 있었을까?

"선도적인 기업들은 공급망 전반에 걸쳐
ESG 성과를 개선함으로써 리스크를 줄이고,
효율성을 높이며, 혁신을 촉진하고 있습니다.
이는 단순한 규제 준수를 넘어
경쟁 우위를 창출하는 전략적 접근입니다."

– 맥킨지(McKinsey & Company) 2022년 보고서

5

다국적 기업의
공급망 ESG 정책

ESG 정책을 파악하는 가장 쉬운 시작

글로벌 공급망 속 한국 기업의 ESG 경영 전략 변화

에코바디스 & CDP

ESG 평가는 디지털 명함과 같다

ESG 정책을 파악하는 가장 쉬운 시작

중소중견 기업들도 ESG 경영 도입을 고민하면서 기업 차원에서 ESG 교육 과정을 고민하고 있다. CFA 한국협회의 'ESG 투자인증[1]'과 같은 ESG 관련 사설 자격증들이 생겨나고 있고, 동반성장위원회와 연세대학교가 공동 주최하는 동반성장최고위 과정[2](글로벌 공급망 재편과 동반성장, 기후변화와 탄소중립경영, ESG와 인권, 기업

---

1   ESG 투자 자격증 과정 소개는 다음 웹사이트에서 확인할 수 있다. https://www.cfasocietykorea.org/cert/cert-in-esg-investing/

2   연세대학교 상남대학원 동반성장 최고위 과정 소개는 다음 웹사이트에서 확인할 수 있다. https://sim.yonsei.ac.kr/course.asp?mid=m02_02&mCourse=144&sOpt=A

지속가능성 등으로 구성) 등 대학과 협회를 중심으로 최고 경영자들을 위한 ESG 경영 커리큘럼들도 급속도로 늘어나고 있다.

쉽게 찾을 수 있는 행동강령부터

"어떤 과정을 들으면 도움이 될까요?"

새로운 이슈를 접할 땐 다양한 컨텐츠를 무조건 많이 접하는 게 도움이 된다. ESG분야도 크게 다르지 않다. ESG 경영에 대한 공부를 막 시작했다면 현존하는 ESG 과정 모두 도움이 될 것이다. 좋은 컨텐츠와 강사를 알아보는 힘을 스스로 체득하기 전까지 말이다.

다국적 기업의 공급망 경영진이나 담당자라면 두 가지 문서를 통해 고객사의 협력사 ESG 경영을 확인하자. 첫째 고객의 협력사 행동강령부터 확인하자. 행동강령에 대한 준수를 서약 형태로 요청받았던 기업이라면 송부받은 문서를, 행동강령에 대해 별도의 서약을 요청받지 않은 기업이라면 고객사가 홈페이지 등을 통해 공시된 행동강령을 확인할 수 있다.

행동강령의 내용이 우리 회사 전략 및 운영 현황과 상충되는 내용이 없는지 살펴봐야 한다. 행동강령이 선언적인 수준의 서약에서 구체적인 계약 조항으로 발전되어 가고 있기 때문이다. 협력사 행동강령을 다국어로 제공하는 기업들이 늘어나고 있다. GM의 경우 한국어를 포함한 17개 언어로 번역된 협력사 행동강령을 제공하고 있다.[3]

인권	자유 선택에 의한 고용, 이동의 자유, 아동 노동, 근로 시간, 임금 및 수당, 인도적 대우, 채용 관행, 차별 금지/괴롭힘 금지, 결사의 자유, 취약 집단, 인권 옹호자, 다양성, 형평성 및 포용성
건강 및 안전	직업 안전, 비상 대비, 육체적으로 힘든 작업, 기계 안전장치, 위생, 식품, 주거, 직업상 부상 및 질병, 제품 안전,
환경	책임 있는 관리, 환경 허가 및 보고, 오염 방지, 온실가스 배출, 기타 대기 배출, 유해 물질, 물질 제한, 고형 폐기물, 용수관리, 동물 복지, 지속적 개선
책임 있는 조달	실사, 토지 권리
비즈니스 청렴성	부패 방지/뇌물 금지, 정보의 공개, 지적 자산, 모조 부품, 개인 정보, 수출 통제 및 경제적 제재, 윤리적 행동, 고충 처리 메커니즘 및 보복 금지, GM에 우려 사항 보고, 개선 노력
관리 시스템	임원진의 노력, 이해관계자 참여, 위험 평가 및 관리, 개선 목표, 교육, 커뮤니케이션 및 문서화, 공급업체 책임

GM의 공급업체 행동강령 구성

---

3   https://www.gmsustainability.com/esg-resources/

고객사의 지속가능경영 보고서 뜯어보기

행동강령을 검토한 후에는 고객사의 지속가능경영 보고서를 읽자. 다국적 기업의 지속가능경영 보고서는 대부분 100페이지가 넘고 영문으로 발간되기 때문에 접근성이 낮다. 전체를 읽기 어렵다면 고객사의 ESG 경영 전략과 목표 섹션과 공급망 ESG 정책 부문부터 읽자. 이 두가지를 연계해 읽게 되면 고객사 ESG 경영 및 산업계가 추구하는 지속가능성에 대한 빅픽처를 이해하게 된다. 특히 공급망 ESG 정책 부문에서는 협력 기업으로서 준비해야 할 ESG 경영 로드맵을 구체적으로 이해할 수 있다.

행동강령의 조항들은 위험 관리 측면을 중점적으로 검토한다면 지속가능성 보고서를 통해 발생 가능한 ESG 경영 기회도 파악해보자. 우리 기업의 매출액의 일정 부분을 결정짓는 고객사의 ESG목표와 전략은 우리 기업의 제품이나 서비스 개발이나 지속가능한 거래 가능성을 결정 짓는 중요한 정보로 활용될 수 있다.

고객이 추구하는 ESG 경영 목표와 공급망 ESG 경영 정책 연결성을 파악해 고객이 협력사들과 어떠한 방식과 과정을 통해 ESG 경영 목표를 달성해 나가려는지 파악해야 한다. 다양한 고객들의 ESG 요구 사항을 단발적으로 대응하기보다 산업 생태계의 비즈니스의 지속가능성이라는 큰 맥락에서 이해하는 것이 좋다.

우리의 ESG 경영 프로세스와 목표를 평가하자. 그리고 이를 개선할 수 있는 신뢰성 있는 정보로 활용해 보자.

지속가능경영 보고서 읽는 법

GM사의 2022년 지속가능경영 보고서를 살펴보자(GM보고서[4]를 펼쳐두고 글을 이해하면 효과적이다). 지속가능경영 보고서는 1)개요 2)우리의 지속가능성 전략 3)혁신 4)환경 5)사회 6)책임있는 지배구조 7가지 섹션으로 구성되어 있다.

첫째, 보고서 전체 맥락을 파악하기 위해 개요 부분을 반드시 확인한다. 개요에는 목차, 보고 내용의 범위, 특징 등이 설명되어 있다. GM은 자회사의 ESG정보를 포함하여 보고하며, 2022년의 성과와 보고서를 발간하는 시점까지의 정보를 포함하고 있다는 것을 확인할 수 있다.

제품에 대한 공시와 미국 연방 기준법U.S. federal securities laws에 따른 "미래예측 진술"도 포함하는 특징이 있다. 개요에는 지속가능경영 공시 내용을 추가할 수 있는 홈페이지, 추가 보고자료를 확인하는 방법이 있으니 활용하면 된다.

둘째, GM의 ESG 경영 전략과 목표를 확인하기 위해 '우리의 지속가능경영 전략' 섹션을 확인한다. "우리의 지속가능성 전략은 '모든 사람들이 전기차 사용이 가능해지는 미래all-electric future for everyone'에 대한 우리의 비전, 탄소 중립 목표 및 성장 전략을 지원하며, 이는 더 큰 수익과 이익으로 이어질 수 있다고 믿습니다." 전기

---

4   https://www.gmsustainability.com/

차 생산에 사활을 건 GM의 행보를 짐작할 수 있으며 구체적인 지속가능경영 전략을 5가지 항목을 나누어 상세히 공시하고 있다.

1. 외부환경The External Landscape
2. 지속가능 여정Our Sustainability Journey
3. GM이 가치를 창출하는 방법How GM Creates Value
4. 전략의 우선순위Assessing Priorities
5. 목표를 달성 과정Progress Toward Our Goals

공급망의 ESG정책을 별도로 보고하는 기업들도 있다. GM의 비전에 공급업체가 포함되어 있다는 선언으로 시작된다. GM의 협력사들이 실질적으로 어떠한 요구를 받는지 혹은 받을 수 있는지 아래 내용을 통해 확인 가능하다.

2022년 GM의 1차 협력사들을 ESG 파트너십에 초대했고 직접 공급업체의 68%가 ESG 경영 목표 달성에 참여할 것을 서약했다. 첫째는 제품 또는 서비스의 직·간접 온실가스 배출량(Scope, 1, 2)에 대한 탄소 중립을 실현해야 하며 2025년까지 에코바디스(ESG 공급망 글로벌 평가 제도)를 통해 노동 및 인권, 윤리 및 지속 가능한 조달 분야에서 최소 50%의 점수 및 초과 달성해야 한다.

GM은 협력 기업들을 컴플라이언스 준수부터 리더쉽 차원 별 관리 방법을 채택하고 있다. 놓치지 말아야 할 점은 GM에 등록된 공급업체라면 준수해야 할 ESG 경영 조건이 있다는 것이다. 기업

규모와 거래 금액, 평가 결과 등과 상관없이 에코바디스, CDP 평가에 대응해야 하며, 연간 3%이상 온실가스를 감축해야 한다.

1차 협력사는 GM과 직접 계약을 맺는 공급업체에 속하며 레벨 0부터 레벨 3까지 단계를 구분된다. 레벨 0은 준수^{Compliance}, GM의 기본 요구사항, 약관과 협력업체 행동 규범을 포함을 준수해야 하는 단계이다. 레벨 1은 약속^{Commitment}, 지속가능성을 우선순위로 두고 목표를 설정하며 결과를 달성하는 단계, 레벨 2는 성장^{Growth}으로 지속가능성에 대한 약속을 확대하고 자체 공급망으로 확대하는 단계이다. 마지막 레벨 3은 리더십^{Leadership}으로 지속가능성 분야에서 선도적 업체로 인정받는 단계이다.

ESG 경영 전반에 대한 흐름에 대해 인식하는 것도 좋지만, 업무와 직결되는 ESG 경영부터 시작하자. 내가 몸담고 있는 회사의 고객과 산업 내의 ESG 경영에 대한 흐름을 파악할 때 지속가능경영 보고서 보다 나은 교재는 없다.

고객사 지속가능경영 보고서를 읽는 것을 시작으로 산업내의 경쟁사의 지속가능경영 보고서, 업종을 불문하고 벤치마크 하고 싶은 기업의 지속가능경영 보고서 읽기로 반경을 넓혀 나가 보자. 전 세계적으로 공시와 관련 규제와 법규 제정이 가속화되고 있다. 지속가능경영 보고서를 통해 얻는 정보의 범위와 신뢰성과 더불어 활용 가치는 높아질 수밖에 없다.

구분	플랫폼 이름	공시 내용	사이트 링크
국내	**환경정보공개 제도 시스템** : 사업장 기준 의무 및 자율적으로 환경 정보 매년 공시, 그 밖에 환경정보 통계, 환경경영 정책 및 동향 공시	기업 개요, 전략 및 녹색경영 시스템, 자원/에너지, 온실가스/환경오염, 녹색제품/서비스, 사회/윤리적 책임 공시	https://env-info.kr/member/open/companyTotalInfoSearch.do
	KRX ESG포털 : 기업 지속가능경영 보고서	업종, 보고서 발간 시 활용된 기준, 제3자 검증 기관 정보 및 보고서 바로가기 링크 제공	https://esg.krx.co.kr/contents/02/02030000/ESG02030000.jsp
글로벌	**Global Reporting Initiative (GRI)** : 기업들의 지속가능성 보고서를 표준화하고 지원하기 위해 설립된 국제 비영리 기구	GRI 스탠다드를 적용하여 ESG 경영 보고서 발간 기업 정보 제공	:https://www.globalreporting.org/reporting/report-search/
	SASB Stnadard	SASB 표준을 적용하여 ESG 경영 보고서 발간 기업	https://sasb.org/company-use/sasb-reporters/
	CDP : 기업들의 환경 영향 정보 수집 및 평가하는 비영리 기구	CDP평가에 대응한 기업들의 CDP 평가 등급, 환경 정보 보고서, 기후 변화 관련 데이터 검색 가능	https://www.cdp.net/en/responses
	Corporate Register : 전 세계의 기업들을 대상으로 정보를 수집하는 글로벌 포털 웹사이트	기업들의 지속가능성 보고서와 기타 비지니스 보고서를 수집하고 제공하는 포털 웹사이트	https://www.corporateregister.com/

기업의 ESG 경영 정보 리서치 플랫폼 소개

글로벌 공급망 속 한국 기업의

ESG 경영 전략 변화

2017년, 다국적 기업 한국지부에서 파스칼 라미 WTO 전 사무총장의 "Made in the world" 메시지로 공급망 ESG 대응 방안을 위한 설명회가 시작되었다. 프랑스에 위치한 글로벌 10대 자동차 부품 제조 포비아[5]의 한국 지부의 실무진 100여 명이 모였다.

한국 지부의 구매 및 품질 팀이 참석해서 F사의 ESG 경영 정책을 설명하고, 이후 ESG에 대한 개념, 협력사가 ESG 경영에 참여해서 해야 할 일들, 그의 일환으로 실시하는 에코바디스 평가 제도 소개가 이어졌다.

포비아는 자동차 메이커사의 1차 공급망이면서 동시에 2000여개가 넘는 자동차 공급망 기업의 고객사이기도 하다. 이 특성에 기반하여 자동차 제조사가 요구하는 ESG요구 사항을 충족시키면서 동시에 한국 지부를 포함한 전 세계 지부와 지부의 협력사

---

5   파리 서부 교외의 난테레(Nanterre)에 본사를 둔 프랑스의 글로벌 자동차 공급업체, 2022년 2월 글로벌 자동차 부품업체 '포레시아(Faurecia)'와 독일 부품사 '헬라(HELLA)'가 합병으로 '포비아(Forvia)'로 새롭게 출범했다. 2020년 기준 세계에서 8번째로 큰 국제 자동차 부품 제조업체이자 차량 인테리어 및 배기가스 제어 기술 분야에서 1위 다국적 기업이다.

들에게 ESG 공급망 평가를 포함한 ESG 경영을 요구하고 있다.

포비아의 ESG 공급망은 공급업체의 공급업체(원재료 추출, 오일, 광물, 자연적 요소), 공급업체(서비스, 금속, 플라스틱, 장식, 도구 및 장비, 화학물질, 기타), 포비아 본사 및 국가별 지부(좌석, 도어 패널, 실내 모듈, 전자제품, 수소 저장 시스템, 저배출 솔루션, 조명 기술, 스페어 파트), 제조자, 수명 종료의 단계로 이루어져 있다. '공급업체의 공급업체'에서는 원재료 추출을 통해 광물과 자연 원소를 확보하고, '공급업체' 단계에서는 금속, 플라스틱, 장식용 품목, 도구 및 장비, 화학 제품 등을 포함한 다양한 서비스와 제품을 공급한다. 포비아는 이러한 재료와 부품을 받아, 자동차 부품 제조사로 시트, 도어 패널, 인테리어, 전자 시스템, 수소 시스템 등을 납품한다. '제조업체' 단계에서 최종 제품이 생산되며, '제품의 생애 종료'에서는 폐차와 해체가 이루어진다.

다국적 기업의 공급망 ESG 정책 입안자는 업스트림과 다운스트림 전 과정에서 환경 영향 최소화, 사회적 책임, 윤리적 거래 등의 중요한 ESG 요소를 고려하여, 협력 기업의 ESG 공급망 정책을 수립하며 거버넌스는 이때 이루어지는 모든 의사결정 구조를 의미한다.

공급망 정책은 의사결정 구조로부터 온다

수출주도형 기업들 공급망 전 과정의 ESG 정책 거버넌스를 속속들이 알아야 할 필요는 없지만, 다국적 기업의 공급망 정책의 흐름과 이에 따른 의사결정 구조는 이해하고 있어야 한다. 특히 다국적 기업의 본사가 있고, 한국 지부와 거래하고 있는 공급망 기업의 경우 더욱 그렇다.

전 세계 공급망 ESG 정책을 수립하는 곳은 다국적 기업의 본사이며 특정 나라의 지부는 본사의 ESG 경영 목표를 이루기 위한 정책을 가이드하는 역할로 제한된다. 즉, 다국적 기업의 한국 지부는 협력 기업의 ESG 경영을 지원할 수 있는 권한이 크지 않다. 반면, ESG 경영에 대한 요구 수준은 글로벌 흐름에 맞춰져 있기 때문에 한국내 기업들이 요구 수준보다 높다는 것이 특징이다.

2017년 포비아에서 설명회를 추진했을 때의 한국에서는 소수의 기업들만이 공급망 ESG 경영 정책을 수립하고 참여를 공식화했다. 그리고 2017년부터 2021년까지 ESG에 대한 전 세계적인 인식이 크게 증가하였고 법제화와 규제가 강화되었다.

EU는 공급망 내 인권과 환경 보호를 위한 기업의 실사를 의무화하는 지침을 제안했고, 미국의 경우, 바이든 행정부가 기후 변화와 환경 정의를 정책 우선순위로 삼으면서 ESG 관련 정보 공개를 강화하고, 재무 보고의 일환으로 지속가능성에 대한 정보를 포함하도록 했다.

이러한 조치들은 기업에게 ESG에 대한 책임을 강화하고 투명성을 높이도록 요구하는 새로운 기준을 마련하는 변화로 이어졌다.

글로벌 흐름에 따라 2021년 이후 한국의 삼성, SK, 현대 그룹

등에서 협력기업의 ESG 경영 수준을 높이기 위해서 각종 설명회, 지원정책을 활발히 추진하고 있다. 예산과 인력 부족으로 ESG 관리체계 구축에 어려움을 겪고 있는 중소기업을 대상으로 ESG 전문 교육, 현장 실사를 포함한 컨설팅 서비스 등을 제공하고 있다.

하지만 포비아와 현대차, 삼성과 애플 모두와 거래하는 협력사의 경우 국내 대기업으로부터는 직접 ESG 경영에 대한 지원이 있고, 다국적 기업으로부터 직접적인 지원이 없을 수 있다. 거래 기업의 직접 지원의 사각 지대에 있는 다국적 기업의 공급망 기업들은 다른 전략과 접근이 필요하다.

거래하는 기업의 ESG 목표와 공급망 정책의 성숙도에 대한 이해를 바탕으로 공급망 관리 거버넌스에 대한 인식이 필요하다. 이후 글로벌 다국적 기업의 협력사로서 높은 수준의 ESG 경영을 추진해야 하는 기업들은 더욱 주체적으로 ESG 경영 전략을 수립해야 한다.

포비아는 전 세계적으로 상위 1%의 ESG 공급망 평가를 받은 다국적 기업이다. 그들의 ESG 경영은 성숙한 단계에 있으며, 한국 기업의 현재 단계를 이미 경험했을 가능성이 크다. 포비아는 현재 ESG 평가 도구를 넘어서 목표 점수 설정과 공급망 내 질적 향상에 집중하고 있으며 이는 고객의 높아지는 ESG 요구 사항을 충족시키기 위한 전략적 대응을 의미한다.

직접 지원의 사각지대에 있는 기업들은 정부의 ESG 지원 정책을 활용하거나 자문을 받거나 전문 인력을 배치하는 등의 ESG 경영에 대한 투자 의사 결정이 필요하다. 다행히 한국의 경우 수출주도형 국가를 지원하는 정책의 일환으로 ESG 경영을 위한 지원이 증가하고 있다. 한국의 기업들이 활용할 수 있는 ESG지원 정책을 부록에서 소개한다.

다국적 기업의 한국 지부는 본사 ESG 경영 정책에만 의존해서는 안된다. 본사의 ESG 경영 정책을 수준의 ESG 경영을 추진하면서 한국의 ESG 경영 수준과 정서에 부합하는 공급망 ESG 경영 정책 추진이 필요하다. 이를 위해 글로벌 본사와 한국 지부간, 한국 지부와 글로벌 이해관계자들, 한국 지부와 한국 협력 기업들과의 ESG 경영 소통 체계 정립 등의 활동이 필요하다.

"미국에 본사를 둔 세계적인 수처리 시설 제조 기업의 한국 지부입니다."
"아직은 본사에서 특별히 요구하고 있지는 않은데요, 지속가능경영 보고서를 제작하려고합니다. CEO가 ESG 경영에 대한 의지가 있으시고, 본사에서 요구하는 ESG성과 보고 사항이 점점 많아져서 체계적으로 대응하려는 차원입니다."
"프랑스 명품 회사의 한국 지부입니다."
"아시아 지역의 경우 싱가폴을 포함한 몇몇 나라에서 공급망 온실가스 배출량을 측정하고 공시하고 있습니다. 한국도 사회공헌 활동들은 자주 해왔는데, 공급망에서 발생하는 온실가스 배출량도 관리해보려고 합니다."

다국적 기업의 공급망 ESG정책과 거버넌스에 대한 이해와 글로벌 ESG 흐름에 고려해, 한국 지부도 한국 지부와 거래하는 협력기업도 공급망 전 과정의 ESG 흐름과 정책 거버넌스를 기반으로 선도적인 ESG 전략을 개발할 필요가 있다.

중소기업 ESG 컨설팅 지원 정책 목록

산업통상자원부	KOTRA	소부장 공급망 컨설팅 지원 시범사업	https://www.bizinfo.go.kr/web/lay1/bbs/S1T122C128/AS/74/view.do?pblancId=PBLN_000000000086626
	KPC	ESG 공급망 컨설팅	https://esgsupport.or.kr/main/index.php
	한국에너지공단	EG-TIPS 에너지 온실가스 종합정보 플랫폼	https://tips.energy.or.kr/main/main.do

중소벤처기업부	동반성장위원회	대기업 협력사 ESG 지원 사업	https://www.winwingrowth.or.kr/03_business_01_04_01.do
	중소벤처기업진흥공단	중소기업 탄소중립 전환지원 사업	https://www.kosmes.or.kr/nsh/SH/RET/SHRET016M0.do
		혁신바우처사업 탄소컨설팅 지원	https://www.mssmiv.com/portal/Main
	중소기업중앙회	중소기업 ESG 컨설팅 지원사업	https://www.kbiz.or.kr/ko/contents/contents/contents.do?mnSeq=1704
		ESG 업종별 Toolkit 제작	https://www.kbiz.or.kr/ko/contents/contents/contents.do?mnSeq=1705
		업종별 탄소중립 컨설팅	https://www.kbiz.or.kr/ko/contents/contents/contents.do?mnSeq=1706
	한국화학융합시험연구원	해외규격인증 획득지원 사업	https://www.smes.go.kr/globalcerti/main.do
환경부	환경산업기술원	친환경경영(ESG) 컨설팅 지원	https://www.keiti.re.kr/site/keiti/02/10202080000002023101610.jsp
	한국환경공단	할당대상업체 탄소중립 컨설팅 지원사업	https://keco.or.kr//web/lay1/bbs/S1T10C108/A/18/view.do?article_seq=79932

에코바디스 & CDP -

대표적인 공급망 글로벌 ESG 평가

다국적 기업을 포함해 공급망 기업들이 요구받고 있는 대표적인 ESG 평가인 에코바디스와 CDP에 대해 알아보자. 에코바디스는 환경, 노동, 인권, 지속가능한 조달 등을 평가하며, CDP는 기업의 기후 변화 대응과 관련된 정보 공개를 요구한다. 중견 중소기업들이 이러한 글로벌 평가 시스템에 대응하는 것에 부담을 느끼고 있지만 적절한 관리와 대응 전략을 수립하여 지속적인 ESG 경영 전략의 일부로 접근해야 한다.

ESG 평가 흐름과 활용

재무성과에 기반한 기업 성과 평가에서 비재무 성과를 포함한 기업 평가가 대세를 형성하고 있다. 글로벌 평가사들이 ESG 평가·연구기관을 인수 합병해 ESG 평가 역량을 강화하고 있다. 예시로 2016년 ESG 분석의 선두 주자로 시장에서 중요한 포지션을 차지하고 있었던 트루코스트^{Trucost}가 S&P Global Indices UK Limited의 간접 자회사인 S&P Dow Jones Indices에 의해 인수되며 글로벌 지가능성 차세대 도구, 기준 및 데이터에 대한 시장 수요 증가에 대응 가능하게 되었다.[6] S&P Global는 2019년 12월에는 DJSI^Dow Jones Sustainability Index 기업인 로베코샘^RobecoSAM 을 인수했다. 기업의 비재무 평가에 대한 요구가 자연스럽게 글로벌 공급망으로 확산되면서 산업 생태계가 ESG를 통해 변화하고 있다.

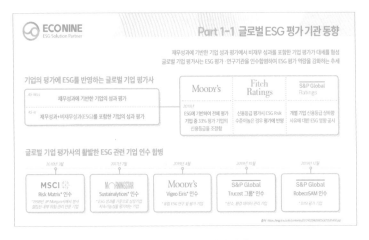

글로벌 기업 평가사의 담당 평가

공급망 생태계 전반의 ESG 성과 향상이 요구되면서 중견, 중소 기업들은 다양한 방식으로 ESG 경영 정보를 요구받고 있다. RBA

---

6   https://www.spglobal.com/marketintelligence/en/news-insights/blog/trucost-and-sp-global

와 같이 산업 이니셔티브에서 요청하는 감사 기업이 자체적으로 만든 체크리스트, 글로벌 ESG평가 플랫폼을 활용하기도 한다.

다국적 기업들과 한국의 대기업들이 협력사의 ESG 경영을 평가하기 위해 에코바디스, CDP 평가를 활용하는 사례가 증가하고 있다. 일정 규모의 시가총액 이상 기업을 평가하는 ESG 평가 제도와 달리 두 가지 평가 제도 모두 규모와 산업의 경계 없이 ESG 시스템과 성과를 평가 할 수 있도록 설계된 점이 특징이 있다.

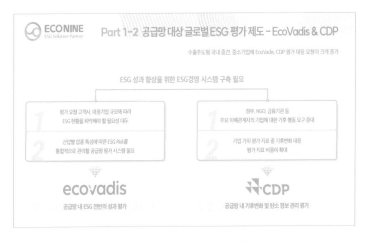

에코바디스와 CDP의 평가 부문

공급망 ESG 경영 특화 에코바디스 평가

에코바디스는 ESG 관리의 효율성과 성과를 측정하는 것으로 그 체계와 실적을 평가한다. 이는 산업별 위험과 규모 등이 고려된 구체적인 기준에 따라 이루어진다. 평가를 요청한 기업의 경우 평가 결과를 기반으로 ESG 관리 수준을 향상시키기 위한 활동을 하며, 평가에 대응한 기업의 경우 ESG 성과 개선을 위한 구체적인 행동 계획을 수립하는 데 평가 결과를 활용할 수 있다.

"이 평가를 매년 해야 한다고요?"

2가지 평가 모두 1년에 한 번씩 갱신해야 하는 제도다. 평가 대상 기업의 단발적으로 혹은 임기응변으로 대응이 불가능하다. ESG 경영에 대한 요구를 본격 받고 있는 한국의 중견, 중소기업들에게는 부담이 된다.

에코바디스는 글로벌 표준을 적용한 공급망의 지속 가능성 등급을 평가하는데 환경, 노동, 인권 및 지속 가능 조달 등 4가지 핵심 주제의 지속가능성을 평가하는 방식이다. 지속가능성 관행을 관리하는 기업과 거래 고객사로부터 평가 대응을 요청 받는 2가지 측면으로 에코바디스 평가를 활용할 수 있다.

네슬레, 코카콜라, 존슨앤존슨, GM, 르노, UPM, 로레알 등 규모의 글로벌 브랜드부터 지역 리더 및 중견 기업에 이르기까지 1000개 이상의 기업이 에코바디스를 통해 공급망 내 지속가능성 관행을 평가하고 관리한다. 한국의 SK, 삼성, 효성, 코오롱, LS, LG 계열 대기업 뿐 아니라 수출 주도형 중소중견 기업들도 에코바디스 평가에 대응하고 있다. 전 세계 180개국 12만 개 이상의 기업이 에코바디스 평가를 받고 있다.

질문 섹션	주요 내용
일반	국내외 CSR과 연관된 국제 또는 산업 분야 이니셔티브, 원칙, 헌장, 기본 틀 준수 여부, 공식적인 CSR 책임자 선정 여부, 외부에 공개하는 CSR 연관 보고 현황 등
환경	환경정책, 에너지 소비 및 온실가스 측정 현황, 수자원 관리 현황, 유해 물질 및 폐기물 관리, 제품 사용의 환경 영향, 제품 수명, 고객 안전, 외부 공개하는 환경보고 현황, 유럽 환경규제 준수 및 CDP 대응 여부 등
노동관행 및 인권정책	노동관행 및 인권 정책, 차별 및 희롱 방지 조치 현황, 부상일 수 및 시간 손실 사고 강도율 등 외부에 공개하는 노동관행 및 인권 관련 보고 지표, 최고경영자의 여성 비율, 안전보건경영 시스템 인정 여부 등
공정한 비즈니스 관행	공정한 비즈니스 관행과 관련된 정책, 부패 및 반경쟁적 관행 관련 대응활동, 부패와 뇌물 방지 조치 현황, 정보 보안 관련 조치사항, 기업 윤리 관련 외부 시스템 인증 여부, 비즈니스 윤리 관련 법적 사항 등
지속가능한 조달	지속 가능 및 책임 구매 연관 정책, 제품의 분쟁광물 포함 여부 및 관리 현황, 공급업체 환경 및 사회 부문

에코바디스 섹션별 예시 이슈

에코바디스 평가 제도는 온라인 플랫폼을 활용하고 제출 자료를 기반으로 공급망 ESG 성과를 평가한다. 평가 대상 기업의 환경, 노동 및 인권, 윤리와 더불어 "지속가능한 조달" 즉, 평가 대상 기업의 협력사의 ESG성과를 포함하는 것이 특징이다. 평가 결과는 평가 요청 기업을 포함하여 특정 산업 글로벌 이니셔티브(화학업계의 TfS[Trust for Sustainability], 화장품 업계의 RBI[Responsible Beauty Initiative] 등)에게도 공개된다.

우리뿐만 아니라 협력사도 같이 가야 한다

"우리도 아직 ESG 경영이 무엇인지 모르는데, 협력사 ESG를 어떻게 관리하나요?"
"협력사 ESG 현황 평가는 포기 할게요. 나중에 생각하려고 합니다."

매출액 300억 원 정도 규모 회사가 받은 지속가능한 조달 평가 질문지의 일부 내용이다. 결국 질문이 답이다. 질문을 통해서 글로벌 경영 환경에서 우리 기업이 속한 산업과 규모에서 갖춰야 할 지속가능 수준을 가늠해 볼 수 있다.

거래하는 협력기업을 대상으로 공급망 ESG 경영을 추진하지 않으면 답변이 불가능하며 평가에서 좋은 결과를 얻기 어렵다. 즉, ESG 경영의 범위를 우리 협력사까지 넓혀 전체 공급망의 환경과 사회적 영향을 관리해야 할 시기다.

- 공급업체 기업의 사회적 책임 행동강령(공급업체가 지속 가능한 비즈니스 관행을 따르도록 하는 지침)
- 공급업체 계약 시 환경 및 사회 조항 반영 현황

- 공급업체 기업의 사회적 책임 리스크 자체 평가 현황
- 공급업체의 환경 및 사회적 관행 평가
- 환경 및 사회적 이슈에 대한 공급업체의 현장 감사
- 환경 및 사회적 이슈에 대한 공급업체의 역량 구축
- 환경 및 사회적 이슈에 대해 공급업체가 인센티브에 접근할 수 있도록 하는 조치

글로벌 환경 정보공개 제도 CDP

CDP는 전 세계 금융기관이 주도하여 주요 상장·비상장 기업 및 도시 등에 기후변화Climate Change, 수자원 안정성Water Security, 산림자원Forest 등 환경 관련 경영정보 공개를 요청하고 수집·분석된 정보를 바탕으로 투자나 대출 등 금융활동에 반영하는 글로벌 정보공개 프로젝트다.

CDP는 기업의 기후변화 대응 전략과 온실가스 배출량 현황에 대한 관리 대책을 평가한다. 특히 온실가스 배출량, 물 사용, 산림 파괴 등의 데이터를 수집하고 관리하는 과정을 포함한다. 평가 결과를 통해 기업의 ESG 목표와 관리 수준을 향상시키는 데 중점을 둔다. 공급망 CDP의 평가는 협력 업체가 온실가스 배출 감소와 같은 환경 목표를 달성하는 데 필요한 구체적인 방안을 마련하는 데 도움을 준다.

전 세계 90개 이상 국가에서 동시다발적으로 진행되고 있으며,

전 세계 지속가능성 평가 중 가장 높은 신뢰성을 확보하고 있다. 전 세계적으로 CDP에 정보를 공개한 기업은 전 세계적으로 2만 개에 육박한다. 한국 기업은 시가총액 300대 기업이 CDP 평가를 요구받고 있다. CDP 정보공개 프로그램 참여가 확대되면서 협력 중소기업 및 수출중소기업도 CDP 정보공개를 요구받고 있다.

CDP 공급망 요구에 따라 탄소 정보를 공개한 기업 중 50%가 중소기업이다. 삼성전자, 삼성디스플레이, SK하이닉스가 CDP 공급망 참여사로 협력 기업에게 CDP를 요청하고 있다. CDP 위원회는 시가총액 일정 규모 이상 기업에게 CDP 참여 레터를 보낸다. 기후변화 대응력을 높이고 이해관계자들과 소통하기 위한 자발적 참여도 가능하다.

CDP 역시 온라인 평가 플랫폼을 활용하며 에코바디스와 달리 특정 문항만 증빙 자료를 제출하도록 한다. 자발적 선언이 중심이다. 문항은 영문으로 구성되며 기업이 기후변화 대응현황을 알 수 있는 구체적인 문항으로 구성되어 있다.

투자자들과 우리의 고객은 위와 같이 기후변화 대응력을 평가하기 위한 고도화된 질문을 던지고 있는데 우리는 온실가스 배출량조차 산정해보지 않은 기업도 있다. 글로벌 환경에서 ESG 경영은 협력의 필수 요건이 되었다. ESG평가라는 제도를 통해서1 1회성으로 결과 제출하면 끝나는 거래 시작 조건이 아니다. 한 조직의

주요 섹터	설명
지배구조(Governance)	기후변화 이슈에 대한 이사회 수준의 관리감독 기구의 존재 여부 및 그 역할 설명
위험과 기회 (Risks and opportunities)	기후변화 관련 위험과 기회 식별, 평가 및 대응 프로세스 및 조직이 포착한 기회 및 위험에 대한 설명
사업전략 (Business strategy)	1.5℃ 시나리오에 부합하는 기후전환 계획 및 기후변화 관련 위험과 기회가 반영된 조직의 재무적 계획 설명
감축목표 및 성과 (Targets and performance)	보고연도에 진행 중인 온실가스 절대량/원단위 목표 및 감축 목표 이외의 기타 기후변화 관련 목표(e.g.넷제로, 메탄 감축) 및 감축 활동(이니셔티브)에 대한 설명
배출량 산정방법 (Emissions methodology)	기준연도 및 기준연도 배출량, Scope 1,2,&3 배출량 데이터수집 및 산정에 이용한 기준, 프로토콜, 방법론 명칭 설명
배출량 데이터 (Emissions data)	Scope 1,2&3 배출량 설명
배출량 세부내역 (Emissions breakdown)	온실가스 유형별 및 국가/지역/사업부/시설/ 사업활동별배출량및 지난해 배출량과의 차이
에너지(Energy)	에너지 비용이 차지하는 비중 및 에너지 관련 활동, 에너지 소비량 및 소비 유형에 대한 설명
검증(Verification)	보고한 배출량에 대한 검증에 대한 설명
탄소가격시스템 (Carbon pricing)	탄소가격 시스템(e.g. 온실가스 배출권거래제, 탄소세)이 적용되는 사업장 존재여부, 탄소가격 관련 규제와 조직의 대응전략, 프로젝트 기반 탄소 크레딧, 내부 탄소가격에 대한 설명

인게이지먼트(Engagement)	조직의 공급망, 고객, 관련 가치사슬 상의 파트너 대상 인게이지먼트전략 설명
생물다양성(Biodiversity)	생물다양성 이슈 관리, 이니셔티브 참여,영향 평가, 관련 지표에 대한 설명

CDP 기후변화 정보공개 주요 섹터 및 설명

사회 또는 환경 관리의 프로세스와 목표를 모니터링하고 성과를 창출하고 있는지 매년 소통해야 하도록 한다.

에코바디스와 CDP 모두 중소중견 기업들에게 생경한 질문으로 다가온다. 현장에서 낯설고 어려워서 회피하거나 미루는 경영진 분들도 있다. 이젠 시간이 없다. 질문에 답하기 전에 질문을 정의하고, 우리 기업의 언어로 이해하며, 답할 수 있는지와 없는지 언제까지 답할 수 있는지 빠르게 파악해야 할 시점이다.

ESG는 법규와 규제가 중심인 영역이 아니다. 글로벌 시장에서 철저히 비즈니스 논리를 따른다. 지속가능한 비즈니스를 영위하기 위해 법규를 만족시키는 것과 제품과 서비스의 품질을 확보하는 일은 기본이다. '우리는 법규도 준수하고, 제품의 품질의 월등하니까' ESG는 나중에 생각하려는 안이한 생각을 버리자.

"외부 평가가 너무 많아요. 통일되어야 하지 않나요? 곧 통일되겠지요?"

친환경 제품, 지속가능한 투자, 지속가능한 조직, 공정한 과정

등 제품과 서비스, 조직, 투자의 지속가능성 측면에 관심을 갖는 이해관계자들이 많아지고 있다. 지속가능성이라는 인식이 보편화되면서 고객, 투자자, 정부, 소비자들은 새롭고 구체적인 지속가능성 평가의 기준들이 생겨 날 것이다.

지속가능성이라는 인류 공통의 방향성으로 ESG로 재편되는 상황속에서 우리에게 중요한 건 스피드다. 에코바디스, CDP를 포함하여 다양한 ESG평가에 직면하게 될 수밖에 없다. 평가 자체에 대한 부담보다는 평가에서 요구하는 사항을 글로벌 행동규범으로, 이해관계자 니즈로 바꿔 생각하고 ESG요소를 빠르게 파악하고 준비해야 한다.

에코바디스와 CDP 평가 제도를 활용해보자. 비재무 공시에 포함되는 ESG 경영 평가 정보는 기업의 지속 가능성을 평가하고 관리하는 과정에서 신뢰할 수 있는 기준을 제공한다. 또한, 협력 기업들이이 ESG 성과를 지속적으로 개선하고, 보다 효과적인 ESG 관리 체계를 구축할 수 있도록 지원하는 역할을 한다. 이러한 평가 시스템을 통해 기업은 ESG 목표를 설정하고, 이를 달성하기 위한 명확한 방향성과 전략을 수립할 수 있다.

ESG 평가는 디지털 명함과 같다

ESG 평가 결과가 신규 공급업체를 선정할 때와 프로젝트를 발주시의 조건으로 반영되고, 파트너사와 계약 및 구매시에 공급망을 평가하는 또 하나의 요인으로 반영되고 있다. 또한 고객사들은 거래가 지속되는 협력사의 ESG평가 결과를 모니터링하고 개선을 독려하고 있는데, 이는 협력사들의 입장에서는 추가 비용과 투자가 수반되기 때문에 조달 전체의 과정에서 미치는 영향력이 커지고 있다. 공급망의 ESG평가 결과를 조달 전 과정의 가치사슬의 리스크를 관리하고 지속가능성을 성과 향상을 위해 활용한다.

외면하다간 거래가 끊길 수도 있다

2017년에 중소기업 경영진으로부터 연락을 받았는데 북미지역 다국적 기업 고객으로부터 ESG 평가 결과를 제출하지 않아서 거래가 중지될 예정이라는 공문을 받았다고 했다. 이 기업은 2~3년 전부터 고객사 구매 팀으로부터 행동강령 사인을 요청받고, DJSI, 에코바디스, RBA등 ESG 외부 평가 결과도 공유해달라는 공문을 수차례 받아왔다. 그런데 그동안 메일 자체에 회신이나 조치를 안 했던 이유를 물으니, ESG가 구체적으로 무엇인지 몰랐고, 설마 거래가 끊기리라는 생각은 못했다고 한다.

다급해진 회사 경영진은 이메일과 전화로 고객사와 여러 번 사정한 끝에 10일의 말미를 받았다. 외부 도움을 받을 수밖에 없게 된 상황이었다. 2달 전에 조치를 고민하다가 일손이 부족하다 보니 준비할 시간을 놓쳤다고 했다.

많은 다국적 기업은 한국을 포함해 글로벌 전역에 있는 공급망 기업의 ESG 수준을 모니터링하고 있다. 몇 년 전까지는 1차 협력 기업들에게 ESG 평가 결과나 성과에 대해 자료를 요청해왔다. 2차를 포함한 N차사들에게는 공급망 행동강령(고객사가 거래 기업과 함께 ESG 경영을 추진하기 위해 환경, 사회적 올바른 행동의 방향성을 정리한 정책문서)에 대한 서명을 요청해왔다.

사실 협력 기업이 준비할 수 있는 시간을 가질 수 있도록 몇 년 전부터 알림 메시지를 보내왔던 것이다. 종국엔 공급망 ESG 정책에 따라 거래하는 모든 협력사들에게까지 행동강령에 사인하는 액션을 넘어 ESG 경영을 모니터링 자료를 요청하는 것으로 관리 범위가 확대된 것이다.

다국적 기업을 포함한 대기업들이 공급망 관리의 일환으로 거래하고 있는 기업들의 ESG 위험을 관리하기 시작했다. 비즈니스에 미치는 영향력을 기준으로 협력사들을 그룹화하고 ESG위험이 높은 것으로 예상되는 그룹부터 관리를 시작한다.

ESG 경영에는 장기적 전략이 필요하다

SK이노베이션은 핵심 협력사 그룹을 선정하여 ESG 리스크를 평가하고 있다. 이를 기반으로 개선 계획이 필요한 대상을 선정하고 개선 계획을 요청한다. 핵심 협력사 전체를 대상으로 ESG 리스크의 낮음과 높음을 평가하는 전략적 접근을 하고 있다.

우선 관리 대상으로 선정된 그룹부터 ESG 경영 위험 평가를 위한 설문을 추진하고, 잠재 위험 수준을 기반으로 현장도 점검한다. 해외 전역의 사업장의 현장을 방문하여 공급망 실사를 하고 개선 사항에 대해 지속적인 피드백을 한다.

평가 점수와 피드백 사항들은 조달 전 과정에서 협력사에 대한 평가가 필요할 때 반영되고, 신규 협력사 선정 시 필수인 경우도 있다. 다국적 기업의 온보딩 조건으로 에코바디스평가 결과를 준비하는 25인 이하인 기업들도 다수다.

ESG 성과를 평가받는 그룹들이 비즈니스 영향규모가 크다고 생각되는 1, 2차 협력기업에서작은 기업까지 대상이 확대 되었다는 반증이다. 연결된 기업 100%에게 ESG 경영을 요구하고 있는 것이다.

프로젝트 수주시에 입찰의 요건으로도 ESG 평가 결과를 요구받는다. LS 케이블은 영국 동부 근해에 대규모 풍력발전 단지를 조성하는 '혼시 프로젝트' 사업을 수주에 성공했는데, 프로젝트를 위해 필요한 UVDB 인증을 획득했고 5년 연속 만점을 획득했다.

UVDB Utilities Vendor Database 는 영국의 유틸리티 산업에서 사용되는

공급업체 사전 자격 심사 시스템이다. 아킬레우스[Achilles]라는 글로벌 공급망 위험 관리 회사에 의해 개발되었으며, 공급업체의 EU 규정 준수와 공급망 위험 관리에 하는 데 목적이 있다.

품질 및 보증 관리, 환경, 안전, 보건, 채용, 인권, 윤리경영, 보안 등 18가지 항목을 평가한다.[7] 한국 정부도 중소기업 ESG 경영을 촉진하기 위해 ESG 포상·우수 중소기업에 공공조달 낙찰자 선정 시 가점부여 방안을 추진하고 있다. ESG 평가 결과의 활용 범위는 수주 환경까지 확대되었다.

ESG 평가는 한번 치르고 나면 끝나는 시험처럼 생각하면 안된다. ESG 평가 결과를 활용하여 새로운 비즈니스를 시작할 수도 있고 비즈니스 기회를 잃을 수도 있다. ESG 경영의 동인으로 인식하고 넥스트를 생각해야 한다. ESG 평가 결과는 글로벌 공급망 가치 사슬에서 실시간 업데이트되는 디지털 명함이 되었다.

---

7   기업 경쟁력 제고와 지속가능 경제구축을 위한 ESG 인프라 고도화 방안, 관계부처 합동, 2022.12

"지속 가능성은 더 이상 해를
덜 끼치는 것에 관한 것이 아닙니다.
그것은 더 많은 선을 행하는 것에 관한 것입니다."

- 할리 데이비슨(Harley-Davidson)의 CEO, 요헨 자이츠(Jochen Zeitz)

6

공급망 ESG 경영의
불편한 진실

ESG 평가 점수를 얼마나 올릴 수 있을까요?

그린워싱부터 ESG 워싱까지

ISO 시스템은 ESG 경영의 접근 방법일 뿐

결국, 제품과 서비스의 지속가능성

제조사도 아닌데 ESG 경영 필요한가요? (대학 편)

제조사도 아닌데 ESG 경영 필요한가요? (비제조 편)

ESG 평가 점수를 얼마나 올릴 수 있을까요?

ESG 경영을 실무적으로 접근하면 4가지 업무로 구분할 수 있다. 전략, 평가, 보증 그리고 보고의 영역으로 나뉜다. 그리고 이 중에서 현재 뜨거운 감자는 ESG 평가다. 내수 중심의 한국 상장사들은 경쟁사를 고려하거나 평판을 고려하기도 하는데, 다국적 기업의 협력기업의 경우 확실한 목적을 가지고 본다.

글로벌 고객사들은 공급망 ESG 경영 수준을 파악하기 위해, ESG 평가에 참여하고 그 결과를 공유하도록 요청한다. 이는 공급망 관리의 중요한 부분으로 ESG 평가 결과 공유 요청은 시작일 뿐, 이후 평가 결과를 기반으로 보완해야 할 사항 및 ESG 경영 목표 달성을 위해 지속적인 개선요구를 받게 된다.

글로벌 ESG평가 종류는 산업별로 상이할 수 있지만 에코바디스(공급망 ESG평가, 노동 및 인권, 환경, 윤리, 지속가능한 조달 4개 분야를 평가)와 CDP를 요구 받는 기업들이 늘어나고 있다. 이 중 글로벌 ESG평가에 대응하는 업무는 다른 ESG 경영 다른 실무들과 비교하여 몇 가지 특징을 지닌다. 비교적 빠른 기간 내에 전 세계 같은 산업(평가를 준비한)에서 수준이 등급이나 점수 등 가시적인 결과가 도출된다.

ESG 평가 기관들은 평가 결과에 대한 데드라인을 정해 놓기 때문에 마무리 시점이 정해져 있고 우리의 의지와 상관없이 끝이 있다. ESG 경영 보고서, ESG 경영 전략 수립 등의 여타 다른 실무 작업들은 의사결정 구조에 따라 기간을 유연하게 조정되기도 한다. 또한 평가 결과에 따라 신규 비즈니스 창출이나 기존 비즈니스 퇴출 등의 이슈로 이어지다 보니 자원 투입에 대한 의사결정이 빠른 점이 있다.

"첫 평가인데 점수를 얼마나 받을 수 있을까요?"
"기존에 받은 점수에서 몇 점까지 올릴 수 있을까요?"

담당 임원, 담당자가 가장 자주 하는 질문이다. 학창시절 시험을 준비했던 기억을 떠올려보자. 그동안 ESG 경영을 위해 작은 활동이라도 했다면 예측 가능하겠지만. 중소중견 기업의 경우 전에 없던 생소한 개념을 처음 받아들이는 경우에는 질문 자체가 잘못

되었다는 것을 알 수 있다. 점수 예측하는 건 이전에 비슷한 시험을 치러봤거나, 이전에 유사한 모의고사를 풀어보고 가채점을 해 본 사람 정도는 되어야 가능하지 않을까.

ESG 실무를 평가 대응으로 ESG 경영을 입문하는 기업이라면 평가의 결과가 아닌 절차에 집중하자. 평가 대응 절차를 적용할 수 있는 환경을 만드는 데 집중해야 한다. 평가 절차를 숙지하고 대응하면, 좋은 결과는 자연스럽게 따라오게 된다.

ESG 평가 대응 절차

첫째, 주관부서와 그 역할을 정한다. 주관부서는 평가 항목에 대응 방법론을 안내하고, 일정을 관리해야 한다. 이 부서는 평가 항목의 전문성이 높지 않아도 평가 제도에 대한 이해도는 갖추는 것이 좋다.

둘째, 평가 항목의 의도를 파악한다. 각 항목이 무엇을 측정하여 평가하려는지 이해하고, 그에 맞는 대응 방안을 수립한다.

셋째, 담당 팀과 담당자를 지정한다. 항목별 대응 효과성과 지속가능성을 고려하여 최대한 세부적으로 담당 팀과 담당자를 정한다.

넷째, 정기적 비정기적 논의 시간을 갖는다. 평가 기간 동안 가능한 대응과 불가능한 사항을 구분하고, 최대한의 노력을 기울여 점수 향상에 기여한다.

다섯째, 평가 결과를 분석하여 과제화 한다. ESG 경영 전략, 외부 공시해야 할 내용과 연계해 향후 개선 및 투자 사항을 도출하고 관리한다.

평가 항목별 대응 담당자를 정했다면 평가 대응 업무의 8부능선은 넘은 셈이다. 중소중견 기업의 경우, 만약 주관부서와 대응부서가 같아도 개의치 않고 추진하면 된다. 중요한 건 우리 회사의 경험치로 남길 수 있도록 평가 항목을 이해하는 담당팀과 담장자를 길러내는 일이다. 기업의 업무 환경에 따라 편차가 생길 수 있는 부분이니 경영진의 의지가 중요한 사안이다.

ESG 평가 점수가 아닌 평가 항목에서 원하는 궁극의 목표와 우리기업의 현재와의 차이를 인식하는데 의미를 두고, 평가 결과를 겸허히 기다려야 한다. 이후 우리가 생각한 보완점과 평가 기관에서 제시하는 보완점을 통합해보자. 보완점을 잘 해석하고 과제화하고, 그 과제에 일정을 붙이면 ESG 경영 전략이 된다.

ESG 평가 대응 자문의 필요성

"ESG 평가 대응 자문을 꼭 받아야 할까요?"를 고민하는 기업들이 상당하다. 방법론에는 정답이 없다. 우리 기업의 내부 환경을 고려한 해답이 있을 뿐이다. 다행스럽게도 ESG 평가 대응에 관한 교육이 늘어나고 있다. 정부 지원 사업의 일환으로, ESG 평가 대응을 위한 다양한 교육 프로그램이 제공되고 있다. 예를 들어, 'ESG

전문가 양성 프로그램'과 같은 자격증 과정이나, 대학 및 연구기관에서 주관하는 '지속가능경영 워크숍' 등이 포함된다. 또한, 전문 컨설팅 회사들이 제공하는 'ESG 실무 워크숍'과 같은 교육도 증가하고 있다. 이러한 교육들은 ESG 평가 대응 능력을 강화하는 데 중요한 역할을 합니다.

ESG 교육을 받고 스스로 대응하는 기업도 있고, ESG 교육을 받고 자문의 필요성을 확신하는 기업도 있다. 단기간내에 방법론을 내제화 하고 싶은 기업들은 외부 도움이 필요하다고 생각하며, 장기적으로 생각하는 목표 달성을 위해서 첫해는 스스로 대응해보고, 어떤 도움이 필요한지를 판단한 후 세부적인 자문 내용을 정하는 기업들도 있다.

ESG 평가 방법이 다양해지다 보니 부담을 느끼는 기업들도 있다. 기업 입장에서는 가지수를 줄여서 효율적으로 할 수 있길 원하겠지만 불행히도 평가의 종류는 늘어날 것으로 예상한다. ESG의 중요성과 가치가 늘어날수록 평가 결과를 원하는 이해관계자들이 중요하게 생각하는 관점에 따라 달라질 수 있기 때문이다.

특정 투자자는 ESG 경영에서 거버넌스를 중요하게 생각할 수 있고, 어떤 평가 기관은 환경 분야에 전략적으로 대응하는 과정의 성과에 가중치를 둘 수도 있다. 특정 지속가능경영 분야뿐만 아니라 그 분야의 전략 수립 및 목표 설정 여부와 신뢰성 있는 데이터 확보를 중요하게 생각할지를 결정하는 일도 평가 기관의 관점에 따라 달라질 수 있다.

어떤 관점에도 어떤 ESG 평가에도 대응 가능한 기업의 시스템을 만들어가는 여정이 ESG 경영 시스템을 구축하는 과정이다. 고도화된 ESG 생태계는 다양한 평가 기관과 표준이 존재하는, 상향 평준화된 환경이 될 것이다. 이러한 환경에서 기업들은 자신의 비즈니스 모델과 목표에 맞는 ESG 평가 기관을 선택할 수 있으며, 이는 소비자의 관점과 기대를 반영한 투명하고 신뢰할 수 있는 정보 제공으로 이어진다. 다양한 평가 기준과 지표들이 당장은 기업에게 부담이 되겠지만 점진적으로 보다 구체적이고 체계적인 ESG 전략을 수립할 것이며, 이는 전체 산업의 ESG 수준을 높이는 데 기여할 것이다.

ESG 평가라는 행위를 통해 ESG 생태계는 기업이 보다 책임감 있는 방식으로 운영될 수 있게 하며, 소비자와 투자자에게 더 나은 선택을 제공할 것이다. ESG 생태계가 고도화될수록 기업이 평가 기관의 특성을 고려하여 소비자 입장해서 ESG평가 종류도 선택할 수 있을 것이다.

기대 이상의 성적을 받는 법

자문 여부와 상관없이 기대 이상으로 ESG 평가 결과를 받는 기업 분들의 특징이 있다. ESG 평가 대응을 ESG 경영 실무 경험으로써 의미를 부여한다는 점이다. 또한 ESG 평가 대응 후 결과로 도출되는 등급과 점수가 중요하다는 공감대는 있지만 그 차체를 목표로 하지 않는다는 것이다. 아래는 ESG 경영을 심도 있게 다루는 현업 담당자들의 주요 고민이다.

"처음이지만 평가를 통해 ESG 관련 프로세스를 정립해보겠습니다."

"앞으로 계속 해 나갈 일이기 때문에 우리의 능력을 배양시키는 것이 중요하니 많이 배우겠습니다. 공부도 계속하고 있어요."

"지금 당장은 못하더라도 장기적 관점에서 무엇을 준비해 나가야 할까요?"

우리 기업이 할 수 있는 만큼, 혹은 조금 더 넘어서는 수준으로 프로세스를 개선하겠다는 의지가 중요하다. ESG 평가 점수를 올리는 것에 가장 큰 목표를 두는 대응은 ESG 워싱이 될 확률이 높다. 이해관계자들은 ESG 평가를 매년 요구하고 있으며, 이에 대응하는 기업들의 ESG 평가 대응 결과는 고객사와 평가사를 넘어 불특정 이해관계자들에게도 낱낱이 공개된다. 워싱이 통용될 수 있는 환경과 시대가 아니다. 우리 기업을 감시하는 눈이 어디에도 있을 수 있다.

그린워싱부터 ESG 워싱까지

"국제적인 인식과 규제가 점점 더 지속가능한 소비와 투자를
요구함에 따라 그린 워싱의 가능성도 커진다"
— 세계경제포럼^{WEF, World Economic Forum}

그린워싱이라는 용어는 1986년 미국의 환경운동가였던 제이
웨스터벨트^{Jay Westervelt} 로부터 시작되었다. 호텔업체가 객실 내 고객
에게 환경을 위해 수건을 재사용해달라고 요청하는 것에 대해 비
판하면서 사용되었는데 이후 환경보호를 위한 관행이나 제품 또는
서비스의 환경적 편익에 대해 기업이 소비자를 현혹하거나 기만하
는 행위라는 의미로 활용되고 있고 한다.[1]

유럽의 그린워싱

그린워싱이 법제화 되면서 기업 비즈니스 위험과 직결되는
ESG 위험 요소가 되었으며 그린워싱으로 인한 재무적 영향이 증
가하고 있다.

---

1   https://www.lawtimes.co.kr/news/186776, 법률신문

EU위원회는 2023년 3월 새로운 그린 클레임 지침[GCD, Green Claims Directive]를 제안하며 "기업이 제품과 서비스의 환경적 장점에 대하여 오해의 소지가 있는 주장을 하지 못하도록 하는 새로운 기준"을 제시했다. 2024년 1월에는 그린 전환을 위한 소비자 지원에 관한 지침[DECG, Directive on Empowering Consumers for the Green Transition]을 채택했다. 이 지침은 그린 클레임 지침과 보완적인 역할을 하며, 제품의 내구성에 관한 소비자 정보 개선, 그린워싱 금지 및 기타 불공정 상업 관행을 금지하는 것을 목표로 한다. 특히, 환경 관련 일반적인 주장과 탄소 상쇄를 통해 달성된 제품의 중립적 또는 긍정적인 환경 영향에 대한 주장을 금지한다.[2]

이 조항이 입법될 경우 지금의 행정조치로 끝나던 그린워싱 광고 대상 기업들은 최대 300만 원의 벌금이 부과되며, 아시아에서 첫 번째 사례다. 유럽연합의 경우 그린워싱에 대한 구체적인 벌금 수준은 명시되어 있지 않지만, 회원국은 부정 행위에 대해 적절하고 효과적인 제재 수단을 확보하도록 하며, 미국 증권거래위원회도 구체적인 벌금을 명시하고 있지 않지만 ESG 관련 부정 행위 및 그린워싱에 대해 집중적으로 조사하고 위반 사항에 대해 법적 조치를 취할 수 있다.

---

2   대한민국 환경부도 '그린워싱 과태료' 조항 신설하고, 해당 내용을 담은 환경기술산업법 개정안이 최근 국회에 발의되었다.

"유럽에서 처음으로 그린워싱을 문제 삼은 법원의 판결이 있었다. 이태리의 미코[Miko 3]가 극세사를 유통하며 '지속가능성을 보장하는 최초이자 유일한 극세사' '100% 재활용이 가능한 극세사' '에너지 소비와 이산화탄소 방출량 80% 감소'와 같은 표현으로 제품광고를 했다. 이에 대해 경쟁회사인 알칸타라가 지난 2021년 11월 가처분 신청을 했고 고리치아 법원은 미코의 제품 광고에 활용된 표현이 검증할 수 없고, 오해를 부른다면서 시정명령을 내렸다.

영국의 경쟁시장국[Competition and Market Authority]은 그린 워싱을 피하기 위한 그린 클레임 코드 원칙을 2021년 9월에 발표했다.

그린클레임 코드 원칙	설명
진실하고 정확해야 함	제품, 서비스, 브랜드 및 활동에 대한 주장에 부합해야 함
명확하고 모호하지 않아야 함	소비자가 제품의 메시지에서 얻을 수 있는 의미와 해당 제품의 자격 증명이 일치해야 함
중요한 정보를 누락 하거나 숨기지 않아야 함	누락된 정보로 인해 정보에 입각한 선택을 방해 해서는 안됨
공정하고 의미 있는 비교를 해야 함	비교되는 모든 제품은 동일 한 요구 사항을 충족하거나 동일한 목적을 위한 것이어야 함

---

3   1997년에 설립되어 이탈리아 고리차에 본사를 둔 회사, 재활용 폴리에스터로 만든 스웨이드 같은 마이크로화이버인 디나미카(Dinamica)라는 소재를 생산함

제품의 전체 수명 주기를 고려해야 함	주장을 제기할 때 기업은 제품 또는 서비스의 전체 영향을 고려해야 함, 전체 영향을 반영하지 않거나 한 측면에만 초점을 맞추고 다른 측면은 고려하지 않는 주장은 오해의 소지가 있을 수 있음
입증할 수 있어야 함	강력하고 신뢰할 수 있는 최신 증거로 주장을 뒷받침할 수 있어야 함

영국 그린클레임 코드 6대 원칙

경쟁조사국의 안드레아 코스첼리^{Andrea Coscelli} 최고 책임자는 영국 미디어 가디언에 "너무 많은 기업들이 친환경적이라는 이유로 허위 신용을 얻고 있는 반면, 진짜 친환경 기업들은 그들이 마땅히 받아야 할 인정을 못 받고 있는 점을 우려한다"며 "법을 준수하지 않는 기업은 평판을 해칠 뿐만 아니라 법적 조치를 당할 수 있다"고 밝혔다. 관련 소비자 보호법을 위반할 경우 최대 2년 이하의 징역에 처해질 수 있다.[4]

북미의 그린워싱

미국의 월마트와 콜스^{Kohl's}는 레이온으로 만든 침대 시트, 베개, 목용용 깔개 등을 대나무로 만들었다고 허위로 표시하고, "지속가

---

4   https://www.impacton.net/news/artic, 임팩트온

능하다"재생가능하다"친환경적이다"와 같은 표현으로 마케팅을 진행했다. 이에 대해 미국의 연방무역위원회가 허위 광고 혐의로 올해 4월 제소를 했고, 월마트와 콜스는 각각 벌금 300만 달러, 250만 달러를 내야 했다.

2020년 초, 영국의 저가 항공사 중 하나인 라이언에어^{Ryanair}는 소비자 대상 "유럽에서 가장 낮은 탄소 배출 항공사$^{lowest\ emissions\ airline}$"라는 문구 광고를 시행했다가 거짓 정보의 이유로 광고 심의위원회에 의해 내리게 되었다.

금융회사인 HSBC는 영국의 런던, 브리스톨에 있는 버스 정류장에 2021년 10월 "HSBC는 고객들이 넷제로로 전환하도록 1조 달러를 제공할 것" "12만 톤의 탄소를 가두기 위해 나무 200만 그루를 심을 것" 등의 광고를 게시했다가 영국 광고표준위원회로부터 올해 4월 제소를 당했다. 영국의 감시 당국은 '그린워싱'이라고 예비 판정을 내리기도 했다.

한국에서도 2021년 석유 및 가스 회사인 SK E&S는 호주 북부 해안의 바로사 프로젝트$^{Barossa\ Gas\ Project}$에서 나온 액화천연가스를 'CO2-free(탄소 배출 없는)'라고 표기해서 환경 캠페인 그룹인 기후솔루션$^{SFOC,\ Solutions\ by\ Our\ Climate}$에 의해 소송 되었는데, 이는 한국에서는 SK E&S를 상대로 취한 첫 번째 법적 조치였다.

항목	내용
숨겨진 상충효과 (Hidden Trade-Offs)	일부 환경문제가 해결된 것처럼 보이지만 또 다른 환경적인 문제가 야기되는 경우 예) 종이 빨대는 플라스틱으로 인한 환경오염 문제를 해결했지만, 플라스틱 빨대는 재 활용 가능한 반면, 종이 빨대는 재활용하지 못함
불충분한 증거(No Proof)	주장을 뒷받침하는 정보나 제 3자의 인증이 없는 경우 예) BPA라는 화학물질에 대한 유해성이 입증되지 않은채 BPA-free 제품을 이용한 마케팅을 통해 친환경 기업임을 주장
모호함(Vagueness)	구체적인 설명 없이 친환경과 관련된 용어를 남용하여 소비자의 이해를 저해하는 행위 예) 성분에 관한 상세한 설명이 없이 녹색 지속가능 에코와 같은 단어를 상품명에 무의미하게 사용
관련성 없음(Irrelevance)	중요하지 않은 환경적 특징을 광고하는 행위 예) CFC(염화불화탄소)는 30년 이상 금지되어 왔지만 CFC 불포함을 내세워 광고
두가지 해로운 요소 중 덜한 것 (Lesser of Two Erils)	친환경적인 특징은 있지만 비교 대상보다 덜 해로울 뿐 환경을 해치는 요소가 있음에도 친환경적인 것처럼 광고하는 행위 예) 버거킹의 메타소고기 패티 사용으로 메탄가스를 줄이겠다고 캠페인을 벌였으나 그 영향은 미미하고 지구 온난화의 문제가 되는 육류 소비는 그대로인 상황
거짓말(Fibbing)	친환경적인 요소가 없음에도 친환경 상품인 것처럼 광고를 하는 행위 예) 디젤자동차가 이산화탄소 배출량을 제로로 만든다고 하는 경우
허위 라벨 (Worshiping False Labels)	어떤 기관에서도 인증되지 않은 라벨을 부착하는 행위 예) USDA Organic, ISO 14001, Green Seal 등

그린워싱 판단 기준

이 두 기준 모두 그린워싱을 방지하고 소비자들이 보다 정확한 정보를 바탕으로 의사 결정을 할 수 있도록 하는 것을 목표로 한다. 그러나 캐나다 환경 컨설팅 기업의 '그린워싱의 판단 기준'은 주로 그린워싱의 구체적인 형태와 전략에 초점을 맞추고 있는 반면, 영국의 그린클레임 코드는 광고 및 마케팅 커뮤니케이션의 정직성과 투명성을 강조한다.

독일의 금융기관인 DWS가 직면한 사례는 그린 위싱 금지의 중요성을 상기시킨다. DWS는 '2020년 지속가능 보고서' 공시를 통해 자산 9,000억 달러 중 절반 이상을 ESG 기준에 따라 투자했다고 주장했다. 그러나 내부 고발자의 제보와 이후 법적 조사 결과 실제로는 소수의 투자 자산에만 ESG 기준이 적용된 것으로 밝혀졌다. 이 사건은 2021년 3월 미국 증권거래위원회 및 독일 연방금융감독기관에 의해 조사되었고, 2022년 6월에는 독일 검찰의 압수수색까지 이어졌다. 결국 DWS의 최고경영자는 이러한 문제에 대한 책임을 지고 사임했다.

2020년에 EU집행위원회에서 조사한 결과 친환경 제품이라고 주장하는 상품 중에서 53%가 애매모호하거나, 거짓을 포함하거나, 효과가 입증되지 않은 친환경 문구를 사용했다고 한다. 2021년 12월 EU집행위원회에서는 환경발자국 평가를 활용한 그린워싱 방지를 공식적으로 제안했으며, 이는 공급망 전체에서 환경발자국 평가가 요구되는 상황을 초래했다.

"애플에 납품하는 부품 4가지에 대해서 온실가스 배출량을 산정해야 합니다."

"CA[5]기법을 활용하여 제품 전 과정에서 온실가스가 얼마나 배출되는지 평가해야 하고, 인증 라벨까지 받아야 해서요. 온실가스 배출량 산정을 완료할 수 있는 계획과 달서 시점에 대해 고객사에 보고해야 합니다."

애플의 경우 환경보고서^{Environmental Progress Report}에 환경 목표를 공시하고 있으며, 공급망 기업과 함께 협력해서 이룰 수 있는 목표와 달성 과정을 공개하고 있다. 애플의 협력사라면 애플에 핸드폰 부품을 납품한다면 애플이 공시하고 있는 기후변화, 자원, 화학물질 관련 정보를 요구받을 것이다. 만약, 애플의 협력사가 환경 성과를 부풀리거나 잘못된 정보를 공유하면 어떻게 될까. 공급망이 함께 그린 워싱을 하게 되는 결과가 될 것이다.

고객사로부터 납품하는 제품과 서비스에 대한 각종 환경과 사회적 영향에 대한 정보를 얼마나 어느 범위까지 공개할 것인가와

---

5   전 과정 평가(life-cycle assessment)로 제품 또는 시스템의 모든 과정인 원료채취 단계, 가공, 조립, 수송, 사용, 폐기의 모든 과정에 걸쳐 에너지와 광물자원의 사용과 이로 인한 대기 및 수계, 토양으로의 환경 부하량을 정량화하고 이들이 환경에 미치는 잠재적 악영향을 규명하고, 환경부하가 환경에 미치는 영향을 평가하여, 이를 저감, 개선하고자 하는 기법이다.

동시에 공개하는 ESG 정보의 위싱 여부와 신뢰성이 기업을 평가하는 중요한 축이 되고 있다. 이해관계자들은 주장하는 데이터, 즉 위싱된 데이터가 아니라 객관적이고 입증된 데이터를 원하며 정보의 신뢰성에 더욱 민감해질 것이다.

하버드 비즈니스 리뷰Harvard Business Review 2022년 7월호에서 게재된 그린워싱 관련 조사에서는 그린워싱에 대한 경제적 영향을 분석했다. 많은 기업들이 환경 친화적 이미지를 부각시키기 위해 그린워싱을 사용하고 있으며, 이는 소비자들의 신뢰를 저하시키고 장기적으로는 회사의 수익성에 부정적인 영향을 미칠 수 있다는 것이다.

기업 그린워싱의 이슈에서 자유로울 수 있을까. 공급망 생태계 내의 기업들이 더욱 늘어나는 ESG 정보 요구를 충족시키면서 그린워싱 이슈를 동시에 챙겨야 하는 이유다.

ESG 위싱에 대한 인식을 높이고 위싱을 원천적으로 차단하거나 점검할 수 있도록 관리하고 공시하는 체계를 구축해 나가는 일이 시급하다.

ISO 시스템은 ESG 경영의 접근 방법일 뿐

ISO 시스템은 국제 표준화 기구International Organization for Standardization

에 의해 개발된 범용적인 인증 시스템이다. 이 시스템은 다양한 산업과 조직에 적용될 수 있는 일련의 표준을 제공하며, 전 세계적으로 인정받고 있다.

ISO 인증은 기업이 조직의 품질을 향상시키고, 환경적 영향을 관리하며, 근무 환경의 안전을 보장하는 데 도움을 주는데 ISO 인증을 받기 위해서는 해당 표준의 요구사항을 충족하고, 정기적인 외부 감사를 받으며 해당 표준을 준수하고 있는지 입증해야 한다.

또한 ESG 경영을 추진하는 기업들이 환경과 사회 이슈의 성과를 창출하기 시스템을 도입하기 위해 ISO 시스템 도입을 고려한다. ESG 경영과 유관한 ISO 국제 표준은 다음과 같다.

해당 영역	국제표준	설명
환경	ISO 14001	환경경영체계에 관한 국제표준화기구의 표준규격
환경	ISO 50001	에너지경영시스템에 관한 국제표준화기구의 표준규격
사회	ISO 45001	직업안전보건경영체계에 관한 국제표준화기구의 표준규격
사회	ISO 37001	반부패경영시스템에 관한 국제표준화기구의 표준규격
사회	ISO 37301	준법경영시스템에 관한 국제표준화기구의 표준규격
사회	ISO 27001	정보보호경영시스템에 관한 국제표준화기구의 표준규격
사회	ISO 27701	개인정보경영체계에 관한 국제표준화기구의 표준규격
환경, 사회, 지배구조	ISO 26000	기업의 사회적 책임에 대한 국제표준화기구의 가이드

ISO 국제 표준

ISO 시스템 인증을 받으면 ESG 경영을 잘하는 회사일까

ESG 경영을 추진하며 ISO 시스템부터 도입하는 기업들이 있다. ESG 경영과 연관된 특정 ISO 시스템은 다양하다. 특정 분야의 ISO 시스템의 인증을 획득하는 것이 ESG 경영의 목적이 되어서는 안된다. ESG 영역 중에서 예를 들면 우리 회사는 환경경영과 영향을 관리 하는 것을 범용적인 글로벌 시스템으로 시작해보고자 할 때 접근 할 수 있는 방법론으로 이해해야 한다.

본사와 국내 3개, 해외 2개 사업장을 보유한 자동차 부품 제조하는 C 기업이 ISO 14001(환경경영시스템)을 국내 사업장에 도입했다. 이 기업은 본사와 국내 사업장 3곳만 환경경영을 추진한다고 평가할 수 있을까? 그럴 수도 있고 그렇지 않을 수도 있다. 기업 자체의 관리 방법론을 적용하여 환경경영을 추진할 수도 있고, ISO 가이드라인을 적용하지만 선택적으로 인증을 받지 않을 수도 있다.

ISO 시스템은 특정 영역에 대해 기업이 스스로 정한 물리적 범위에 한정해서 PDCA(Plan계획 – Do실행 – Check체크 – Action조치) 프로세스라는 공통의 프래임을 적용하여 지속적으로 프로세스와 성과를 관리하는 방법론이다.

표준규격, 즉 ISO 14001을 도입한다는 것은 1) 환경경영을 위한 프로세스를 정의하고 2) 기업을 미칠 수 있는 중요한 환경영향을 식별하여 3) 부정적인 환경영향을 줄이기 위한 목표와 관리 계획을 수립하고 4) 계획한 사항을 실행하고 5) 실행 여부와 진척 사항을 점검한 후 6) 점검 내용을 바탕으로 개선 할 사항을 조치하고

7) 이를 반복하는 프레임을 채택했다는 의미다.

기업은 환경경영 성과가 우수한 것으로 평가해야 할까? 환경경영 시스템을 도입하여 인증을 받는 것과 시스템 안에서 환경 성과를 향상시켜나가는 것은 별개의 사안이다. 위 기업이 ISO 14001을 도입했다고 자동차 부품 제조 시 발생하던 폐기물 양이 감소되는 것도 부품 자체를 경량화해서 친환경성이 높아지는 것도

아니다. 만약 화장품 제조 기업에서 ISO14001 시스템을 구축하면 PDCA 프로세스에 맞춰 환경경영을 추진하게 되는데 예를 들면 정기적으로 친환경 성과를 점검해야 하는 절차가 생긴 것은 ISO 시스템을 구축하며 마련되는데, ISO 시스템을 도입한다고 해서 제조하는 화장품의 친환경성이 절로 생기는 것과는 별개의 이슈라는 의미다.

기업이 도입하는 국제 표준 시스템은 사람에게 있어서의 정장 수트와 같다. 정장을 갖춰 입으면 스스로 정장에 걸맞는 행동 양식이 무엇인지 스스로 보다 예의 있게 행동하게 되고, 상대방에게는 스스로를 매력적으로 보여질 수 있게 만들어주기도 한다.

간과하지 말아야 할 사항은 특정 시스템을 도입했다고 해서, ESG 경영 성과가 좋은 기업이라고 말할 수 없다는 것이다. 시스템을 도입하는 기업과 시스템을 인증받은 기업을 평가하는 이해관계자 모두 환경, 안전, 혹은 반부패나 정보보호 이슈의 과정과 결과를 체계적으로 점검할 수 있는 기반이 갖추어진 것으로 이해해야 한다. 기업의 상황과 전략적 활용 가능성을 고려해 도입 여부와 시점

을 고민해야 한다.

ISO 도입의 모범적 사례

ISO 26000 사회적 책임에 대한 국제 표준을 도입하여 지속적으로 관리한 기업이 글로벌 ESG 경영 평가에서 동종업계 상위 1%의 성과를 인정받은 사례가 있다. 바로 다국적 기업에 포장재를 납품하는 한국의 G 제조 기업이며 향후 동남아 지역으로 진출을 고려하고 있는 기업이다.

2020년 다국적 기업과 첫 거래를 위해 SMETA^{Sedex Members Ethical Trade Audit}(국제적으로 인정받는 노동, 안전보건, 환경, 기업 윤리를 평가하는 종합 심사 프로그램)평가를 요구받았는데 고객의 협력사 ESG 경영 관리 정책에 따라 SMETA에서 에코바디스 평가로 변경하여 ESG 평가 결과를 거래 조건으로 제출해야 하는 상황이었다.

당시는 블랙록이 ESG 경영의 중요성을 언론에 언급하기 전으로 한국에서는 중소 중견 기업의 ESG 경영 필요성이 부각되기 이전이었다. 다국적 기업과 거래하는 수출 주도형 기업들이 글로벌 ESG 평가 결과 제출을 요구받던 상황이었고, 대부분의 중소중견 기업들은 급한 불을 끄는 심정으로 고객이 요구하는 ESG 이슈에 대응하던 분위기였다.

이 중소기업 대표는 다른 기업들과는 차별화된 전략을 선택했다. ESG 경영에 대한 평가에 대응하는 것과 더불어 지속가능경영 절차를 안착시키고 성과를 지속 향상시키기 위한 경영 시스템을 구축하기로 결정했다. 이는 그동안 고객이 요구해온 ESG관련 사항들과 전문가를 통해 요구 고객사의 ESG 경영 정책과 목표를 파악해본 후 내린 결정이었다.

> "거래하는 고객사가 다른 다국적 기업에 비해서도 ESG 경영을 선도적으로 하는 기업이라는 걸 알았어요. ESG 경영에 대한 요구가 더 많아질 것이고 해외 진출을 위한 기본기가 될 것 같다는 생각이 듭니다."
>
> — G 기업 대표이사

이 기업은 ISO 9001(품질경영 시스템)은 취득을 한 상태였고 지속적인 ESG 경영을 위한 시스템으로서 ISO 26000을 선택했다. ISO 26000은 조직 거버넌스, 인권, 노동관행, 환경, 공정운영관행, 소비자이슈, 지역사회참여와 발전이라는 7대 핵심 주제를 포괄하고 있다는 점에 착안했고, 각 종 ESG평가에서 요구하는 성과를 지속적으로 개선하기 위한 의사결정이었다. ISO 9001 이외에 가장 도입을 많이 고려하는 환경이나 안전과 관련한 ISO 규격은 그 이슈를 관리할 수 있는 여력이 있다고 판단되거나 특별한 이해관계자의 요구가 있을 때 고려해 보는 것으로 결정했다.

ISO 14001 환경경영 시스템을 도입하기에 앞서 각종 평가에서 온실가스 배출량 정보를 요청받고 있었기 때문에 지속적으로 사업장의 온실가스 배출량을 측정할 수 있는 온실가스 인벤토리도 함께 구축했다. ISO 26000 시스템과 온실가스 배출량에 대해서는 독립된 제3의 기관으로부터 검증도 받았다.

ESG 경영의 존재감

ESG 경영 활동을 위해 지속 업데이트 되고 있는 외부 요구사항, 실행 내용, 이에 따른 성과 관리를 ISO 26000 시스템으로 유지하고 있다. ISO 26000 매뉴얼에도 ESG 경영에 대한 외부요구 사항을 반영하여 업데이트 되고 있고, ESG 경영 과정과 성과를 고객과 소통하고 신규 비즈니스 입찰 시 활용하기 위한 지속가능경영 보고서 발간 등의 신규 과제도 추가된다.

ESG 경영 활동은 전무하다고 답하는 기업이 있다. 기업의 문서를 확인하다가 ISO 14001 인증서를 발견했다. 5년 전에 고객으로부터 유리한 평가를 받기 위해 ISO 14001을 도입했는데, 담당자가 퇴사한 후 어떤 관리도 되고 있지 않았다. 환경경영 메뉴얼들은 개정된 흔적을 찾을 수 없었고, 성과 지표도 목표도 없었다.

환경, 반부패에 관한 ISO 시스템 인증을 받고 안전경영 시스템도 구축하고 있는 기업이 있다. 내부 심사원 과정을 위한 필수 교육과정에 참석한 인원이 2명이었다. ISO 시스템을 구축 한 후 운영이 잘 되기 위해서는 부서별로 심사하기 위한 팀이 구성되어야 한다. 실질적으로 내부 심사가 이루어질 수 있는지 의문이 드는 인원수다. ISO 시스템 채택한 이후 그것을 꾸준히 관리해야 한다.

ISO 시스템은 기업이 착용하는 '기성품 정장'과 같다. 이는 각 기업이 시장에서 요구하는 전문성과 신뢰성을 갖추었음을 외부 이해관계자들에게 증명하는 수단일 뿐, 기업의 지속가능성을 보장할 수 없다. 즉, 너무 안일하게 접근하면 회수하지 못하는 투자비용이 되기 쉽다.

ESG 경영 목표 달성에 어떻게 활용할 것인지, 어디까지 활용할 것인지를 고민해야 한다. 또한, 팀과 참여 인원의 투입 규모를 고려하여 시스템의 종류, 구축 범위와 도입 시기를 결정해야 한다.

결국, 제품과 서비스의 지속가능성

다양한 산업이 생태계를 이루며 산업, 지역사회, 국가를 넘어 전 지구에 환경과 사회적으로 영향을 미치고 있다. 산업의 특성이 고려된 핵심 비즈니스의 지속가능성에 대한 정의와 이를 관리 할 수 있는 핵심 성과 지표와 목표가 필요하다.

자동차 산업 기업을 생각해보자. 자동차 산업에서는 배출가스 감소, 에너지 효율 향상, 재활용 가능한 자재 사용을 통한 환경에 대한 부정적 영향을 최소화하는 것이 환경적 지속가능성이라 정의할 수 있다. 이를 관리할 수 있는 핵심 지표로 자동차 배출 운행으로 인한 온실가스 배출량을 핵심 성과지표를 수립할 수 있다.

경제적 지속가능성은 효율적인 생산 공정, 장기적인 수익성 유지, 산업 내외부에서의 경제적 가치를 창출하는 것이라 정의할 수도 있다. 이를 관리하기 위해 자동차 제조 과정과 운행에서 소모되는 에너지의 양과 효율을 핵심 지표로 관리하거나 전기차와 수소차 개발과 생산량 증대를 목표로 수립할 수 있다.

안전한 자동차 제공, 공정한 노동 조건, 지역사회 발전 기여하는 것을 사회적 지속가능성으로 정의한다면 자동차의 안전성을 나타내는 사고율 및 관련 안전 기준 충족 비율을 관리할 수 있다.

화장품 사업 기업을 생각해보자. 환경 지속가능성은 제품 생산 과정에서 환경에 미치는 영향을 최소화하고, 재생 가능한 자원 사용 및 폐기물 감소에 중점을 두는 것으로 정의할 수 있다. 핵심 성과 지표로는 제품의 생산부터 폐기까지 발생하는 총 온실가스 배출량과 제품 포장에 사용되는 재활용 가능 물질의 비율 등을 활용할 수 있다.

지속가능성을 위한 핵심 목표 정하기

사회적 지속가능성으로 공정 무역, 윤리적 소싱, 동물 복지 등을 포함해 사회적 책임을 다하는 비즈니스 관행을 채택할 수 있으며, 재정적 성과와 함께 환경적, 사회적 가치를 창출하며 장기적 비즈니스 성장을 추구하는 경제적 지속가능성으로 정의할 수도 있다.

이때에는 원재료의 윤리적 소성 및 공급망 전반의 투명성 수준 향상을 핵심 목표로 적용할 수 있다.

"제품과 서비스의 친환경 성과가 있을까요?"

"ISO14001(친환경 인증 시스템)을 취득했습니다."

"아, 그건 사업장에서 친환경 시스템을 운영한다는 의미이고요, 제품이나 서비스요!"

"ISO14001은 그럼 해당이 안되나요?"

"네, 질문에서 요구하는 건 우리 회사의 핵심 비즈니스의 친환경성에 대한 이야기예요"

"우리 회사는 엔진 부품을 만드시니까 예를 들면 엔진 부품 1개를 생산하실 때 발생하는 온실가스 배출량 혹은 사용되는 유해물질량을 산정하고 계신가요?"

"B2B 사업인데 그 정보까지 측정해야 하나요?"

물건을 만드는 제조사가 사업장 차원에서 각종 ISO 인증을 받는 것과, 이를 유지하는 것과, 제품의 친환경성과 친사회성을 높이는 것은 모두 다른 의미를 지닌다.

제조사가 사업장 차원에서 ISO 인증을 받는 것은 국제 표준에 따른 경영 시스템의 구축하고 유지하는 것을 의미한다. 운영 효율성을 인정받고 고객의 신뢰를 획득하기 위한 것이다. ISO 인증을 유지한다는 것은 시스템을 지속적으로 개선하고 정기적으로 감사를 받아야 가능한 일이며 이는 기업이 국제 표준을 계속해서 충족하고 있다는 것을 보증한다.

기업을 인격체로 가정했을 때 ISO 인증을 획득은 대학 입학이나 자격증 취득과 같고, 이를 유지하는 일은 건강을 지키기 위해 꾸준히 운동하고 올바른 식습관을 유지하는 것과 비슷하며 지속적인 노력과 개선이 요구된다. 우리가 간과하지 말야 할 사실은 자격증이 있고, 노력한다고 해서 꼭 사회에 환경과 사회적으로 긍정적인 영향을 미친다고는 볼 수 없다는 것이다. 그러나 한 분야를 잘 관리하기 위한 기본 소양이나 원칙 들을 세우는 데는 유용할 수 있다.

반면, 제품의 친환경성과 친사회성을 높이는 것은 제품 생산 과정에서 환경에 미치는 영향을 줄이고 사회적 책임을 강화하는 실제적인 활동을 의미한다. 이는 기업이 지속가능한 소비와 생산 패턴을 혁신하며, 사회적 책임과 환경 보호에 기여하는 것으로, 이웃을 돕고 지역 사회에 긍정적인 영향을 미치는 사람으로서의 역할을 강화하는 것에 비유할 수 있다. 사업장 차원의 인증에 대한 사항은 "ISO 시스템은 접근 방법일 뿐"을 참고하길 바란다.

ESG 경영 시스템을 갖추는 일과 핵심 비즈니스가 친환경적이고 친사회적인 것은 상관관계 있지만 관련성은 다르다. 사업장 단위에서 각종 ESG 관련 인증과 검증을 획득했다고 해서 친환경 비즈니스를 하고 있다고 착각하지 말자.

기업은 이제 핵심 비즈니스의 친환경성과 친사회성에 대해 설명 수 있어야 한다. 그룹의 지주사에서는 계열사별로 친환경 포트폴리오의 현재 비율과 목표를 고민하고, 자동차 메이커사에 납엔진 부품을 납품하는 회사라면 우리 회사의 친환경 엔진에 대한 정의를 구체적으로 정립해서 고객에게 친환경성을 설명할 수 있는 데이터 관리 시스템을 갖춰야 한다.

사회적 가치에 집중하는 SK이노베이션

SK이노베이션의 경우 사회적 가치$^{SV, Social Value}$를 창출하는 계열사의 친환경 제품/서비스를 위와 같이 정의하고 있다. SK이노베이션 계열사들은 친환경 제품/서비스 정의를 기반으로 이에 집중된 포트폴리오 혁신을 통한 에너지·화학 사업 대비 그린 자산 비중과 사회적 가치 창출 제품 및 서비스 매출액을 관리한다. 신제품이나 서비스 개발 시에는 사회적 가치를 산출할 수 있는 산식을 개발과 방법론도 지속 개발하고 있다.

2025년까지 포트폴리오 혁신을 통한 에너지·화학 대비 그린 자산(Global 탄소 감축 및 순환 경제 활성화에 기여하고 지속 가능한 에너지 공급을 위한 자산)의 비중을 2배로 늘리고, 환경 제품 및 서비스 성과를 통한 사회적 가치 6,000억 원 이상 창출을 목표로 공시했다.

세계적으로 유명한 밴드 콜드플레이^{Coldplay}는 2019년에는 보다 친환경 방식으로 콘서트를 개최할 수 있을 때까지 다시는 투어를 하지 않겠다고 발표했고, 2023년 저탄소 콘서트 컨셉으로 월드투어를 진행해 화재가 되었다. 밴드 콜드플레이는 2016-2017년 대

비 콘서트별로 탄소 배출량을 47% 줄였다.[6]

노래하는 밴드가 가장 영향을 크게 미치는 핵심 활동은 공연이다. 친환경 앨범을 제작하는 것도 물론 친환경 활동이지만 영향력이 적다.

중요한 건, 핵심 비즈니스를 변화시키는 것

우리 기업의 핵심 비즈니스 중에서 삶의 질을 개선하는 제품 및 서비스를 정의하고 관리하자. SK이노베이션은 기능성 아스팔트와 화물운전자 대상 복지 서비스를 친 사회적 비즈니스로 정의했다.

커피 원두를 에티오피아에서 수입해서 커피 프랜차이즈사에 납품하는 유통사라면 유통 과정에 아동노동 및 강제노동 등의 부정적인 사회적 영향을 없애는 것을 목표로 설정할 수 있다. 공정 무역 라벨링을 획득해 이해관계자들과 소통하는 것을 핵심 성과로 관리할 수 있다.

학생들에게 교육 서비스를 제공하는 대학은 교육 서비스의 지속가능성을 확보하는 일이 최우선이다. ESG 경영 커리큘럼을 제정

---

6   MIT 환경 솔루션 이니셔티브(Environmental Solutions Initiative) John E. Fernandez 교수, https://www.stereogum.com/2225899/coldplay-give-update-on-their-tours-carbon-emission-reductions/news/

하고, 이러한 커리큘럼을 확대하는 것을 핵심 성과 목표로 고려할
수 있다.

사람들에게 즐거움과 의미를 제공하기 위한 컨텐츠를 생산하
는 미디어 제작사에서는 컨텐츠의 지속가능성에 대한 정의를 고민
해야 한다. 지속가능성을 알리는 컨텐츠 비율을 늘려나가는 것을
목표로 수립할 수도 있고, 컨텐츠 제작 근로 환경이나 인권 현황 등
의 핵심 요소를 목표로 수립할 수도 있다.

당신이 산업과 사회에 영향력을 가장 크게 미치고 있는 핵심
활동이 무엇인지 생각하자. 돌아갈 수 있는 시점은 지났다. 매출액
을 일으키는데 큰 역할을 하는 제품과 서비스에는 어떤 것이 있는
가. 바로 그 핵심 비즈니스를 친환경, 친사회적으로 만들어야 한다.

제조사도 아닌데 ESG 경영 필요한가요?

(대학 편)

ESG 확산의 핵심 주역은 대학이 되어야 하지 않을까. 대학교
의 ESG 경영은 경쟁력으로 자리 잡을 것이다. 이미 글로벌 유수의
대학들은 UN 지속가능성 목표, SDGs에 부합하는 ESG 경영 목표
를 수립하고 이를 달성하기 위해 적극적인 ESG 경영 활동을 펼치

고 있다.

미국 대학의 경우

하버드 대학은 1)온실가스 배출 및 에너지 2)건강과 웰빙 3)캠퍼스 운영 4) 자연과 생태계 5) 문화와 학습, 5가지 분야의 ESG 경영을 추진한다. 대학캠퍼스 최초로 SBTi^{The Science Based Targets initia-}^{tive}(환경, 기후변화 이니셔티브로서 국내 주요 기업의 기후변화 대응 목표 사례)에 가입했다. 2019년부터는 강력한 거버넌스와 리더쉽 구조를 구축하고 2026년까지 탄소 중립을 선언했고 기후변화 및 환경 경영 중심의 활동을 전개하는 것이 특징이다.[7]

지속가능성 리더로서 신재생 에너지 생산, 친환경 건물 설계 및 디자인, 시공을 하며 원자재 조달 방안의 지속가능성을 확보하는 등 구체적인 행동 계획을 실행하고 있다.

스탠포드 대학은 1)기후&에너지 2)물 3)폐기물 4) 에너지 수요 5) 음식&리빙 6)건물 7)교통, 7가지 분야의 ESG 경영을 추진한다. 2050년까지 Scope 1, 2, 3 온실가스 배출을 제로화를 위한 활동을 진하고 있다. 또한 음식, 건물, 교통 등의 학교 운영 인프라에서 발생하는 부정적인 환경영향을 감소시키려는 프로그램을 실천하

---

7   https://report.green.harvard.edu/#block-views-our-goals-block-1

고 있다.

하버드 대학	스탠포드 대학
- 2019년에 지속가능성에 관한 　대통령 위원회 설립 - 지속가능성 리더 협의회 운영 - 2021년 GHG 배출량 30% 감축 　(2016년 대비) - 2.992MW 태양광 PV캠퍼스 설치 - 144개의 LEED 인증 건물을 보유 - 약 600,000명 운송 가능 서틀버스 　운영	- 2022년 제로웨이스트캠퍼스 　위원회 출범 - Scope1,2 배출량 69%까지 감소 - 상수도 사용량은 총 48% 감소 - 대체 수자원, 수요 예측 및 물 보전과 　관련 약 20개의 기술 연구 완료 - 50개 이상의 건물 대상 　건물 자동화 시스템 적용

하버드 대학 및 스탠포드 대학의 주요 ESG 경영 성과

　　미국과 일부 캐나다의 대학들은 고등교육기관 지속가능성 발전협회의 지속가능성 추적평가시스템STARS, The Sustainability Tracking, Assessment & Rating System인 STARS는 플래티늄, 골드, 실버 브론즈, 리포터 다섯 단계로 구분하여 지속가능성 등급 발표로 성과를 평가받고 있다. 2023년 12월 자율적으로 참여한 1,000개 대학 중 574개 대학이 등급을 받았으며, 하버드 대학과 스탠포드 대학은 STARS의 플렛티늄 등급을 획득했다. 한국 대학들은 2011년도 연세대가 실버 등급을 받은 최초 사례였고 2019년도 한국 외국어대학의 리포팅을 끝으로 한국 대학은 참여하지 않고 있다.

STARS와 QS 평가

대학의 ESG 경영 평가는 어떤 요소로 구성될까. 대표적인 글로벌 대학 지속가능성 평가 제도인 STARS와 QS의 평가 요소를 기반하여 대학의 지속가능경영 요건을 알아보자.

학술 활동	학부/대학원생 맞춤 지속가능성 프로그램(전공, 학위, 자격증 등) 새로운 신규 지속가능성 강좌 개발 지속가능성 연구 참여 수행자 및 학과 운영 및 연구 지원
커뮤니티 참여	지속가능성 프로그램 및 이니셔티브 운영 학생/직원 지역사회 봉사 프로그램 및 공공 캠페인 참여 협력 기업/기관 공정한 노동 관행
운영	온실가스 배출량 인벤토리 구축 및 저감 건물의 운영을 위한 지속가능한 관리 정책/프로그램 재생가능 에너지원 개발과 사용 및 생물 다양성 프로그램 지속가능한 구매 및 식품 시스템
계획 및 행정	지속가능성 위원회 및 사회책임투자 위원회 운영 STARS 보고서 제출 및 제3자 검증 다양성과 공정성 보장 정책 프로그램 및 평가 참여 건강 및 안전관리 시스템 운영

STARS 주요 평가 요소

영국의 대학평가기관 QS$^{Quacquarelli\ Symonds}$도 2023년부터 세계 대학의 ESG 경영(지배구조, 환경적 지속가능성과 사회적 영향력)을 평가 결과를 발표하기 시작했다. 2024년에는 1600개 QS평가 대학 기준: 세계 대학 순위 또는 QS 세계 대학별 학과 순위에 최근 5년간

1회 이상 등재, 최근 5년간 학술 논문 100편 이상 출판, 5개 이상의 학부 과정과 500명 이상의 학생을 보유 대학 중 88%(1,418개 대학)을 평가했다. 이 가운데 한국 대학 13개(서울대 144위, 한양대와 연세대가 200권위 등) 대학이 편입되었지만 100위권 안에 편입된 학교가 한 곳도 없다.

2024 세계대학평가 QS 세계대학평가순위는 학문적 평판(30%), 고용주 평판(15%), 교직원 대 학생 비율(10%), 교수별 인용(20%), 국제 교수진 비율(5%), 유학생 비율(5%), 국제 연구 네트워크(5%), 고용 결과(5%), 지속가능성(5%)을 기준으로 한 종합적인 대학평가 순위에서 100위권 안에 편입(서울대, 카이스트, 연세대, 고려대 각각 41위, 56위, 76위, 79위)된 것과 다른 양상의 결과다.

지속 가능한 기관	기후 대응 또는 지속가능성 그룹 가입현황, 지속가능성 전략과 에너지 배출 보고서 공시, 환경 지속가능성 주제 학생 동아리 운영, 순수 영역에서 넷 제로 수립 여부
지속 가능한 교육	지구, 해양 및 환경과학 과정의 졸업생 성과와 학문적 평판, 기후 과학 및/또는 지속가능성을 내재화 과목 존재 여부
지속 가능한 연구	유엔 지속가능발전목표와 대학 연구 현황 연계 평가, 정부의 연구 개발을 자금 지원 여부

QS의 환경적 지속가능성 지표

평등	여성 학생 및 교직원 비율, 공개적으로 공개된 평등, 다양성 및 포용 정책의 가용성, 장애인 지원
지식 교류	경제적으로 지원받지 못하는 기관과의 지식 이전에 대한 헌신과 대학이 다른 기관 및 조직과 파트너
교육의 영향	대학의 우수한 교육 연구, 관련 사회 과목에서의 졸업생 영향 및 학문적 평판, 학생 및 학계가 검열 없이 연구를 추구성
고용 기회	고용주 평판 점수와 취업 결과, 학생들이 성공적인 직업 준비도, 일과 경제적 성장, 평화, 정의 및 우수한 기관 연구, 국가의 실업률
삶의 질	삶의 질 연구 활동, 캠퍼스 내 건강 옵션 및 지역의 대기질 등 고려

QS의 사회적 영향 지표

일례로 서울대는 QS에서 발표한 '2024 세계대학평가순위'에
는 41위, ESG평가 순위는 141위다. 한국 기업들의 ESG 경영이 뒤
처져 있다는 반증이 아닐까. 글로벌 인재 양성은 미국이 선도하고
있다고 한다. 대학의 ESG 경영을 평가하는 STARS 및 QS 평가 순
위를 보면 미국의 대학들이 다수 편입되어 있다. 한국의 재학생 대
유학생 비율은 1.6%로 OECD 평균 8.7%에도 훨씬 못 미치고 있으
며, 조심스러운 추측이나 외국인 유학생 증가율이 감소하고 있으며
마치고 돌아가는 학생들 중 일부는 한국에 대한 부정적인 감정을
가지고 떠난다고 한다.

유수의 인재들이 가고 싶은 나라의 대학으로 존재하기 위한 전
략으로서 ESG 경영을 활용하자. 우선 세계 대학들과의 ESG 경영

격차를 줄이고 ESG 경영에 속도를 내야 하는 시점이다.

대학의 핵심 경쟁력을 ESG 경영에서 찾아보자.

대학이 ESG 경영을 한다는 것은 어떤 의미일까. ESG분야의 인재를 양성하는 대학 본연의 역할을 고도화는 것과 동시에 ESG 경영을 실천하며 UN SDGs 목표에 기여하는 시스템을 구축하는 의미다. 또한 궁극적으로 유수의 인재들을 가고 싶은 대학이 되는 경쟁력을 만들어가는 전략으로 활용하는 것이다.

> "지속가능성은 전체 분야에 중요합니다. 저는 고등교육이 공공의 이익을 위해 존재한다고 생각합니다. 그러므로 지속가능성, 지속 가능한 개발, 그리고 사회적 책임은 모두 대학에서 그 업무를 수행함에 있어 핵심적인 요소입니다. 또한, 젊은이들은 자신이 공부하러 가는 곳이 자신의 가치관, 생각, 그리고 그들이 창조하고자 하는 미래 유형에 대한 포부와 부합하는 장소인지 알고 싶어 합니다."
>
> — 맨체스터 대학교의 줄리안 스크라임[Julian Skyrme]

대학은 고등 교육 기관으로서 지속가능발전 목표, UN의 지속 가능한 개발 목표 SDGs에 기여해야 한다. 대부분의 SDGs와 연관된 예술과 인문학부터 자연 과학 및 의학까지 가르치고 연구한다.

영리를 목적으로 하는 조직이 접근하기 어려운 SDGs 목표에 대해 심도 깊게 다루고 지역사회와 정부 등과 협업 구조와 실험적인 프로그램을 도입할 수 있는 장점이 있다. SDGs 목표 달성을 위한 살아있는 실험실이다.

세계적인 순위권에 있는 대학들은 2010년경부터 MBA 과정에 ESG 교육을 실시해 왔으며, 대학 자체의 ESG 경영 외부 평가를 통해 진단을 받고, 지속가능경영 보고서를 발간하며 대학의 발전에 적극적이다.[8] 이러한 활동을 통해 ESG 전문가가 되고자 하는 전 세계 학생들의 ESG 교육 수요를 충족시키면서 커리큘럼 경쟁력을 강화시키고 있다. 지속가능성이라는 화두가 대학의 글로벌 경쟁력과 영향력을 넓히고 있다. STARS와 QS의 대학 ESG평가 결과를 보면 글로벌 상위에 있는 대학들은 자체적인 ESG 경영 활동과 ESG커리큘럼 경쟁력 강화를 동시에 꾀하고 있다.

"대학에 입학하면 졸업할 때까지 지속가능한 발전을 이해할 수 있도록 일종의 지속가능성 로드맵이 있어야 합니다."
— QS의 수석 연구 관리자, 드류 맥팔랜[Drew MacFarlane]

---

8   뉴욕대학: 맞춤형 ESG 고위급 실무자 과정을 개설, UC버클리대학의 하스비즈니스스쿨(Has School of Business): 지속가능성과 경영전략을 통합화는 교육 과정을 개설, 런던 비즈니스 스쿨: 지속가능성 리더십과 기업의 책임에 대한 교과과정을 개설, 스탠퍼드 및 미국 하버드 대학교: 경영학석사(MBA) 과정에 ESG 교육 실시

아쉽게도 한국의 대학들의 ESG 경영 활동은 ESG 석사 및 전문가과정 및 ESG 경영 최고위 과정 운영에 집중되어 있다. 환경경영이나 사회적 프로그램을 위한 상생협약을 통한 ESG 경영 실천 활동은 시작하는 단계이다. 해외 대학보다 10년 이상 뒤처져 있다.

대학의 ESG 경영의 프레임 구축을 글로벌 ESG대학 평가 대응으로 시작해보자. 평가 분야와 지표를 통해 세계적으로 요구하는 고등기관으로서의 ESG 경영 수준과 방향을 파악할 수 있다. 이를 통해 ESG 경영 접근 방법을 배울 수 있다.

또한 대학의 ESG 경영 현황을 진단하고 파악하는 툴로서 활용해보자. 높은 등급을 획득 것에 목표를 수립하기보다 평가 질문과 현황과의 차이를 발견하는 것에 의미를 두고 현실적으로 실현 가능한 부분부터 추진하면 된다. 또한 이 모든 과정의 지속가능경영 성과를 공시하며 (예비) 학생과 임직원에게 대학 자체의 지속가능성을 소통해야 한다.

지속가능성 평가에서 1위와 3위에 편입된 대학들은 지속가능성 평가 결과가 학생 모집 전략 미치는 영향에 대해 다음과 같이 설명했다.

"젊은이들의 의사 결정에서 지속가능성이 느리지만 확실히 하나의 요인으로 증가하고 있는 만큼, 지속가능성 평가에서 좋은 성과를 거두는 것은 무엇보다도 다양한 영향을 미칠 것이라고 확신하며 실질적인 사회 및 환경 변화에 대한 우리의 명성을 강화하는 것이 역사적인 맨체스터 대학 정체성이다."

― QS 지속가능경영 평가에서 전 세계 3위를 차지한

맨체스터 대학교의 입장

"학생들은 점점 더 훌륭하고 지속 가능한 교육 기관과 연결되고 이에 속하기를 원합니다. 대학원생과 박사 후 연구원은 해당 분야 및 기타 분야의 최고 연구자와 함께 지속가능성 문제에 기여 하기를 원합니다. 우리는 미래의 변화 주체가 토론토 대학에 오기를 원합니다. 이는 우리 변화 이론의 일부입니다. QS의 이러한 인정은 토론토 대학이 자신의 가치를 반영하고 지역 사회, 국가 및 지구를 더 나은 곳으로 만들 수 있는 교육과 경험을 제공할 것이라는 점을 예비 학생들에게 분명히 알리는 신호입니다."

― QS 지속가능경영 평가 전 세계 1위를 차지한 토론토 대학교의 입장

대학이 ESG 경영을 실천하며 관련한 명성을 쌓는 활동들을 통해 글로벌 인재들을 찾아오게 해야 한다. 한국의 대학들이 세계적인 대학들과 함께 ESG 경영을 적극 추진하며 대외적인 글로벌 평가에서도 경쟁력을 인정 받을 수 있는 날을 앞당겨야 한다.

제조사도 아닌데 ESG 경영 필요한가요?

(비제조 편)

ESG 이슈는 제품을 만드는 사업장에서만 발생한다거나 제조업과 달리 직접적인 환경오염이나 자원 소비가 적기 때문에 ESG 경영 중요성이 낮은 것으로 오해할 수 있다. 하지만 비제조 업계는 제품을 직접 생산하지 않더라도 서비스 제공, 투자, 자금 조달 등 다양한 활동을 통해 환경, 사회, 지배구조에 영향을 미치기 때문에 ESG 경영을 추진하는 것이 중요하다. 비제조 기업에서 ESG 경영의 필요성을 반문할 때면 나는 다음과 같이 답한다.

"물론입니다. 엔터테인먼트 산업도, 미디어 산업도 IT 기업도 ESG 경영이 필요합니다. 그리고 이미 시작하고 있습니다."

ESG 경영이 필요하지 않은 곳은 없다

바꿔서 생각해보자. ESG 경영이 필요하지 않은 특정 산업이 있을까? 없다. 각자의 기업들은 속한 산업 특성과 규모에 따라 의사결정 구조, 환경 및 사회적 영향력이 다른 것뿐이다.

제조 업계는 생산 과정에서 직접적으로 환경을 오염시키거나 자원을 소비하고 폐기물을 발생 등의 영향력이 크게 발생시키는 특징이 있지만 친환경 기술 개발, 사업장에서 에너지 효율 개선, 폐기물 감소 등의 활동을 통해 환경 영향력을 줄일 수 있다. 또한 안전한 작업 환경 조성, 노동권 보호, 공정거래 등 사회적 책임을 다할 수 있다.

반면 비제조 기업은 서비스를 제공하는 과정에서 온실가스 배출을 최소화하고 친환경 소비 문화를 확산시키고 사회적 약자를 지원하는 활동으로 영향력을 행사할 수 있다. 제조와 비제조 업계는 서로 다른 방식으로 ESG 영향력을 행사하기 때문에 단순 비교보다는 각 업계의 특성을 이해하고 ESG 경영을 실천하는 것이 중요하다. 기업이 존재하는 한 지속적으로 영향을 미치고 있다. 그것도 전 지구에.

문화 기업의 ESG

비즈니스 출장으로 간 파리에서 한국 문화의 힘을 느꼈다. 파리의 공항에서 반겨주는 전광판 광고에서도 버스 정류장에서도 한국의 스타들의 얼굴을 쉽게 볼 수 있었다. 비즈니스 미팅에서는 한국의 BTS와 가 소속 되어있는 엔터테인먼트와 함께 하는 넷 제로 프로젝트 소식을 전하며 미팅 분위기를 부드럽게 이어나갈 수 있었다. 한국인이라는 사실을 자랑스러운 순간이었다.

아마 다음 번 미팅에는 블랙핑크가 유럽투어를 하면서 배출하고 있는 온실가스 배출량과 이를 줄여나가기 위해 블랙핑크가 소속된 엔터테인먼트 회사의 온실가스 감축 활동과 계획에 대해서도 설명할 수 있게 되지 않을까. 엔터테인먼트 회사의 경우 회사 운영 시 발행하는 환경영향보다 아티스트들의 활동에 의한 환경 영향력이 더욱 크다.

미국의 가수이자 영화배우로 활동 중인 테일러 스위프트는 가장 탄소배출을 많이 하는 인물로 지목되었다. 그녀는 2022년 반년 만에 그녀는 170회 이상 전용기를 비행하여 약 8,300톤의 탄소를 배출(48.8톤/1회)했다. 스마트폰 1대를 생산하는 과정에서 탄소 배출이 89.1kg(2017년 그린피스 조사)임을 감안한다면 그녀는 1회 전용기를 타면서 핸드폰 548대를 만드는 데 발생하는 탄소배출량을 배출시키고 있다는 결론이다.

MTV 엔터테인먼트 그룹은 2020년에 크리에이티브 커뮤니티의 포용성을 강화하기 위해 MTV 엔터테인먼트 문화 오리엔테이션 교육 프로그램을 개발을 주도했다. 이 프로그램은 공동의 가치, 다양성에 대한 이해, 문화적 규범을 다루는 것으로 2022년 말까지 임직원 100%가 교육을 받았다. 엔터테인먼트 업계 특성에 맞게 ESG 경영으로 혁신하고 있다.

MTV 엔터테인먼트 그룹의 모회사인 바이어컴CBS(現 파라마운트)은 2022년 1월에 ESG 보고서를 공시했다. 목차를 살펴보면 미디어 산업의 ESG 경영의 방향성을 알 수 있다. '거버넌스' 부분에서는 데이터 프라이버시와 정보보안, 공공정책 관여의 이슈를 다루며, '지속 가능한 생산 및 운영' 부분에서는 기후변화와 환경 문제를 다룬다. '온스크린 콘텐츠 및 사회적 영향'과 '인력 및 조직 문화' 부문에서는 다양성 이슈를 집중적으로 다룬다.

드라마나 영화를 제작하는 문화 컨텐츠 산업은 어떤 영향력이 있을까? PD와 작가들이 ESG 경영의 세부 이슈와 UN의 SDGs에 대해 더 깊게 이해하고 있다고 상상해보자. 기후변화 이슈를 해결하고, 사회적 약자를 다루는 컨텐츠들을 전개하는 방식이 스토리 중심보다는 전문가 자문, 현장 취재, 데이터 분석 등을 통한 객관적이고 정확한 정보를 기반으로 하여 현실성이 깊어지지 않을까. 드라마나 영화 제작 시에 친환경 자제를 도입하고, 배우나 스텝의 처우들이 향상되는 방법이나 목표를 수립할 수도 있다. 드라마 엔딩에 이 컨텐츠를 만들기 위한 과정 중에 배출된 온실가스량과 폐기물 배출량이 표시되지 않을까?

지구 온난화, 환경오염, 자원 고갈 등 다양한 환경 문제에 대한 인식을 높이고 해결 방안을 모색하기 위해 개최되는 환경영화제가 있다. 수상작들은 단순히 문제점을 지적하는 것이 아니라 해결 방안을 제시하고 있다. 동물의 삶과 권리, 인간과 동물의 관계 등 다양한 동물 관련 문제에 대한 인식을 높이고 동물 보호의 중요성을 강조하기 위한 동물영화제들의 수상작들은 인간 중심적인 사고방식에서 벗어나 동물의 입장에서 문제를 조명한다. 환경영화제나 동물영화제들이 앞으로 더욱 활성화 될 것이다. 앞으로는 백상예술대상에서 ESG의 부정적 영향력을 줄이기 위해 노력한 작품에 대해

시상하고 그들의 노력에 박수를 보낼 날이 머지않은 세상을 상상
해 본다.

IT 기업의 ESG

"에스트로더에서 ESG평가를 받아오라고 합니다. 저희는 홈페
이지 유지보수 하는 기업인데도 대응 해야 하나요?"

에스티로더는 크리스찬디올, 로레알, 맥 등 전 세계적으로 유
명한 브랜드를 소유한 미국의 피부 관리, 메이크업, 향수, 모발 관리
제품을 생산하는 다국적 기업이다. 에스티로더의 플랫폼d을 관리
하는 한국의 중소 IT 기업 팀장님의 질문이었다. 제조업이라고 협
력하는 제조 기업에게만 ESG를 요구하는 것이 아니다.

중소 IT 기업의 경우 전문가들로 이루어진 집단 지성이 기업
의 핵심 경쟁력인 경우가 많다. 파트너사의 정보를 다루기 때문에
반부패와 정보보안 이슈의 사회적 영향력이 다른 산업에 상대적으
로 크다. 환경적으로는 IT시스템을 운영하기 위한 전력 소비를 줄
여나가는 활동을 할 수 있고, 에너지 효율 제품을 구매하는 등의 소
싱 측면의 시스템을 개선하고 기준을 만들어 부정적인 환경 영향
을 줄이는 전략이 필요하다. 에스티로더가 산업을 막론하고 협력하
는 거래 기업의 ESG 경영 수준을 궁금해 하는 건 당연한 일이다.

글로벌 IT 기업의 ESG 경영 현황을 살펴보자. 다국적 IT 기업들은 글로벌 ESG 경영 수준을 리딩하고 있다. 구글은 2017년도에 데이터센터를 전부 신재생에너지로 운영하는 RE100을 2018년도에 달성했다. 2020년도에는 '탄소 제로 에너지 프로젝트' 계획도 발표하고 2035년까지 약 50억 달러, 즉 6조 원 이상을 투자해서 5기가와트 규모의 태양열·풍력 등의 신재생 에너지를 확보하겠다고 공표했다. 환경적 측면뿐 아니라 2025년까지 흑인인 직원의 수를 2배로 늘려서 대표성이 낮은 그룹의 고위직 진출 비중을 확대한다고 한다. 우리 회사의 미치는 영향력이나 특성을 고려한 ESG 경영의 우선순위와 실행력이 다를 있을 뿐이다.

대회에도 ESG가 필요할까?

그렇다면 조직이 아닌 이벤트 개최 시에도 ESG 경영이 필요할까? 2012 평창동계올림픽의 지속가능전략 프로젝트에 프로젝트 매니저로 참여했었다. 혼란스러웠다. 일시적인 행사에 지속가능성을 추구한다는 개념이라니. 직관적으로 이해가 되지 않았다.

이벤트는 세간의 이목을 끌고 일시적이며, 긍정적 및 부정적인 사회적, 경제적, 환경적 영향을 미친다. 본 국제 규격은 조직과 개인이 이벤트 관련 활동의 지속가능성을 개선하도록 돕기 위해 입안되었다. 본 국제 규격은 이벤트의 지속가능성을 개선하기 위한 이벤트 지속가능경영시스템의 요구사항을 명시한다. 이는 이벤트 설계 및 인도와 관련된 모든 유형과 규모의 조직에 적용될 수 있고 다양한 지리적, 문화적 및 사회적 조건을 수용한다. (중략) 최대 효과를 보기 위해서는 확인된 이해관계자들은 물론 공급망 전역에 걸쳐서도 영향력이 확장될 필요가 있다. - ISO 20121:2012(E) Event sustainability mangement systems - Requirements with guidance for use

ISO 20121 이벤트 지속가능경영 시스템 규격 서문의 설명이다. 평창동계올림픽이 결정된 이후 ISO 20121 시스템을 도입하면서 올림픽 위원회 대부분의 부서를 만나서 올림픽 개최하고 마무리하기까지 프로세스 각각의 환경과 사회적 영향을 예상하고 부정적인 영향을 줄여 나가면서 지역 경제를 활성화시킬 수 있는 방법을 고민해나갔다.

IOC 위원들과 진행 사항을 공유하기도 했다. IOC는 지속 가능한 개발을 올림픽 운동의 핵심 원칙 중 하나로 채택했다. 경기장 건설, 이벤트 운영, 지역사회 발전 등 모든 올림픽 관련 활동 시 환경적 영향을 최소화하고, 경제적 이익을 극대화하며, 사회적 책임을 촉진 할 수 있는 것을 목표로 한다. 올림픽 개최 전 후의 지속가능성 목표 달성을 모니터링하고 조언한다.

올림픽을 즐기는 사람들 입장에서는 며칠 동안 이루어지는 이벤트일 수 있지만 이를 준비하는 입장에서는 몇 년을 준비하는 과정이다. 그 과정과 과정 이후까지의 환경과 사회적 영향을 고려하고 긍정적이고 장기적 유산이 될 수 있도록 이벤트의 지속가능성을 추가하는 일이었다.

세간의 이목을 끄는 이벤트는 다양하고 더 다양해질 것이다. 유럽에서 축구 경기가 있는 날은 도시 전체가 조용해진다고 한다. 국제적으로 개최되는 올림픽, 영화제, 콘서트 투어, 축구 대회에서부터 지역사회에서 이루어지는 축제, 마라톤 대회 등 이벤트 종류는 셀수 없다. 기업들도 크고 작은 이벤트들을 열기도 하지만 세간의 이목을 끄는 이벤트들을 후원하기도 한다.

평창 동계올림픽대회는 ISO20121 인증을 획득한 사상 첫 번째 동계올림픽이자, 런던과 리우하계올림픽에 이어 세 번째 인증을 받은 올림픽이 됐다. 모든 이벤트에 국제 규격을 인증받을 필요는 없다. 하지만 경제, 환경, 사회적 영향을 고려하는 것은 특정 산업과 규모의 이슈가 아니라는 점은 분명하다. ESG는 이벤트에서도 반드시 고려해야 하는 관점이다. 경제, 환경, 사회에 미치는 영향력에 따라 접근 방법을 달리해야 할 뿐이다.

"공기를 마실 수 없고 물을 마실 수 없다면

당신이 관심 있는 다른 어떤 것도

일어나지 않을 것입니다. 이 문제를

외면하지 마세요. 무언가를 하세요.

당신은 우연히도 지구 역사상

절대적으로 중요한 순간에 살아 있습니다."

– 칼 세이건

공급망 ESG 추진전략

ESG 경영의 궁극적 목적, 어디까지 생각하세요?

ESG 정보, 믿을 수 있을까?

거버넌스의 시작과 끝은 ESG TFT

ESG 스토리는 ESG 경영의 강력한 무기가 된다

ESG의 완성은 담당자로부터, ESG 담당자는 임직원 모두

ESG 경영의 궁극적 목적, 어디까지 생각하세요?

이 책은 '착한 기업'이라는 개념을 탐구하는 것을 시작으로, 지속가능성에 대한 글로벌 목표, ESG의 영향, 이해관계자 자본주의로의 전환을 통해 기업 가치가 어떻게 재정의되고 기업이 책임감 있는 행동을 통해 품격을 유지하는 방법과 의식 있는 투자자들에 의한 ESG 혁명과 공급망 관리에서 ESG의 역할에 대해 알아보았다.

마지막 장에서는 ESG 경영의 궁극적 목적을 정의하는 것을 시작으로 ESG 경영의 완성은 모든 임직원에 의해 이루어진다는 점으로 마무리하며 공급망 ESG 경영을 실질적으로 이해하고 실행하는 데 필요한 전략을 제시했다.

과연 '지속가능성'에 정답이 있을까?

자문 고객사의 대표이사님이나 중요한 의사 결정 권한이 있는 분들께 ESG 경영의 궁극적인 목적에 대해 문답하는 과정에서, 깨달은 사실이 있다. 조직이 지속가능성을 추구한다는 것은 다양한 해석이 존재할 수 있으며 궁극의 지속가능성 청사진도 다르다는 점이다.

진정성 있게 ESG 경영을 추진하기 위해서는 인류가 나아가야 할 방향에 공감하고 목표 달성에 대한 가치를 공감이 선행되어야 한다는 점은 분명하다. 이를 잘 정리해 놓은 것이 전 세계가 지향해야 할 지속가능발전목표다.

ESG 경영은 우리 조직이 지속가능성에 기여할 수 있는 범위와 수준을 정하고 변화와 혁신을 이루어나가는 여정이다. 그렇다면 우리 기업이 생각하는 ESG 경영 수준은 어디쯤에 있을까?

기업이 ESG 경영을 한다는 것은 어떤 의미일까? 우선 우리 조직 유관한 국가의 법규를 잘 지키는 것에서 시작한다. 고객, 주주, 평가자, 지역사회, 소비자 등의 이해관계자의 요구를 반영하여 ESG 경영의 지향점과 목표를 수립하는 활동을 포함한다.

여기에서 그치는 게 아니라 스스로 정한 지속가능성 목표를 달성하기 위한 업무 절차를 마련하고 성과를 향상시켜 나가는 지속적이고 반복적인 절차를 실행하는 것이다. ISO에서는 이를 PDCA- _{Plan, DO, Check, Action} (계획수립, 실행, 점검, 조치) 사이클로 표현한다.

우리 조직은 어느 지점에 와 있을지 생각해 보길 바란다. ESG 분야별로 수준이 다를 수도 있다. 예를 들면 법규를 기반으로 하는 환경경영 분야는 목표가 있고, PDCA 절차를 수행하는데 기후변화와 관련해서는 온실가스 감축 목표도 없고 실행 계획도 없는 기업도 많다.

단기적이고 단편적인 ESG 경영 활동을 추진하는 기업들이 적지 않다. 목표 수립은 뒷전으로 제쳐두고 ESG와 관련 인증 취득이나 고객에게 제출할 ESG 경영 체크리스트 평가 대응에만 급급한 기업들도 많다. 간혹 경영진 중에서는 일부 ESG 경영의 성과 중의 일부 성과를 ESG 전반의 성과로 확대 해석하고 '이만하면 됐지'라고 치부하기도 한다. 일자리를 구하기 어려운 시기에 채용을 하고 있다는 사실만으로도 ESG 경영을 잘 하고 있다고 생각하는 CEO들도 있다.

"저희는 한국 ESG 평가로부터 상위 등급을 받았습니다."
"그런데 기후변화 쪽은 대비해야 할 부분이 많이 있습니다."
"저희도 인지는 하고 있습니다. 그런데 대표 이사님께서 ESG 경영 평가 결과를 상위로 유지하고 있으니 별다른 투자는 생각하지 않으시는 것 같습니다."

이 기업의 경우 국내 ESG평가 결과가 나쁘지 않았을 뿐, 세계 최대 환경정보공개 플랫폼으로 기후변화가 기업에 미치는 직, 간접적 영향에 관한 정보 수집을 위한 CDP 평가에 대응해보면 우리 기업의 기후변화 대응 수준이 높지 않다는 현주소를 실감할 수 있을 것이다. 국내 ESG 평가에서 요구하는 기후변화 대응 수준과 글로벌에서 지향하는 기후변화 수준에는 큰 차이가 있다. CDP의 경우 기후변화 지배구조, 전략, 온실가스 감축 목표 및 활동, 위험과 기회 등에 대해 현황에 대한 답변을 요구한다. 한국 대기업 C사의 경우 글로벌 ESG 평가에서는 높은 등급이었지만 ESG 위험을 전문적으로 모니터링하는 기관에서 ESG 위험이 높다고 평가를 받았다. C사는 이에 적극적인 대응이나 조치하지 않다가 사업장에 화재가 발생하면서 기업의 평판이 크게 하락해 최대 적자를 기록하였다.

한발짝 더 나아가 새로운 기준을 만드는 기업

반면, 이해관계자들이 요구하는 ESG 경영 수준을 너머 지속가능한 사회를 만들어 가기 위해 도전적인 환경과 사회적인 목표를 수립하는 기업들도 있다.

프랑스의 수퍼마켓 체인인 앵테르마르셰[intermarche]는 2014년부터 '명예롭지 않은[inglorious]' 과일과 야채를 30% 싼 가격에 팔기로 한 정보를 식품 쓰레기 줄이기 캠페인과 함께 소셜미디어에 내보냈다. 명예롭지 않은 과일과 야채는 크기나 모양이 불균형하거나, 색깔이 예쁘지 않거나 표면에 흠집이나 상처가 있는 등 외관이 다소 불균형이 있다. 또한 기능적으로 유통기한이 짧거나, 덜 달콤한 맛을 갖을 수 있고 질감이 덜할 수 있지만 영양과 안전에는 문제가 없는 상품이다.

이 시기는 막 전 세계 유통업체들이 환경 문제가 나이키나 코카콜라와 같은 대형 제조업체 브랜드에게만 중요한 게 아님을 중요성을 깨닫기 시작한 직후였다. 시험적으로 시작한 캠페인이 큰 성공을 거두면서 프랑스 전역의 앵테르마르셰가 못생긴 농작물을 판매하게 되었다.

마트는 유통기한이 얼마 남지 않은 제품을 할인 판매함으로써 곧 상품으로서의 가치를 잃어버릴 제품에 다시금 가치를 불어넣어 주고, 소비자에게는 비용 절감 효과를 안겨줄 뿐만 아니라 음식물 쓰레기를 줄이는 친환경 효과까지 얻을 수 있다. 이런 효과를 '푸드 리퍼브Food Refurb'라고 부른다. 본래 푸드 리퍼브는 상품성이 떨어지는 못생긴 농산물을 활용해 식품으로 재탄생시키는 것을 의미한다.

파타고니아는 "우리는 우리의 터전, 지구를 되살리기 위해 사업을 합니다"라는 사명을 내세운다. 기업의 사회적 책임이 기업 본연의 목적인 '이윤 추구'보다 우선시한다. 파타고니아는 제품 하나를 만드는 과정에서 발생하는 환경오염 문제를 부각했고, 필요 없는 옷은 사지 말아 달라고 당부한다. 오히려 떨어진 옷을 수선해 입으라는 취지로 최소한의 실비만 받고 수선해 주는 웜웨어 서비스와 바느질 도구를 제공한다. 그런데도 매년 출시되는 제품마다 품절 대란을 일으키고, 연 매출 7억 달러(약 8000억 원)을 달성하며 아웃도어 업계 2위로 자리 잡았다.

"기후 변화 대응은 애플의 최우선 과제 중 하나이고, 지금이야
말로 현재까지 발표해 온 약속을 행동으로 보여줄 때"

애플의 CEO, 팀 쿡

애플은 글로벌 공급망에 2030년까지 관련 생산에서 탈탄소화
를 추진하고, 재생 에너지 및 기후 솔루션에 대한 투자를 전 세계로
확대하기 위해 협력업체와의 협업을 가속화하고 있다. 세계 각지
에서 날이 갈수록 체감되는 기후 변화 영향을 줄이기 위해 글로벌
경제 개발 공정에서 탄소 배출을 줄이고, 지역 커뮤니티를 위한 혁
신적인 기후 솔루션을 촉진하고자 새로운 이니셔티브 및 투자 계
획도 발표했다. 유럽의 재생 에너지에 대한 상당한 투자, 재생 에너
지로 전환하는 기업 지원을 위한 파트너십, 자연 기반 탄소 제거 및
지역사회 주도 기후 솔루션을 추진하는 전 세계 프로젝트에 대한
신규 지원 등을 포함한다.

"2045년 탄소중립 달성을 목표로 제로 배출 차량 개발, 수
소 경제 확장, 재생 에너지 사용 확대 등에 적극 투자 할 것입
니다."

현대자동차 대표이사, 장재훈

현대자동차는 청정 교통과 녹색 에너지 솔루션에 대한 투자
를 통해 모두를 위한 더 나은 지속가능한 미래를 달성하기 위한 행

보를 이어가고 있다. 2030년까지 글로벌 판매의 30%, 2040년까지는 80%를 제로 배출 차량으로 전환해 2045년까지 탄소 중립을 달성할 목표를 가지고 있다. 또한 수소 20년 이상의 수소 연료 전지 기술 개발 경험을 바탕으로 다양한 차량에 적용하고 있으며, 새로운 세대의 기술을 계속해서 개발 중이다. 생산 시설의 재생 가능 에너지 사용을 증가시키고 있으며, 2040년까지 전 세계 운영의 90%에서 재생 가능 에너지를 사용할 계획이며, 2028년에 첫 전기 도심 항공 교통 시스템[UAM, Urban Air Mobility] 출시를 목표로 하고 있으며, 2030년대에는 인접 도시 연결용 비행 차량을 출시해 도시 내 운송의 변화를 이끌어 갈 계획이다.

기업의 비즈니스 경쟁력과 인류의 지속가능성을 동시에 추구하면서 혁신하는 기업들이 '새로운 지속가능성 기준'을 만들어 가고 있다. 지속가능성이 새로운 기준이 되는 시대다. ESG평가 등급 연연해 하는 기업, 고객이 원하는 수준에 맞춰 ESG 경영을 추진하는 기업, 환경성을 높이고 사회적 가치를 고려하여 신규 비즈니스를 창출하고 있는 기업, ESG 경영을 사명감으로 생각하며 이익보다 환경보호에 앞장서는 기업까지. ESG 경영을 추진하는 기업들의 행보가 다채롭다.

"ESG 경영을 위해서 시급히 해야 할 일들이 산더미인데, 투자 의사결정은 안해주세요."
"그래서 목표를 정할 수가 없습니다. 투자 여력이 어느 정도 되느지에 따라 목표도 정할 수 있습니다."

"현업은 마음이 급한데, 경영진은 적당히 트렌드만 따라가길 원하시고 저희 기업만 뒤처질까 두렵습니다."

기업 스스로 ESG 경영 지향점과 구체적인 목표를 수립하지 않은 경우 임직원 들은 혼돈에 빠지게 된다. ESG 경영 시작하는 기업의 경영진과 주요 의사 결정 기구에서 본격적인 ESG 경영을 실행하기에 앞서 ESG 경영 방향성과 목표를 정해야 하는 이유다. 또한 'ESG 경영의 목표 수준을 어느 정도로 설정해야 하는가'에 대한 정답은 없다.

우선은 법적인 요구 사항과 비즈니스 생존에 직결되는 이해관계자들의 요구사항을 포괄하는 목표를 설정하고 이를 달성하기 위한 ESG활동을 추진해야 한다. 하지만 이를 만족시키는 ESG 경영 활동도 쉬운 여정은 아니다. 수많은 의사결정과 연구, 투자가 수반되며 산업 생태계를 변모시켜야 하는 크고 작은 혁신의 과정들이기 때문이다.

우리는 이러한 이해관계자들의 요구가 왜 시작되었는가를 잊어서는 안된다. ESG 경영의 궁극적 목적을 상기해야 하며, 이를 우리 기업의 경영활동과 연관지어 생각할 수 있어야 한다. ESG 경영의 궁극적 목적은 기업의 핵심 비즈니스를 통해 인류의 지속가능성을 확보하는 데 있다. 인류의 지속가능성 목표에 관련해서는 "SDGs 우리가 해결하고자 하는 목표들" 부분을 참고하길 바란다.

이해관계들이 요구하는 ESG 경영의 목표 수준을 너머 인류와 지구를 위해 자발적으로 혹은 도전적으로 'ESG 경영의 목표'의 수준을 정립하는 일은 오로지 기업에게 달렸다. 기업의 경영철학과 주요 의사 결정권자들의 의지에 따라 다를 수밖에 없고, 달라야 한다. 다만, 환경과 사회적 가치에 뜻을 두고 ESG 경영을 추진하는 기업들이 글로벌 무대에서 차별화된 경쟁력을 가지고 비즈니스 가치를 높여가고 가고 있다는 점을 상기하자.

"최선의 방어는 공격이다"라는 말이 있다. 인류와 지구를 위한 우리 기업만의 'ESG 경영의 목표'를 수립하고 지속적으로 혁신하는 기업이 지속가능성이 새로운 기준이 된 시대에서 지혜로운 비즈니스 전략을 발휘하며 최고의 공격수가 될 것이다.

ESG 정보, 믿을 수 있을까?

환경 전문가로 글로벌 회계펌에 입사해 감사 본부에서 일하게 된 건 결국엔 행운이었다. 회계사들과 일했고, 컨설팅 본부가 아닌 감사 본부의 시스템 안에서 ESG 업무를 수행하면서 새로운 업무 방식에 적응해야만 했다. 변화에는 고통이 수반되는 법. 까다롭고 견고한 회계법인의 검토 프로세스 안에서 다른 업무보다 지속가능 경영 보고서를 검증하는 일이 가장 긴장이 됐었다. 현재는 회사 대

표로서 내 이름이 담긴 검증 의견서를 발행하는 입장이라 무게감
은 배가 되었다.

정보는 기준에 맞게

회계펌에 재직하던 시절 회계사와 함께 지속가능경영 보고서
내 경제, 사회, 환경 성과들을 검증을 하던 현장 분위기가 기억나곤
한다. 꼬리에 꼬리는 질문이 이어지면서 예정된 시간이 훌쩍 넘기
곤 했다. 인터뷰이가 관련 자료를 가지러 회의실을 잠깐 비운사이
였다. 빌딩숲 사이로 해가 넘어가고 있었다. '언제 끝날까, 이렇게
까지 해야 하나'라는 생각이 올라올 때쯤 담당자가 관련 자료를 찾
아서 돌아왔다. 멋쩍어하며. "회의실로 돌아오면서 자료를 살펴보
니 오류가 있었네요"라고 말했다.

이는 오류가 있는 사회성과 데이터가 외부로 공시 될 뻔했던
상황을 바로 잡은 것이다. 검증전의 작성했던 자료들이 검증과정과
검증 후에 변경되는 사례가 자주 발생한다.

강도 높은 검증을 의뢰하는 고객의 경우에는 인사부서 담당자
데스크탑에서만 확인 가능한 자료를 대조하기 위해 업무하시는 자
리까지 가서 데이터를 대조하기도 했다. 물론, 일반적이지 않은 검
증의 현장이다. 비재무 데이터는 재무 데이터처럼 공시 의무도 통
일된 거증 기준도 없기에 이런 분위기와 현장감을 조성할 수 있냐
없냐는 오롯이 검증을 의뢰한 기업에서 ESG 데이터의 신뢰도를 얼

마나 확보할 것인가에 달렸다.

"투자자들이 지속가능경영 보고서 검증이 TypeII 수준은 되어 야 한다고 합니다."

TypeII 수준이라는 건 재무 감사 수준까지는 아니더라도 그에 준한 검증 수준이라고 생각하면 쉽다. 이미 TypeI 수준으로 검증을 끝마친 상태였다. 컨설턴트도 고객사도 모두 당황스러운 상황이었 지만 환경 DATA에 대한 TypeII 검증을 추가 진행하기로 의견을 모 았다. 고객사 환경부분 담당자가 취합하여 준 자료의 근거자료인 원래 데이터를 재요청하고, 관리하는 프로세스를 확인했다. 그런데 이게 웬일. 이전 취합하여 보내준 자료와 전혀 다른 데이터가 산출 된다. 결론적으로 환경성과 데이터 폐기물 등의 항목의 정량 성과 를 전면 수정했다. 만약 추가 검증을 진행하지 않았더라면, 아찔했 을 것이다.

또, 공급망 ESG 평가 시스템 자문을 진행할 때의 일도 있었다. 노동 및 인권 중에서 우리 회사의 인당 교육시간은 얼마나 되냐는 질문을 답하기 위한 현황을 점검하고 있었다.

"임직원분들을 위한 교육계획을 수립하시나요?"
"신청하면 상황에 따라 다녀오도록 하는데요. 거의 신청하는 대로 참여할 수 있도록 합니다."

"교육 다녀오신 후에 교육 다녀온 내용을 기록하시나요? 어떤 직원이 어떤 교육을 다녀왔고, 몇 시간동안 참여했는지에 대해서요."

"법적 교육의 경우 참여인원에 대해 사인은 받아 놓았는데 시간은 정리 안되어 있습니다. 다른 교육 내용도 정리가 되어 있지는 않아요. 찾으려면 찾을 수는 있는데 시간이 많이 들 것 같습니다."

경영지원 팀에서 인당 교육시간을 산출하기 위해 우선 그동안 교육 실적 증빙 자료들을 찾아냈다. 비용처리 내용을 기반으로 교육 이수자를 역추적해 필요한 정보를 요청하고 직원들이 교육을 다녀 온 후 제출한 증명서도 수집했다. 자료를 하나하나 검토해 필요한 내용을 엑셀로 정리, 평가에 활용할 수 있는 지속가능경영 정보가 도출되었다.

인당 교육 시간 = 교육을 이수한 직원들이 교육 받은 총 시간 / 보고 년도 말 임직원수

교육 시간과 임직원 수만 넣으면 "인당 교육 시간"이 산출 되도록 짜여진 엑셀 툴을 사용했다. 그런데 교육 실적이 많지 않아서 한눈에 쭉 알아볼 수 있는 수준의 양이었고, 눈대중으로 봐도 인당 교육 시간이 오류가 있어 보였다. 엑셀 산식을 확인해 보니 셀 범위

가 잘못 적용되어 있었다. 의도치 않게 과대보고할 수 있었던 상황이다.

이러한 데이터는 공시 및 이해관계자들이 우리 기업을 이해하는 지표로도 얼마든지 사용될 수 있다. ESG 워싱기업으로 오해를 받을 수도 있다. 전체 임직원수에 오류가 있는 경우도 허다하다. 내부 보고용, 외부 공시용, 정규직 포함여부에 따라 달라질 수 있는 정보인데 공시 기준에 맞추지 않은 데이터를 적용해 부서마다 같은 지표 다른 산식을 사용하고 있는 것이다.

다양하게, 하지만 정확하게

우리 기업의 ESG 성과를 어떻게 보여줄지에 대해 고민하는 기업들이 많아지면서 내용과 표현방식들이 트렌디하고 세련되지고 있다. 모 금융 그룹은 지속가능경영 보고서 발간 기념식을 메타버스 공간에서 했다. 2025년 상장기업을 대상으로 지속가능경영 보고서가 의무화 법안이 통과되면서 ESG 경영을 지속가능경영 보고서 발간 업무로 시작하는 기업들도 더욱 많아질 것이다.

기업들은 지속가능경영 보고서를 제작하며 아이덴티티가 묻어나는 디자인을 고민하고, 홈페이지에 ESG 섹션을 추가하고 있다. SNS 계정을 개설하고 ESG 경영 측면의 국제적 행동규범이나 지속가능경영 스탠다드에 맞추려하고 각종 ESG 평가 제도에 대응하기 위해 전 방위적인 자원을 투입하기도 한다.

천지가 개벽한다는 표현을 이럴 때 쓸 수 있으려나. 지속가능경영 보고서야 말로 특정 리그에 있는 기업들이 발간하는 특별한 보고서였다. 적어도 국내에선 그랬다. 기업 담당자들에게는 제발 피해갔으면 하는 번외 업무, 지속가능경영 컨설턴트들에게 있어서는 인풋이 너무 많이 들어서 힘든 그런 자문이랄까. 자료를 모으고 수집해서 100페이지 남짓한 보고서를 작성하는 것만으로도 피로한 업무가 되기 쉽다.

현실이 이렇다보니 보고 내용의 신뢰도를 높이는 데 노력을 쏟는 기업은 많지 않다. 보고 내용과 형식을 고민하는 것에 비해 보고 내용을 검증하는 일에는 상대적으로 자원투입이 적다. 감사 시즌에 기업들이 들이는 노력을 생각해 보면 쉽게 가늠할 수 있다. 숫자를 맞추고 또 맞춰보는 시간들. 그에 비해 비재무적인 정보의 신뢰성을 확보하는 일을 중요하게 생각하는 기업이 매우 적다는 걸 자문 현장에서 자주 느낀다.

어떤 전략과 전술보다 중요한 것은 ESG 정보의 신뢰성을 확보하는 일이다. 재무 데이터와 같은 수준의 검증과 감사가 법제화 되지 않는 이상 우리는 합리적 검증이라는 프레임 안에서 기업과 기업 담당자가 가지는 양심 수준에 따라 ESG 정보를 생산해 낼 수 밖에 없다. 이러한 구조 안에서 ESG 성과에 대한 정보의 신뢰성은 절대적으로 기업 내부에서 정보를 다루고 유통하는 사람들에게 달렸다. 제3자 검증도, 2자 심사도 근본적인 해결책이 될 수 없다.

거버넌스의 시작과 끝은 ESG TFT

"ESG 업무를 위해 인력을 충원해야 할까요?"
"ESG부서를 만들어야 할까요?"

중견중소 기업 임원분들의 질문이다. 현업에 있는 분들은 인력 충원 해줄지, ESG 전담 부서가 생길지 궁금해한다. 대기업의 경우 충원한 ESG 인력이 경험을 쌓은 후 이직하지는 않을까 두렵다는 우려를 갖고, 중견 중소기업은 ESG만을 위해서 인적 자본을 투자하는 것에 대한 우려를 표명한다.

ESG를 위한 조직 거버넌스란?

"구매팀과 품질팀 중 어떤 부서가 진행하면 좋을까요?" "대기업들이 ESG위원회를 구성하고 있는데 저희는 아직입니다." "이 업무는 우리 부서 업무가 아닌 것 같은데 누가 결정해야 하죠?"

모두 거버넌스에 대한 사항들이다. 국제표준화기구가 제정한 기업의 사회적 책임한 국제표준(ISO 26000)의 조직 거버넌스 정의는 다음과 같다.

- 조직 거버넌스: 조직이 목표 추구를 위한 의사결정을 내리고 실행하는 시스템
- 조직: 책임, 권한과 관계 및 식별 가능한 목표를 갖춘 단체 또는 사람과 시설의 그룹

ESG 거버넌스는 기업의 ESG 목표 달성을 위한 의사결정을 하고 실행하는 모든 시스템을 의미한다. 거버넌스를 떠올리면 이사회를 떠올린다. ESG 이슈가 기업 경영에 실질적인 영향을 미치고 있다는 것을 확인하기 위해 평가사와 투자자들은 이사회나 ESG 이슈를 다루는 별도의 조직이 있는지를 중요하게 여긴다.

대기업을 포함하여 이사회가 실질적으로 운영되는 조직의 경우 이사회에서 ESG 이슈를 상정할 수 있도록 정관을 수정하고 프로세스를 정립한다. ESG 위원회를 설치하고 관련 전문가를 모시기도 한다. 그룹사들은 그룹 차원의 ESG 정책과 계열사 별 ESG 정책을 아우르는 의사결정 거버넌스를 정립하고 있다.

유럽 내 기업들은 한발 더 나아가 지속가능성 전담 임원이 있다. ESG 거버넌스에 있어 우리 나라와 크게 다른 양상이다. 유럽에서는 매년 CSO^{Chief Sustainability Officer}, 즉 지속가능성 담당 임원 시상식가 열리고 있다. 기업의 재무 담당 임원, CFO^{Chief Financial Officer}나 기업 위기관리 담당 임원 CRO^{Chief Risk Officer}과 같은 레벨의 C-Suite로서 책임과 권한을 갖는 직함이다. 지속가능성에 관한 사항을 체계적으로 의사결정 할 수 있는 체계가 완성된 모습이라 생각된다. 참고로

2024년 CSO 시상식에서는 유니레버, 이케아와 같은 기업의 CSO 가 선정되었다.

우리나라 중소 기업의 현실은 아직은 어둡다. 환경경영 전담조 직과 같이 ESG 경영을 위한 전담 부서를 턱없이 부족하게 운영하 고 있다. 공급망 생태계내에서 기후변화나 환경 이슈가 발생해도 빠르게 대응할 수 있는 의사 결정 구조가 마련되어 있지 못한 상황 이다.

이사회 내 ESG 경영 이슈를 검토하는 거버넌스 구조는 중소기 업과 중견기업 모두 그 외 기업과 차이가 크다는 것을 알 수 있다. ESG 이슈를 기업 경영의 핵심으로 다루기 위해서는 중요한 의사 결정을 내리는 기구에서 ESG 이슈를 다루어야 한다.

구분	중소기업	중견기업	그 외 기업 (대기업 및 금융기업)	전체
환경경영 전담조직 유무	14	80	118	212
	6.6%	37.7%	55.7%	-
이사회 내 검토 유무	2	10	28	40
	5.0%	25.0%	70.0%	-

중소&중견기업의 ESG 현황 분석, 한국기업지배구조 원 연구위원, 재구성

고객이나 통상 요건으로 ESG 성과를 요구받는 중견 중소 기업의 경우에는 ESG 이슈에 대한 의사결정을 위한 지배구조 확립이 절실하다. 비즈니스와 직접 연관되는 이슈를 신속하게 결정하고 해결해야 하기 때문이다. 새로운 거래를 위해 필수 조건으로 ESG 평가 결과를 요구 받은 기업이 제한된 시간 내에 ESG 인력을 뽑고 담당부서를 구성하고, ESG 위원회를 만든다는 건 현실적으로 불가능할 수 있다.

대기업과 유사한 형태의 거버넌스일 필요는 없다. 하지만 ESG 이슈를 정의하고, 실행하기 위한 유연한 의사 결정 구조를 형성하는 것은 중소중견 기업들에게 ESG 경영의 제대로 된 시작을 위한 결정적 요소가 된다.

중소중견 기업들은 ESG 업무를 해결할 수 있는 유연한 TFT를 구성하고, ESG 이슈에 대한 의사결정 구조를 구축하여 경영진과 임직원 모두 참여하여 당면한 ESG 이슈를 체감할 수 있도록 참여하는 것이 중요하다.

경영진이 직접 ESG를 꾸려가는 경우

"현재는 제가 직접 대응할 수밖에 없습니다."

대표이사를 포함해 경영진이 직접 ESG 요구사항이나 이슈에 대해 대응하는 기업도 있다. 영업이나 경영관리에 경영진이 직접 참여하고 있는 경우로 대표이사를 포함한 경영진이 직접 ESG 실무에 참여한다.

특히, 소기업의 경우 ESG 경영 업무의 영속성이나 ESG 경영 전체를 총괄할 직원이 생길 때까지 경영진이 직접 대응하기도 한다. 경영진이 직접 가이드라인 정립이나 목표 수립을 추진하기 때문에 의사결정 구조가 빠르게 이루어지는 장점이 있고 비교적 성과도 좋다.

향후 업무 이관을 위해서 경영진이 직접 ESG를 경험해보면서 필요한 인력이나 팀을 기획해 두고, 문서화를 체계적으로 남겨두는 것이 중요하다. 실행을 경영진이 직접 할 수 밖에 없는 상황이더라도 ESG 업무 과정에 향후 업무에 참여시킬 임직원을 반드시 참여시키는 것이 좋다. 경영진이 바쁜 스케줄로 인해 시간을 내기 어려운 상황이 발생하면 프로젝트가 중단될 수 있다.

수출 주도형 기업의 경우 영업이나 계약업무를 하는 팀에서 ESG 경영에 관한 고객의 요구를 접수 받게 된다. ESG 행동강령이나 조달의 요건 등의 다국적 기업이 협력사들에게 요구하는 ESG 경영 정책을 전달받게 된다.

ESG 경영 평가에 대한 사항 등 비즈니스와 직결되는 사항에 대한 고객의 공문을 간과하지 않도록 해야 한다. 다국어 커뮤니케이션이 능숙하지 않은 조직에서 영어 등의 외국어로 전달되는 ESG 관련 문서들의 경우 의도치 않게 놓치는 경우가 생긴다.

또한 고객과의 접점에 있는 사람이 ESG 이슈에 대해 문외한 이거나 중요성에 대한 인식을 하지 못하는 경우 경영진과 대응을 해야 하는 직접부서까지 전달되지 못하거나 늦어지는 상황들이 발생할 수 있다. 이러한 상황을 예방하기 위해서 특히 고객과의 접점에 있는 임직원들은 ESG의 개념과 ESG 공급망 기업으로서 받을 수 있는 요구사항에 대한 교육이 필수적이다. ESG에 관한 사항에 대한 접수 받은 부서가 즉시 경영진에게 보고하고 하고 ESG TFT을 구성해야 한다. TFT 구성 7단계는 다음과 같다.

1. 주관팀 선정
2. ESG 요구사항을 최대한 세분화하여 목록화
3. ESG 요구사항 파악이 어려울 경우 관련 교육 이수나 자문 고려
4. 요구사항 별 연관부서 및 담당자 맵핑
5. 연관 부서 및 담당자는 이슈에 대한 규정과 목표 수립이 가능한 부서로 구성
6. 업무가 중첩되더라도 관련 있는 부서는 모두 맵핑
7. 프로젝트 종료 후 부서 별 업무 역할 명문화

구성된 TFT가 수행하는 ESG 프로젝트에는 지속가능경영 보고서 발간, ESG평가 대응, ESG 경영 전략 수립 등 다양하다. 프로젝트 종류와 기업의 규모 혹은 ESG 경영의 성숙도에 따라 적게는

2명에서 몇십명까지 구성하게 된다.

TFT에게 ESG프로젝트의 목표와 방향을 가이드하고 실질적으로 자료요청과 취합 업무를 하는 주관팀을 반드시 지정해야 한다. 전담팀은 비교적 많은 부서와 소통하던 팀이 맡는 것이 좋다. 중견기업의 경우 전략 기획팀이나 IR팀이 있고, 중소 기업의 경우 품질경영팀이나 총무팀, ISO를 주관하는 팀들이 있다.

중소중견 기업의 거버넌스의 핵심은 TFT 구성이다. 프로젝트를 시작 시 TFT 구성과 역할 정의가 프로젝트 종료 시와 다를 수 있음을 항상 염두에 두어야 한다. 사내에서 주로 신규 사업을 주로 검토하는 개발팀 인원으로 TFT를 구성했다가 프로젝트 범위를 이해한 후 환경, 안전팀 등으로 인원을 확대 재조정 한다거나, 주요 부서의 팀장과 팀원으로 구성했던 TFT를 각 부분의 임원까지 포함하여 변경하는 경우 등 다양한 사례들이 있다.

프로젝트를 진행하면서 기업의 실질적인 상황과 현실적인 업무 재조정이 이루어져야 한다. 구성된 TFT를 ESG 경영 이슈를 다루기 위한 의사결정 체계로서 제대로 운영하기 위해서 TFT내에서 주관팀과 실행팀을 설정하고 TFT 활동 성과를 공유하는 주기와 책임, 보고 체계를 정해야 한다.

ESG 이슈를 해결해 나가면서 기업 매출액과 영업 이익 상승 혹은 제품과 서비스의 품질을 높이는 것을 목표로 하는 활동과 다르게 환경과 사회적 활용에 의한 성과나 영향력을 관리하기 위한 업무를 하게 된다. 전에 없던 업무, 이를 수행하기 위해 재무관점

뿐 아니라 비재무 관점에서의 기업의 영향력을 관리하는 업무에 기반하여 새로운 프로세스와 절차를 수립해야 한다.

주관팀을 중심으로 TFT를 구성하고 프로젝트를 추진하면서 우리 기업에 적합한 거버넌스 연관된 임직원이 이견이 없도록 업무에 대한 롤을 끝까지 소통하는 것이 중요하다. 이러한 과정을 통해서 문제 해결형 ESG 거버넌스를 구성하고, 점진적으로 ESG 거버넌스를 체계화할 수 있다. 또한 고객의 접점에 있는 팀이 ESG 경영 현황을 모니터링할 수 있도록 현황을 공유하는 것을 잊지 않아야 한다.

ESG프로젝트와 연관되는 팀의 담당자, 팀장, 그룹 모두가 ESG 경영을 위한 의사결정 구조를 구성한다. 인사, 총무, 안전, 감사, 보안, IR 등 ESG 이슈를 다루는 개인과 조직의 의사결정력이 우리 기업의 거버넌스의 힘이다.

중견중소 기업의 경우 ESG 거버넌스는 유연하고 현실적이어야 한다. 대기업의 거버넌스 행보를 보며 부족하다는 생각을 하지 않아도 된다. 당면한 ESG 업무를 해결해 나갈 수 있는 유연한 TFT를 조직 구성부터 시작하라.

거버넌스의 핵심은 현재 업무에서 ESG 이슈가 무엇인지 정의하고 이를 대응할 담당자, 팀의 역할과 권한을 임직원과 경영진 모두 인식하고 함께 디자인하는 일이다.

ESG 스토리는 ESG 경영의 강력한 무기가 된다

국내에서 ESG 경영에 관하여 가장 높은 관심도를 보이고 있는 SK 그룹의 행보에는 스토리가 있다. 한국 30대 그룹 가운데 ESG(환경, 사회, 지배구조)경영에 관하여 게시한 소셜네트워크서비스 등 포스팅 건수를 조사한 결과(데이터앤리서치, 2021.08~2022.07) SK그룹의 포스팅 건수가 6만 7636건으로 가장 많았다고 한다.

2위는 LG 그룹으로 4만 87건, 3위는 롯데 그룹으로 3만 2785건으로 SK 그룹의 포스팅 건수는 웬만한 기업의 1년간 정보량에 맞먹는다고 한다. SK그룹의 최태원 회장이 2020년 10월에 개최한 열린 CEO 세미나에서는 기존 재무적 성과에 더해 ESG 경영 등 비재무적 성과를 강화해 미래 기업 가치를 더 높이자는 경영 비전인 '파이낸셜 스토리'라는 새로운 화두를 던졌고, 2022년 8월에 열린 포럼의 주제는 'SK의 ESG: 스토리를 넘어 실천으로' 였다. SK 그룹의 중요 키워드인 ESG 경영, 행복, 매니지먼트 2.0 등 모든 방안에 대한 구체적인 실천 방법론에 대해 논의되었다. 역시 '스토리' 가 붙었다.

ESG 경영에도 스토리가 필요한가?

ESG 경영은 이해관계자의 니즈를 경영의 중심에 둔다. 기업을 둘러싼 이해관계자들은 임직원, 협력사, 고객, 지역사회, 평가기관, 투자자 등 다양하다. ISO 26000 사회적책임 글로벌 스탠다드에서 제시하는 7가지 사회책임경영 원칙 중 하나가 '설명 책임'이다. 임직원의 경우 조직의 ESG 가치 및 목표에 대한 이해, 참여의 기회, 노동 환경에 대한 정보를 기대한다. 협력사는 지속 가능한 협력 관계, ESG 기준 준수 여부, 협력사의 환경 및 사회적 책임에 대한 정보를 요구하며, 고객의 경우 기업의 제품이나 서비스가 환경 및 사회적 가치를 반영하는 지를 주목한다. 지역사회의 경우 기업의 사회적 기여와 책임을 중시한다.

이해관계자들에게 조직의 ESG 경영을 설명하기 위해서는 단편적인 사실이나 성과를 보여주는 것으로는 부족하다. ESG 경영에 대한 노력과 활동, 성과에 대한 일정한 줄거리, 스토리를 보여줄 필요가 있다. 스토리라는 형식을 통해 조직의 가치와 노력이 조직의 이해관계자들과의 상호 작용을 통해 지역사회와 산업계 나아가 전 지구의 지속가능성에도 기여하고 있다는 것을 보다 쉽게 전달할 수 있다. 이는 결국 기업 존재 이유를 설명하고 가치를 높이는 브랜딩 전략의 일환이 된다.

좋은 스토리의 요소

잊혀 지지 않는 스토리에는 주인공, 사건과 문제의 발생, 해결 과정 보여주기 등의 네러티브의 흥미와 완결성을 보장해주는 요소들이 있다. ESG 스토리를 구성 시에도 이해관계자들에게 ESG 스토리의 진정성과 이해를 돕기 위해 고려해야 하는 요소가 궁금하다면 홈페이지나 보고서를 통해 ESG 경영 활동을 설명하고 보고하는 기업들이 대부분 채택하고 있는 글로벌 리포팅 이니셔티브의 GRI 스탠다드를 참고할 수 있다. GRI 스탠다드에서는 조직이 선택한 중요한 이슈에 대해서는 필수적으로 보고해야 하는 구성요소를 제시하고 있다.

공시 가이드라인에서 요구하는 사항들은 스토리를 구성할 때 필수 재료라 생각할 수 있다. 첫째, 우리 조직이 특정 이슈를 채택하게 된 배경 등의 맥락과 이슈를 통해 달성하고자 하는 목표를 설명하는 것이다. 둘째, 이를 달성하기 위한 활동을 설명하고, 셋째 활동으로 인한 성과와 영향을 설명하도록 한다.

여기에 스토리라는 형식을 완성하기 위해서 다음의 사항을 고려하여 설명할 수 있다. 첫째, 우리가 스토리로 만들고 싶은 이슈의 시작과 계기에 대해 설명하는 것이다. 이는 경영진의 의지로 시작될 수도 있고 직원의 아이디어나 혹은 외부 이해관계자들과 협업이나 고객의 불만에서 시작될 수도 있다.

둘째, 발굴하고 채택한 이슈를 해결하기 위한 활동 내용을 단편적으로 설명하기 보다 장기적 관점에서 설명하는 것이다. 다국적 기업의 경우 중요한 성과의 경우 10년 동안의 데이터를 공개하기도 한다.

셋째, 장기적인 성과를 검토하면 성과가 좋았던 해도 있을 것이고 그렇지 않은 해도 있을 것이다. 이 모든 과정의 시행착오와 크고 작은 사례들을 발굴해 설명한다.

넷째, 채택된 이슈의 직접적인 비즈니스적 성과뿐 아니라 사회적인 가치를 정리하여 균형 있게 설명하는 것이다.

다섯째, 비즈니스적 가치와 사회적 가치를 설명할 때 내부 임직원뿐 아니라 외부 이해관계자들에게 미치는 재무적 영향과 기여에 대해 어떻게 설명할 것인지 기획하고 데이터를 수집하여 설명한다. 마지막으로 향후 계획과 목표는 구체적으로 제시해서 이해관계들에게 재무성과는 물론 사회적 기여에 대한 청사진을 보여줄 수 있어야 한다.

홈페이지와 보고서 컨셉으로도 가능하다

ESG 경영의 중요한 이슈를 내외부 이해관계자들의 접근성과 가독성을 높이기 위해 다양한 표현 기법과 방법을 사용하는 사례도 늘어나고 있다. 이는 충분조건으로 보고서의 가독성을 향상 시키고자 하는 노력이다.

영국의 세계적인 생활용품 다국적 기업 유니레버 홈페이지 전면에는 유니레버가 만드는 제품의 사진이 없다. 간결한 지속가능경영 스토리집이다. 홈페이지는 회사소개와 지구와 사회라는 섹션으로 구성된다. "저희는 지속가능한 생활환경을 만들어가고 있습니다"라는 메시지를 뒷받침하는 성과를 보여준다. 구체적인 활동과 성과는 상세 페이지를 클릭하도록 구성되어 있다.

기아자동차의 지속가능경영 보고서는 매거진 스타일이다. 한
국에서 ESG 경영이 주목받기 훨씬 이전부터 지속가능성 보고서 표
지에 지속가능성 리포트라는 말 대신 'MOVE'라는 이름의 매거진
을 붙었다. 기업의 리포트와 비슷한 형식이거나 건조한 리포트 보
고서 발간이 대부분이었던 시절에 독자의 가독성을 고려한 차별화
된 형식이었다. MOVE 매거진에는 프로세스 맵핑, 브랜드 아이덴
티티를 고려한 생동감 있는 제품 사진, 이해관계자 인터뷰, 인포그
래픽들로 구성되어 왔다.

유니레버 한국 홈페이지

'공유가치 창출'을 말하는 스토리

스토리는 기업이 제품 및 서비스를 제공할 때 창출되는 비즈니스 가치뿐만 아니라, 사회적인 가치를 창출하는 활동도 설명할 때에도 사용된다. 주인공과 서사가 있는 네러티브가 동원되지 않더라도 공유가치를 창출 이슈에 '데이터로 이야기 할 수 있는 스토리'라는 형식을 넣어 보고서에 생동감을 불어 넣었다.

이는 '우리 조직은 10억 원으로 좋은 일을 하며 사회에 공헌했습니다'라는 메시지보다 '우리 조직은 우리가 잘 하는 비즈니스를 통해 비즈니스 가치와 사회적 가치를 동시에 창출했습니다, 그 실적은 이렇습니다'라는 줄거리를 보여주고 있다. ESG 성과를 함께 설명하는 기업 활동의 스토리로 조직이 투입한 자원뿐만 아니라 인류와 지구에 어떠한 영향력을 미치고 있는지에 대한 스토리를 보여준다.

풀무원이 왜 동물복지 달걀 상품을 기획하게 되었는지를 사회이슈와 연계해 설명하고, 동물복지가 좋은 이유와 비즈니스 가치와 사회적 가치를 설명했다. 그리고 이러한 가치에 대한 근거를 데이터로 설명하고 있다. 2022 풀무원 통합보고서에서 어린이, 성인 및 시니어를 대상으로 바른 먹거리 동물복지 교육을 실시한 결과 인지, 태도, 행동 측면에서 약 8~40점 정도가 개선된 결과를 보였으며 약 80% 이상의 만족도, 추천도를 나타냈다.

SK케미칼은 2018년부터 매년 경제간접 기여성과, 환경 성과,

풀무원 동물복지 달걀 상품의 공유가치 창출 스토리

사회 성과에 대한 사회적 가치의 측정 결과를 화폐화하여 경제적 가치와 함께 공시하고 있다. SK케미칼의 자원순환비즈니스의 사회적 배경, 비즈니스와 연결된 이해관계자와 가치사슬, 비즈니스 기여도로서 매출 성과 사회적 가치를 설명한다. 2021년 실시한 제품에 의한 사회적 가치 창출 측정 결과 값이 큰 폭으로 상승하였으며, 2040년에는 예상되는 온실가스 배출량인 137만 톤을 전량 감축 또는 상쇄할 것으로 기대하고 있다. ESG 스토리 독자는 SK케미칼이 자원순환 활동을 통해 비즈니스적으로도 성장하고 있을 뿐 아니라 이는 이해관계자들과 사회에 도움이 되는 활동임을 객관적으로도 이해하게 될 것이다.

스토리의 화려한 외출

ESG 스토리가 지속가능경영 보고서와 홈페이지 밖으로 외연을 확장하고 있다. 기업이 걸어온 연혁을 ESG 스토리로 재해석하고, 기업이 운영하는 유튜브와 각종 SNS, 광고에 ESG 스토리가 자주 등장하는 시대가 되었다. 기업의 존재 이유와 정체성을 ESG 스토리로 소통하는 기업이 늘어나고 있는 것이다. 기업이 재무적 이익과 비재무적 성과를 함께 설명하고 이해관계자의 폭을 넓게 인식하면서 발생하는 자연스러운 현상으로 보인다.

SK그룹의 파이낸셜 스토리는 자본시장을 뜻하는 '파이낸셜'과 기업의 생존 전략에 대한 '스토리'를 합친 단어로, 재무성과는 물론 기업의 목표와 구체적 실행 계획이 담긴 '성장 스토리'를 제시하자

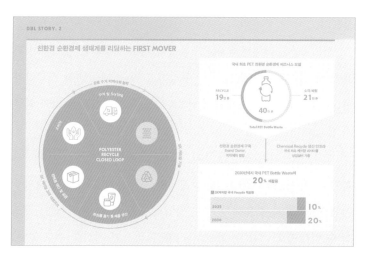

2021년 SK케미칼 지속가능경영 보고서

는 의미를 담았다고 한다. ESG 스토리를 통해 단일 조직을 너머 그룹의 큰 그림으로서 기능을 하기도 한다. 이러한 ESG 스토리의 외연 확장은 이해관계자 참여의 증가와 동시에 브랜드 가치의 향상, 사회적 영향력 강화, 투자자 유치, 새로운 비즈니스 기회 발견 이라는 긍정적 효과로서 나타난다.

지속가능한 스토리의 조건

스토리는 무기다. ESG 스토리는 이해관계자와 소통을 가능하게 하는 ESG 경영의 강력한 무기다. SK 그룹은 '파이낸셜 스토리'로 좋은 성장 전략을 제시했고, 시장은 SK 그룹의 비전에 공감했다. 이는 재무적 성과로 이어지기도 했기에, ESG 스토리가 무기가 된 선례다.

SK 그룹은 이해관계자들의 공감과 재무적 성과를 유지하기 위해 경영 전략과 접근법을 지속 수정하고 있다. 파이낸셜 스토리가 현실이 된다면 모든 과정이 훗날 SK 그룹만의 ESG 스토리의 일부가 될 것이다.

ESG 스토리가 진정한 무기가 되려면 스토리를 현실로 만들어가기 위한 시행착오와 노력, 실질적인 투자까지의 과정을 내외부 이해관계자들과 공유해야 한다. 경영의 그루, 피터 드러커는 "측정할 수 없다면 관리할 수 없고, 관리할 수 없으면 개선할 수도 없다"라고 말했다. ESG 데이터로 설명할 수 없는 ESG 스토리는 조직관리와 개선에도 무용하며, ESG 워싱으로 전락하게 된다.

　구체적인 근거와 기준이 없이 친환경 이미지를 게시하거나 명시하는 것, 지역사회 활동을 추진하며 이해관계자들에게 의견을 수렴하고 분석하는 과정이 없고 영향력을 측정하지 않으면서 공헌 활동으로 대대적으로 홍보하는 것, 매출액 감소로 인한 생산량 감소에 따른 온실가스 배출량 저감을 온실가스 감축 활동으로 설명하는 것, 비즈니스적 성과만 있을 뿐, 이러한 비즈니스로 인해 내외부 이해관계자들과 지역사회, 나아가 인류에 어떤 긍정적인 영향을 미치고 있는지 설명하지 못하는 상황, ESG 스토리를 장기적 관점으로 설명했지만 그 데이터가 성과로 평가되기 위한 기준을 채택하거나 일관성 없이 변경하는 경우, 모두 지속가능한 ESG 스토리라 보기 어려운 사례다.

　ESG 스토리를 뒤에는 장기적 관점에서 지속적으로 다뤄져 온 객관적이고 검증된 ESG 빅데이터가 있어야 한다. 우리가 축적한 ESG 데이터들에서 의미와 가치를 찾아낼 수 있을 때 ESG 데이터가 ESG 빅데이터가 된다.

　지속가능공시 항목 중에 '남성대비 여성임금 비율'이라는 항목이 있다. 여성이 80%가 넘는 스타드업 기업의 경영진은 의심 없이 우리 기업은 남성보다 여성의 임금이 높을 것이라고 생각했다. 지속가능영 보고서를 제작하는 과정에 3년간 데이터를 수집한 후 여성의 임금 평균이 남성 평균 임금에 미치지 않았다는 걸 인지하게 되었다고 한다. 이후 이 조직은 이 현상을 분석하고 임금 정책 방향성의 개선 포인트를 얻었다고 한다.

파타고니아가 친환경 기업으로 지속적으로 화자되는 이유는 파타고니아의 옷의 디자인 경쟁력도, 마케팅도, 입소문도 아니라고 생각한다. 파타고니아 제품의 라벨링에서 보여주는 데이터의 축적 으로부터 시작되었을 것이다. 파타고니아의 ESG 데이터 축적, 이 를 통한 의미와 가치 발견과 공유하는 활동 자체가 파타고니아의 지속가능성에 대한 신뢰를 준다.

소재

상부: 383g 리사이클 폴리에스터 77%/리사이클 울 하이파일 플리스 23% 혼방

하부 및 바람막이: 176g 100% 유기농 전환기 순면 평직, 겉면 피치 가공 처리

하부 보온재: 100g 써모그린(Thermogreen®) 100% 리사이클 폴리에스터

안감: 62g 100% 리사이클 폴리에스터 태피터, 하이큐 에코 드라이(HeiQ® Eco Dry) PFC-free DWR 처리(과불화화합물이 들어있지 않은 내구성 발수 처리)

안감은 블루사인(bluesign®) 인증 원단

파타고니아 우먼즈 드리프트우드 캐니언 코트 소재 설명 [1]

---

1   블루사인(bluesign®) 인증 : 제품이 환경, 노동자, 소비자에게 모두 안전하다는 것을 보여주는 공급망 인증, https://www.patagonia.co.kr/our_footprint/bluesign_system

ESG 빅데이터에 기반해 이해관계자들에게 우리의 조직을 '미래지향적이고 전방위적'으로 설명할 수 있는 스토리. 무기가 될 수 있는 지속가능한 ESG 스토리의 조건이다.

ESG 스토리는 브랜딩, 마케팅, 캠페인 영역과 만나 불특정 다수의 이해관계자들에게 발 없는 말이 되어 우리 조직의 영향력을 넓혀가는 데 중추적인 역할을 할 것이다. 이해관계자들에게 인정받고 사랑받는 ESG 스토리를 만들고 전 방위적으로 공유하는 조직이 결국 이해관계자들에게 잊혀지지 않는 지속가능한 기업이 될 것이다.

ESG의 완성은 담당자로부터,

ESG 담당자는 임직원 모두

"우리가 알고 있는 문명이란 하나의 상태가 아니라 하나의 운명이며 항구가 아니라 항해이다. 우리가 알고 있는 어떠한 문명도 아직 문명의 목적지에 도달 해본적이 없다."

— 영국의 역사학자, 아널드 J. 토인비[Arnold Joseph Toynbee]

지속가능성을 논의하고 있는 오늘의 인류는 문명의 전환기에 있다. 크고 작은 조직이 ESG 경영을 통해 혁신하고 변화를 꾀하고 있다. SDGs라는 도달해 본적이 없는 새로운 문명을 향한 가장 조직적이고 효율적으로 인류의 목표를 달성할 수도 져버릴 수도 있는 운명체, 기업이다.

기업의 ESG 경영의 완성형은 각자의 자리에서 스스로 자신의 일과 조직이 생각하는 ESG목표와 자신의 직무 연관성을 연결하는 모습이 아닐까. 도달해 본적이 없는 미래지만 ESG과제가 내가 해야 하는 일이라는 인식, 이를 해결해 나아가기 위한 운명 공동체가 회사라는 믿음, 기업에 몸담는 누구나 가져하는 마음과 태도다. ESG 경영을 추진하기 위해 중요하지 않은 사람도 필요하지 않은 사람도 없다.

ESG를 위한 마음가짐

안전 요원이 행동하는 매뉴얼이 친절과 더불어 인권 존중에 시작이라는 인식, 법규를 준수하기 위해 형식적으로 하던 비상사태 훈련이 다가올 기후변화 위험에도 대비하는 중차대한 일이라는 생각의 변화, 제품을 개발할 때 고객의 요구사항이 친환경 요소인지 확인하고 친환경성을 높이기 위한 고민을 하고 제안하는 마음, 이러한 마음을 쓰는 데 예외는 없다.

운명공동체라는 인식을 갖기 위해 ESG 교육이 가장 중요하다. 정기적이고 지속적인 교육으로 각자가 스스로 ESG 요소를 생각하

기업명	경영진 보상 방법
로얄 더치 쉘 (Royal Dutch Shell)	탄소 배출 감축목표 설정: 매년 3~5년 목표를 설정하고 검토하여 반영 - 목표를 달성하면 장기 보상에 10%를 가중
페이팔(PayPal) 및 에퀴팍스(Equifax)	임직원에 의해 야기된 명성의 손상 등을 ESG성과에 반영
다노네(Danone)	직원 참여도 및 기후 변화 완화 목표를 충족하는지 여부에 따라 보상에 반영
시멘스(Siemens)	탄소배출량 감소, 직원 1인당 교육 시간 고객만족도 지수의 세가지 지표로 구성한 '지속가능성 지수와 연계하여 보상을 결정

치폴레(Chipotle)	경영진 보상 금액의 10% 다음과 같은 세 가지 ESG 목표달성
	여부와 연결하여 평가
	- 음식 및 동물 유기농 및 지역의 재생 농산물 구매량을 늘
	  (2020년 3,100만 파운드-2021년 3,700만 파운드)
	- 직원: 인종 및 성별에 따른 임금 형평성을 유지하고
	  조직발전을 위한 지원 프로그램 실시
	- 환경: 2025년에 발표예정이었던 Scope 3 배출량 공개
	  목표를 2021년 12월31일까지 로 앞당길 것

유니레버	장기보상계획(LTIP)에서 지속가능성 진행 지수에 따라 25%의 가중치를 부여 - 지속가능한 계획, 탄소배출량 감소 지속가능한 팜유 사용 등의 성과에 따른 이사회 책임 및 보상위원회의 평가보고서 공시
마이크로소프트	다양성(Diversity)을 경영진 보상계획에 포함
네슬레	직원의 건강과 보수의 안정성을 경영진 보상계획에 포함
BHP	경영진 보상에 기후변화 에너지 사용의 지표를 포함

애플	2021년부터 경영진의 현금 성과급 결정 시 ESG 관련 경영성과를 반영할 계획을 발표 - 환경, 이사회 다양성, 직원교육, 직원 간 통합 보안성 등 6개 요소에 대한 경영진의 노력을 평가하여 성과급책장에 반영할 계획
SK	2019년 KPI(Key Performance Indicator)지표에 SK그룹이 창출한 사회적 가치를 측정 하여 반영하는 비율을 50%까지 늘리겠다고 발표
롯데그룹	2015년 12월 ESG 사장단 평가에 반영하겠다고 공표하고 롯데 지속성장평가지표를 반영 하였으며, 2019년부터는 ESG평가 결과를 KPI에도 반영
현대자동차	2019년부터 비재무적 요소를 계량화한 ESG등급을 경영자 성과지표에 반영

경영진 보상에 ESG 요소를 반영하는 국내외 기업 사례

고 행동 할 수 있도록 해야 한다. 동시에 사람들에게 ESG 경영을 위한 동인으로서 성과평가 체계에 ESG 요소를 반영해야 한다.

ESG 경영의 중요성이 강조되면서 ESG 성과 평가에 대한 관심이 높아짐에 따라 ESG 요소를 경영진 보상에 반영하는 기업이 증가하고 있다. ISS^Institutional Shareholder Services 조사에 따르면 경영진 보상 계획에 환경 및 사회(E&S) 지표를 반영하는 기업의 비중은 2020년

말 기준 18.7%로 2018년 9.3% 대비 2배로 증가했다고 한다.[2]

ESG 요소의 중요성이 강조되면서 ESG 성과를 경영진 보상에 반영하는 기업은 기후 협약과 환경 친화적인 경영에 주도적인 입장이었던 유럽 지역을 중심으로 증가하고 있으며, 미국에서도 반영 사례가 증가하고 있지만 초기 단계다.[3]

본 업무와 ESG 사이

"업무 평가에 반영되지 않는 일인데 제대로 하려면 시간이 상당히 소요될 것 같아요. 업무 번외 일을 하려니 동기부여가 안됩니다."

한국의 기업들이 모든 경영진을 시작으로 점진적으로 모든 임직원까지 성과평가 체계가 구체화 되어야 한다. ESG 인식 확대와 개선 활동과 성과평가 체계의 개선이 동시에 이루어지지 않으면 ESG를 하고 싶은 마음과 성과평가를 위해 우선시해야 하는 업무 사이에 괴리감이 생길 수밖에 없다. 우선 시작해 보자.

---

2   조사 대상은 미국, 캐나다, 유럽, 중동, 아프리카, 호주, 뉴질랜드의 6500개 기업

3   ISS 조사에서도 프랑스(51%), 스페인(48%), 이탈리아(43.4%) 등 유럽 기업은 상대적으로 높은 비중을 나타내고 있는 반면, 미국은 7.8%로 유럽 국가에 비해 낮은 편이다.

본사, 사업장, 사무소 전 직원을 대상으로 ESG인식 교육을 추진하고, 임원 교육을 별도로 하며, 대표이사한테도 이를 공유하고 최종 의사결정을 받았다. 성과평가를 담당하는 팀 임원분과 ESG프로젝트 주관팀 임원분이 모여 논의를 마친 후 전 임직원이 모인 자리에서 이를 공표했다. 위와 같은 절차를 진행한 후 들려오는 내부 이해관계자들의 목소리들이다.

"교육도 듣고 워크샵도 해보니 팀을 위해 제가 어디서부터 관여해야 할지 이제 좀 정리가 됩니다. 친환경 구매 기준 수립을 위한 리서치가 필요할 것 같지만요. 제가 ESG 업무를 하지 않고 있었던 건 아니었네요. 요즘 ESG가 화두가 되면서 막연히 불안했는데, 제 업무랑 ESG 요소와 어떻게 연결되는지 이제 알겠어요."

— 구매 부서 차장

"전사로 확대한 ESG 교육을 지속적으로 진행해보겠습니다. 저희팀에서 각 부서를 만나 ESG 측면에서 피드백 해야 할 사항을 설명할 때 소통이 부족했던 것 같기도 합니다. 저희는 열심히 설명했는데 업무 우선순위에서 밀리는 것 같아서 답답한 면이 있었는데 이제는 현업 부서에서 움직이시는 것 같아요."

— ESG 주관 부서

"ESG 전략 프로젝트를 계기로 임원 성과평가에 ESG 과제 성과를 5%씩 반영했습니다. 올해 과제를 조금 더 세밀하게 정리하고 나면 성과평가 포션을 더 늘릴 수 있을 것 같습니다."

—   성과평가 담당 임원

"앞으로 우리가 할 일이 정말 많았네요. 책임감이 느껴집니다. 우리가 해야 할 일을 조금 더 명확히 알게 되었다는 게 시작이고, 임원들이 함께 고민하고 있으니 해결해 나갈 수 있을 겁니다."

—   대표이사

ESG 프로젝트를 하면서 가장 성공적이라고 생각하는 기업의 반응이다. 이러한 기업의 경우 점진적이더라도 EGS경영이 내제화될 것으로 기대가 된다.

ESG 경영을 내제화 하는데 필요한 기간은 조직의 크기, 업종, 지리적 위치, 리더십의 의지, 임직원들의 인식 및 참여도, 그리고 ESG 이니셔티브의 복잡성 등 다양한 요소에 따라 크게 달라질 수 있으며 장기장기적 관점에서 접근해야 한다. 조직 내에서 ESG를 생각하는 문화를 보다 신속히 정착시키기 위해서는, 경영진이 ESG 목표 설정과 필요한 자원 배분에 적극적으로 결정을 내리는 것이 가장 중요하다.

에코나인의 서욱 대표는 2023년 10월 5일 홍콩 에코바디스 오피스에서 에코바디스의 아시아 퍼시픽–일본 지역을 총괄하는 리처드 본^{Richard Bourne}을 만났다.

에코바디스의 아시아 퍼시픽–일본 지역 총괄 부사장인 리처드 본과의 단독 인터뷰를 통해 공급망 실사법 등 급변하는 ESG 생태계에서 한국 기업들이 생존하고 국제적인 경쟁력을 확보하기 위해 나아가야 할 방향을 들어보았다.

서욱: 지속가능에 대한 열정을 갖게 된 계기가 무엇입니까?

리처드 본: 저는 80년대 영국에서 자랐습니다. 저는 자연의 아름다움을 소중히 여기는 시골에서 행복하게 자랐고, 이는 저에게 환경 문제에 대한 깊은 감수성을 심어 주었습니다. 저는 항상 더 나

은 삶의 방식이 있을 수 있다고 생각했습니다. 재사용이 가능한 자원이나 전기에 사용될 수 있는 풍력 및 수력과 같은 에너지원을 그냥 버리는 것이 언제나 비효율적이고 친환경적이지 않다고 생각했습니다.

그러나 당시 영국에는 지속가능성에 대한 교육이 없었습니다. 지속가능성 교육의 부재를 깨닫게 된 것은 대학시절과 커리어 초반 시기였습니다. 대학 강사가 저의 열정을 알아보고 지속 가능성 분야에서의 경력을 추구하는 것을 제안한 것이 저에게 있어 결정적인 순간이었습니다.

저는 2000년 초반에 지속가능성의 개념이 생소했던 때를 생생하게 기억합니다. 저는 강한 의지로 지속가능성을 배울 수 있는 기회를 찾아 여러 대학 그룹에 참여했습니다. 그때 에코바디스라는 당시 스타트업을 발견하게 되었는데, 이는 저에게 진정으로 지속가능성에 관심을 가진 동료들과 연결시켜 주는 중요한 변화를 가져왔습니다.

저의 열정은 앞으로 이뤄질 지속가능 분야의 막대한 과제에서 나옵니다. 우리에게 지금 토론은 풍부하지만 행동은 부족합니다. 저는 제가 적극적인 개혁자라고 생각합니다. 사회적 규범을 준수하면서도 체계적인 변화를 이끌어내고자 노력하는 사람입니다. 그래서 저는 조직 내 개인들이 혁명적인 변화를 이끌 수 있는 힘을 갖고 있다고 믿습니다. 그래서 에코나인 같이 자신의 일에 진정으로 열정적인 분들을 만날 때마다 에너지를 얻습니다. 그들이 의미 있는 변화의 촉매제가 될 것이기 때문입니다.

서욱: 에코바디스에게 있어 한국 시장의 매력과 잠재력은 무엇입니까?

리처드 본: 한국은 우리에게 중요한 시장입니다. 아시아 태평양 지역에서 공급망 실사가 보편화될텐데, 한국은 이에 대한 성숙도와 급증하는 관심을 보이고 있기 때문입니다. 이러한 발전은 인상적이며, 저희는 시장을 밀접히 모니터링하고 통찰을 얻기 위해 교육 파트너를 활용하고 있습니다. 역사적으로 ESG와 관련된 기준을 제정하는 것은 유럽과 미국입니다. 하지만 한국 기업들의 글로벌 경쟁력을 향상시키기 위한 정부의 노력에 힘입어 한국은 주목할 만한 주역으로 떠오르고 있습니다.

한국에는 포천^{Fortune} 2000 기업 중에 60여 개가 소재해 있기도 한 지역입니다. 호주, 뉴질랜드, 일본은 우리에게 중요한 시장이지만, 인도와 한국 역시 에코바디스 평가에 대응한 기업의 숫자에 있어서 에코바디스에게 많은 기회를 제공하는 지역입니다. 우리 데이터에 의하면 에코바디스의 평가를 받은 기업 수로 보았을 때 한국은 중국, 일본, 인도에 이어 네 번째로 많은 평가기업을 보유하고 있는 국가입니다. 이는 한국이 에코바디스의 우선순위에 있으며, 중요한 시장이란 의미입니다. 우리의 목표는 우리의 슬로건대로 모든 기업을 지속 가능한 미래로 안내하는 것이며, 한국 또한 이 비전의 일부라고 할 수 있습니다.

서욱: 한국 기업들을 위한 ESG 관리에 대한 조언은 무엇입니까?

리처드 본: 기업의 ESG 경영과 관련한 핵심 조언은 지속 가능성에 진심으로 열정적인 직원을 찾아내는 것입니다. 종종 기업은 열정보다는 직급, 직책을 기반으로 ESG 업무를 할당하곤 하는데, 이는 그다지 좋은 방법이 아닙니다. 젊은 팀원은 열정적인 업무, 즉 기존의 ESG 관리 표준과 관리툴에 대한 심층적인 조사를 통해 ESG 경영에 중요한 변화를 만들어낼 수 있습니다.

또한 ESG가 단순한 규정준수의 차원이나 마케팅을 넘어서 조직에 어떻게 광범위한 혜택을 제공하는지 인식하는 것이 중요합니다. ESG 경영은 생산성, 직원 동기부여, 궁극적으로는 수익성을 향상시킬 수 있습니다. 우리의 연구에 따르면 지속가능경영은 기업 수익성을 약 2-3% 개선할 수 있습니다. 또한 높은 수준의 ESG 집중 경영은 직원 넷 프로모터 스코어^{Net Promoter Score, NPS}를 크게 향상시킬 수 있어 회사에 대한 매력도가 높아집니다.

또 다른 중요한 측면은 처음부터 완벽할 수 없다는 것을 인정하는 것입니다. 지속 가능성으로 가는 길은 반복적인 것이며, 싱가폴 기업 인터플렉스^{Interplex}의 경우 처음에는 낮은 점수를 받았지만 학습과 참여를 통해 점진적으로 ESG 성과를 개선하여 결국 에코바디스 플래티넘 등급을 달성했습니다. 이 케이스는 기업의 계속적인 노력이 중요함을 보여줍니다.

마지막으로 ESG 관련 성과와 그 중요성에 대한 내부 소통이 중요합니다. 모든 직원에게 지속가능경영의 중요성에 대한 교육을 통해 직원들의 높은 참여도와 지속가능성에 대한 전반적인 지식이 공유된 직장문화를 유도해 ESG 프로젝트의 더 나은 진전을 도모합니다. 이 과정은 올바른 인재를 채용함으로써 시작되며, 인턴부터 신입사원까지 어떤 직급에서든 변화를 만들어내고자 하는 동기를 가진 사람들이면 누구나 변화를 만들 수 있습니다."

서욱: 에코나인의 돈독한 파트너로서, 에코나인에 기대하는 점이 있습니까?

리처드 본: 기업들이 자신에게 맞는 지속가능 경영을 하는데 어려움을 겪을 때가 많습니다. 그들에게 가이드를 제공하기 위한 시장 교육^{Market Education} 측면에서 에코나인과 함께 할 일이 매우 많습니다. 우리가 기업들에게 단일한 관리 시스템과 프로세스를 제공할 수 있다면 한국에서 실질적인 영향을 미칠 수 있을 것입니다. 에코나인과 우리는 파트너십을 강화하고 마케팅 및 웨비나 기회에 대해 논의했습니다. 지속적인 논의를 통해 우리의 공통점과 강점을 활용하여 모든 기업이 지속가능경영 관행을 개선할 수 있는 포괄적인 프레임워크를 개발할 수 있을 것이라고 기대합니다.

우리 두 조직 모두가 각자의 영역에서 전략적인 위치를 차지하고 있습니다. 에코나인은 ESG 컨설팅 전문가로서 가치 있는 통찰력을 제공하고, 에코바디스는 ESG 감사 및 공급망 평가에 특화되어 있습니다. 파트너로서 우리는 지속가능경영 관행을 개선하기 위한 싱크탱크로서 함께하고, 지속가능경영을 위한 더 큰 영향력을 행사할 수 있습니다. 따라서 우리가 적극적으로, 다른 교육 파트너들과 함께 기업을 지속가능성으로 안내하기 위한 협력적인 관계를 형성하는 것이 중요합니다.

ESG 코드

초판 인쇄	2024년 8월 30일
초판 발행	2024년 9월 6일
지은이	서욱
책임편집	심재헌
편집	김승욱 이도이
디자인	조아름
마케팅	김도윤 김예은
브랜딩	함유지 함근아 박민재 김희숙 이송이 박다솔 조다현 정승민 배진성
제작	강신은 김동욱 이순호
발행인	김승욱
펴낸곳	이콘출판(주)
출판등록	2003년 3월 12일 제406-2003-059호
주소	10881 경기도 파주시 회동길 455-3
전자우편	book@econbook.com
전화	031-8071-8677(편집부) 031-8071-8681(마케팅부)
팩스	031-8071-8672
ISBN	979-11-89318-62-8 03320